山东体育学院·人文社会科学研究文库

体育产业结构优化研究

刘远祥　著

山 东 大 学 出 版 社

图书在版编目(CIP)数据

体育产业结构优化研究/刘远祥著. —济南:山东大学出版社,2015.12
ISBN 978-7-5607-5470-3

Ⅰ. ①体 Ⅱ. ①刘 Ⅲ. ①体育产业-产业结构优化-研究-中国
Ⅳ. ①G812

中国版本图书馆 CIP 数据核字(2015)第 321101 号

责任编辑:姜 山
封面设计:张 荔

出版发行:山东大学出版社
社 址 山东省济南市山大南路 20 号
邮 编 250100
电 话 市场部(0531)88364466
经 销:山东省新华书店
印 刷:泰安金彩印务有限公司
规 格:720 毫米×1000 毫米 1/16
12.5 印张 242 千字
版 次:2015 年 12 月第 1 版
印 次:2015 年 12 月第 1 次印刷
定 价:26.00 元

前言

经济发展的历程，实际上是产业结构不断优化和升级的过程。这一论断，不仅被经济学理论所阐释，特别是第二次世界大战后新兴工业化国家的崛起，更为产业结构理论的拓展和检验提供了丰富的实践源泉和素材。继国家“十五”计划纲要提出：“把发展作为主题，把结构调整作为主线”后，“十一五”“十二五”规划纲要都把“调整产业结构”列为发展经济的战略重点和主要任务。近十几年来，产业结构优化一直是我国经济发展的一条主线。国务院总理李克强曾在《求是》撰文指出：“我国已进入只有调整经济结构才能促进持续发展的关键时期。调整经济结构既是着眼于解决经济运行中的深层次矛盾，也是为了拓展发展空间，增强经济发展的长期动力，使经济增长建立在结构优化的基础之上，持续性得到增强。”中观经济层面的体育产业的发展，也是其结构不断优化升级的过程。自改革开放以来，我国体育产业结构调整与升级的步伐明显加快，已成为国民经济新的增长点。但与发达国家比较，总体水平仍然不高，发展不平衡，结构还不完善，核心产业滞后于相关产业的发展。结构不合理已成为制约我国体育产业发展的桎梏。

基于此，本文以体育产业结构为研究对象，以优化其结构为研究目的，以辩证法为指导，产业结构理论、系统科学、博弈论为理论基础，采用文献资料分析、定性与定量分析、规范与实证分析、静态与动态分析、系统分析与命题集中研究相结合的方法，以核心概念的界定作为研究起点，主要从体育产业结构的形成及特征、演进机制、影响因素、趋势、调整策略等方面对体育产业结构的优化问题进行了系统分析。

主要研究结果如下：

1. 以系统科学的自组织与他组织理论为理论基础，分析了体育产业结构演进的组织机制及趋势，体育产业结构的形成与演进是自组织与他组织混合作用的结果。影响体育产业结构演进的因素：经济发展——体育产业结构演进的前提条件；社会需求——体育产业结构演进的基本导向；资源供给——体育产业结构演进的客观基础；科技创新——体育产业结构演进的决定力量；制度环境——体育产业结构演进的政策保证。

2. 体育产业作为一种系统结构，按照结构主义的观点，体育产业结构也体现了整体性、转换性、自我调节，还具有整体性、转换性、自发性、层次性、相关性、相对性等特征。

3. 基于《全国体育及相关产业统计公报》《中国城乡居民参加体育锻炼现状调查公告》的数据和资料，从产值构成、区域布局、关联效应、产品附加值等几个维度分析了我国体育产业结构失衡的表现，体育产业结构演进中存在的主要问题表现为：核心产业滞后、区域结构趋同、关联效应不强、有效供需不足、产业附加值低、区域布局失衡、体育用品标准化程度低。导致结构失衡的原因是：有效需求不足、管理体制障碍、扶持政策缺乏、政府过度干预、无行资产流失、商业运作水平不高、投融资机制不完善。

4. 对优化我国体育产业结构的政府行为和市场机制进行了博弈分析，是国家对“政府失灵”这一事实的认识与肯定，触发了市场力量的崛起，提出“强政府—强市场”的组合模式，是促进当前我国体育产业结构优化的最优模式。

5. 构建了体育产业结构评价指标体系，通过南京市的实证分析，验证了其可行性及适用性。

根据研究结果，提出如下建议：

1. 体育产业结构的优化应围绕体育健身娱乐业与体育竞赛表演业两条产业链并行展开，并从要有一定的社会先行资本和投资率、要有相对充足的市场需求、要有相应的创新策略和要进行配套制度改革四个方面夯实体育主导产业的运行基础。

2. 选择非均衡协调发展理论作为制定区域体育产业结构调整策略的指导理论，要充分发挥“两只手”的作用，把市场调节机制和政府行为结合起来；建立和健全统一开放竞争有序的区域市场体系；充分利用不同区域各自的特点和优势，最大限度地发挥区域间互补的整体优势和综合比较优势。

3. 南京市体育产业结构优化应借助青奥会东风，把体育竞赛表演业做大做强；全面实施全民健身条例，推动体育健身娱乐业的发展；提高体育场馆的运营水平；加大发展体育中介业的力度；加强法制建设。

刘远祥

2015 年 8 月

目　录

绪 论

发展体育产业，对于拓展体育发展空间，提高人民群众健康素质和生活质量，促进经济结构调整和发展方式转变，具有重要意义。国务院办公厅《关于加快发展体育产业的指导意见》(国办发[2010]22 号)明确提出：到 2020 年建立以体育服务业为重点，门类齐全、结构合理的体育产业体系和规范有序的体育市场的发展目标。国务院总理李克强 2014 年 9 月 2 日在北京主持召开国务院常务会议，会议部署加快发展体育产业，促进居民体育消费。国务院 2014 年 10 月 22 日颁布《关于加快发展体育产业促进体育消费的若干意见》(国发[2014]46 号)提出："到 2025 年，基本建立布局合理、功能完善、门类齐全的体育产业体系，体育产品和服务更加丰富，市场机制不断完善，消费需求愈加旺盛，对其他产业带动作用明显提升，体育产业总规模超过 5 万亿元，成为推动经济社会持续发展的重要力量。"而《全国体育产业统计公报》和诸多研究成果表明：体育产业结构不合理，已成为制约体育产业发展的突出问题。

十八届三中全会公报指出，经济体制改革是全面深化改革的重点，核心问题是处理好政府和市场的关系，使市场在资源配置中起决定性作用和更好地发挥政府作用。在这样背景下，研究如何消除体育产业发展中的结构性桎梏，优化体育产业结构，促进体育产业发展，已是当务之急。

第一节 研究的缘起

经济发展的历程，实际上是产业结构不断优化和升级的过程。这一论断，不仅被经济学理论所阐释，特别是第二次世界大战后新兴工业化国家的崛起，更为产业结构理论的拓展和检验提供了丰富的实践源泉和素材。纵观世界经济发展，无论是发达国家还是发展中国家，都走过了一个产业结构从低级到高级，从不合理到相对完善并在动态中不断调整优化的发展历程。作为制约经济发展的一个核心问题，产业结构问题一直是理论界长久不衰的热点问题。对于产业结构的研究可以追溯到18世纪,亚当·斯密和大卫·李嘉图等西方古典经济学家就讨论过有关产业结构的问题。20世纪30年代初期费希尔提出"三次产业"划分的思想之后,产业结构问题从理论探索到实证研究都受到高度重视,特别是日本的崛起和亚洲"四小龙"经济的快速发展,使产业结构调整与产业政策演变问题备受关注。马克思在他所著的《资本论》中,论述了产业结构问题及其对社会扩大再生产的影响。列昂惕夫、库兹涅茨和钱纳里等现代西方经济学家则从发展经济学的角度,对产业结构问题进行了较为全面系统的研究。自20世纪50年代以来,国内经济学界也从未中断对产业结构问题的研究。时至今日,这个问题仍是经济学界研究的一个热点。① 正如西蒙·库兹涅茨所说:"如果不去理解和衡量产业结构中的变化,经济增长是难以理解的。"②"现代经济增长本质上是一个结构问题。"③

在世界性经济结构大调整的历史背景下,产业结构合理化和高级化已成为国际经济竞争的法宝,许多国家纷纷把注意力从促进总量增长转向优化产业结构上来,从结构转换中求效益、求速度。在产业结构优化问题已引起普遍重视的情况下,"调结构,促增长"一直作为中国经济工作的重中之重。继国家"十五"计划纲要提出"把发展作为主题,把结构调整作为主线"后,"十一五""十二五"规划纲要都把"调整产业结构"列为发展经济的战略重点和主要任务。近十几年来,产业结构优化一直是我国经济发展的一条主线。党的"十七大"报告中也指出,加快转变经济发展方式,推动产业结构优化升级,是关系国民经济全局紧迫而重大的战略任务;到2020年,要实现全面建成小康社会的奋斗目标,基本形成节约能源资源和保护生态环境的产业结构。要解决当前中国经济发展所面临的能源、环境问题,不仅取决于中国经济改革的进一步深入,而且还取决于经济增长速度本身以及与之密切相关的产业结构优化。如果说经济改革是中国经济增长与发展的最基本的驱动力的话,那么协调合理的产业结构则是经济快速增长与平稳发展的轨道。党的十八大报告也指出:"以科学发展为主题,以加快转变经济发展方式为主线,是关系我国发展全局的战略抉择。着力增强创新驱动发展新动力,着力构建现代产业发展新体系,着力培育开放型经济发展新优势,使经济发展更多依靠内需特别是消费需求拉动,更多依靠现代服务业和战略性新兴产业带动。""推进经济结构战略性调整,是加快转变经济发展方式的主攻方向。"

---

① 参见原毅军:《产业结构的变动与优化:理论解释和定量分析》,大连理工大学出版社2008年版,第1页。

② [美]西蒙·库兹涅茨:《各国的经济增长》,商务印书馆1985年版,第107页。

③ 周振华:《产业结构优化论》,上海人民出版社2014年版,第1页。

另外，产业结构优化本身又是经济增长强有力的促进因素。温家宝总理在《关于制定国民经济和社会发展第十一个五年规划建议的说明》中指出："经济结构不合理是当前我国经济发展中的突出问题。加快经济结构战略性调整，是要紧紧抓住的一条主线。"在《政府工作报告》中也强调了推进经济结构调整，转变方式作为促进经济发展的重点工作。李克强总理也在《求是》撰文指出："我国已进入只有调整经济结构才能促进持续发展的关键时期。调整经济结构既是着眼于解决经济运行中的深层次矛盾，也是为了拓展发展空间，增强经济发展的长期动力，使经济增长建立在结构优化的基础之上，持续性得到增强。"[①]在经济增长达到一定程度后，只有调整经济结构才能实现经济的可持续增长。中国目前的经济形势从总体上看，传统的资源、供给约束型经济正在向市场、需求约束型经济转变，产业结构调整和国际竞争的压力日益加大。随着世界经济一体化趋势的形成和高新技术的开发、应用，各国、各地区的产业结构调整都在加快，正处在一个分化、改组的新时期。近十几年来，结构优化一直是我国经济发展的一条主线。为了保持目前的经济增长速度，加快发展第三产业发展成为根本性的措施，这为体育产业的发展提供了难得机遇，而推进体育产业结构调整又是加快第三产业发展的有效途径。

属于中观经济层面的体育产业，同样也面临着结构优化和升级的问题。伴随着改革开放和经济社会发展的大潮而起步，中国的体育产业，近年来，在科学发展观的指导下，更加注重了增长方式的转变和结构调整的优化，正成为国民经济发展的新亮点。国务院办公厅《关于加快发展体育产业的指导意见》(国办发[2010]22 号)明确提出，到 2020 年建立以体育服务业为重点、门类齐全、结构合理的体育产业体系和规范有序的体育市场的发展目标。《关于加快发展体育产业促进体育消费的若干意见》(国发[2014]46 号)提出："促进健身休闲、竞赛表演、场馆服务、中介培训、体育用品制造与销售等体育产业各门类协同发展，产业组织形态和集聚模式更加丰富。产业结构更加合理，体育服务业在体育产业中的比重显著提升。体育产品和服务层次更加多样，供给充足的发展目标。"

从国家体育总局和国家统计局对于 2006 年、2007 年、2008 年三年我国体育产业的调查数据和诸多研究成果表明，中国体育服务业的增加值与体育用品业相比差距较大，体育服务业在体育及相关产业中所占比重偏低。2007 年，全国体育及相关产业实现增加值 1265.23 亿元，各领域增加值的构成为：体育用品、服装鞋帽制造占 70.98%，体育用品、服装鞋帽销售占 8.82%，体育组织管理活动占 7.06%，体育健身休闲活动占 4.65%，体育场馆建筑占 3.53%，体育彩票

① 李克强：《关于调整经济结构促进持续发展的几个问题》，《求是》2010 年第 11 期。

占2.34%，体育场馆管理活动占1.82%，体育培训活动占0.63%，体育中介活动占0.24%。[①] 与发达国家相比，我国体育产业总体水平仍然不高，发展不平衡，结构还不完善，核心产业滞后于相关产业的发展。体育产业发展不平衡，结构还不完善，体育服务业还未成为体育产业的支柱，主要表现在核心产业滞后，中介产业缺位。[②] 体育产业的核心产业明显滞后于体育相关产业及外围产业，体育产业结构不合理已成为制约我国体育产业发展的桎梏。

我国体育产业已进入了必须通过结构调整优化才能促进体育经济发展的阶段，体育产业结构调整优化已成为我国经济发展的中心。国务院总理李克强2014年9月2日在北京主持召开国务院常务会议，会议部署加快发展体育产业、促进体育消费推动大众健身，这为加快制定体育产业政策提出了新的要求。十八届三中全会公报指出，经济体制改革是全面深化改革的重点，核心问题是处理好政府和市场的关系，使市场在资源配置中起决定性作用和更好发挥政府作用。在这样的背景下，研究如何发挥失常在体育资源配置中的决定性作用和政府的宏观调控作用，消除体育产业发展中的结构性桎梏，优化体育产业结构，促进体育产业发展，已是当务之急。

第二节　研究的依据

一、基于系统科学的思考——结构功能统一律

系统科学认为，系统物质都具有一定的结构和功能，都是结构和功能的统一体，结构功能统一律揭示了系统物质世界内在结构的联系，物质系统的运动和发展时表现为系统结构与功能两种状态的相互转化，系统结构与功能之间的联系是辩证发展的过程。[③] 事物或系统的整体结构主导着整体功能的质和量，功能的发挥和改变又影响着结构，在一定条件下，结构与功能相互变换和转化。[④] 系统整体具有而它的元素或组分及其总和却不具有的特征，称为系统的整体涌现性。[⑤] 从系统角度对体育产业结构的现状进行全面分析，体育产业结构同体育

① 参见国家体育总局：《2006—2008年全国体育及相关产业统计公报》，http://www.sport.gov.cn/n16/n1077/n1467/n1513017/n1514290/1517921.html。

② 参见国家体育总局政策法规司：《中国体育：迈向"十一五"——体育产业"十一五"规划文件资料汇编》，人民体育出版社2007年版，第2页。

③ 参见乌杰：《系统哲学》，人民出版社2008年版，第94页。

④ 参见刘锋：《结构功能统一律初探》，《哲学动态》1989年12期。

⑤ 参见许国志：《系统科学》，上海科技教育出版社2000年版，第20页。

经济的整体效益之间存在着对称性，这就是系统科学所说的结构和功能的统一律。系统结构不同，则系统功能就不同。有什么样的系统结构，就有什么样的系统功能和系统属性。系统结构合理与否，会推动或延缓系统的发展。同时，系统的各个要素之间存在各种纵向和横向联系，互相影响又互相制约，单个因素只是系统的组成部分，离开了系统，它的功能再大，也会失去意义。

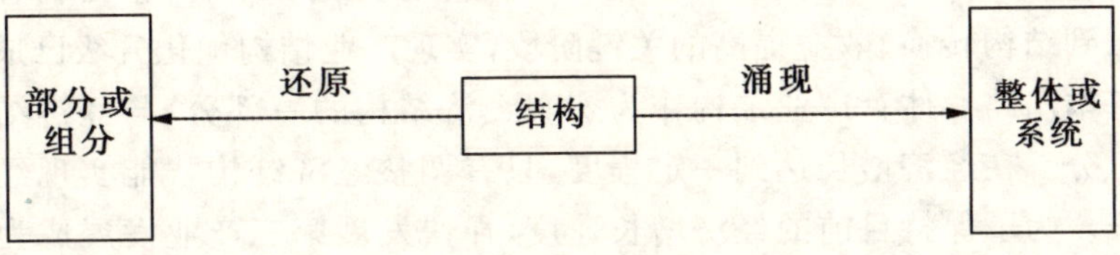

图1 组分与系统的关系

在一切实践活动中，建构最佳结构，及时协调事物或系统中变化着的诸要素以建立合理的动态平衡结构，获得最佳整体功能。一国或一个地区的经济增长有两个重要部分组成：一是在产业结构不变的条件下，由产业部门同步扩张引起的经济总量的放大；二是由产业结构变化引起的，即一些部门的迅速兴起、扩张，不断代替其他部门，实现了经济总量的增长。就体育产业这个系统而言，完全可以说，有什么样的结构高度，就会有什么样的整体效益及发展阶段和水平。体育产业发达国家的经验表明，体育服务业在体育产业中的比值一般均大于50%，美国体育服务业总产值在体育产业中占60%以上。目前，我们国家体育服务业所创造的增加值在体育产业的比重中仅占20%左右，因此，体育产业结构的优化直接决定着体育产业的发展。

二、基于马克思政治经济学的启发——合理的结构是社会再生产顺利进行的关键

马克思吸收了魁奈《经济表》中的思想精华，在分析社会资本再生产顺利实现的前提条件时，明确指出两大部类的生产维持一个合理的比例，是社会再生产顺利进行的关键。

体育产业也是这样，要持续发展，各要素组成结构之间要保持一个比较合理的比例。任何组织过度超前的“单兵突进”都不利于体育经济的健康发展（如体育用品制造业），某些重要组织的严重滞后也会造成体育经济整体发展的“瓶颈”（如体育健身娱乐业与体育竞赛表演业），从而制约体育产业的发展。要使体育产业发展的潜力得到更大范围的发挥，就必须使产业内部的各组织结构保持合理化，形成协调发展的格局。

三、基于产业结构发展理论的认识——经济发展的历程，实际上是产业结构不断优化和升级的过程

调整优化产业结构，是经济发展的永恒主题。正如西蒙·库兹涅茨所说："如果不去理解和衡量产业结构中的变化，经济增长是难以理解的。"进入 20 世纪 90 年代以来，中国经济生活中出现了一些新的变化和矛盾，正面临着一个从数量扩张到结构转换、效益提高的关键阶段，实现产业结构优化升级已成为经济发展的基本出路。体育产业结构作为宏观经济结构的一部分，与经济结构的变动密不可分。在经济增长达到一定程度，只有调整经济结构才能实现经济的可持续增长。为了保持目前的经济增长速度，加快发展第三产业发展成为根本性的措施，而推进体育产业结构调整又是加快第三产业发展的有效途径。

四、基于体育产业发展实践的观察——当前体育产业发展中存在一些结构性问题，已成为制约我国体育经济进一步迈进的桎梏

体育经济的发展，也是体育产业结构不断优化升级的过程。体育产业作为一项形象鲜明的特色产业，具有巨大的综合效应。体育产业的健康发展将对国民经济的发展形成良好的辐射和影响。自改革开放以来，体育社会化、产业化的进程不断加快。体育产业作为一项新兴产业，从无到有，发展迅速，已经初步形成了以体育健身服务、体育竞赛表演、体育用品市场等为主要内容的体育产业体系，体育中介、体育传媒、体育培训、体育旅游等有了长足的发展。但由于历史、体制、政策等诸多因素的制约，当前体育产业发展中仍然存在一些结构性问题，整体上还处于发展的初级阶段，在国内生产总值中所占的比重还比较低，尚未发挥出新兴产业的潜力和优势。体育产业发展不平衡，核心产业滞后、区域结构趋同、关联效应不强、有效供需失衡、产品附加值低、区域发展失衡等问题，使体育产业发展难以适应当前国内体育市场需求与结构的变化，也难以应对来自国际的竞争压力。结构失衡，已成为制约我国体育经济进一步迈进的桎梏。

五、基于国家发展战略规划的分析——体育产业结构优化与升级作为体育经济工作重中之重

继"十五"计划明确提出"把发展作为主题，把结构调整作为主线""实现国民经济持续快速健康发展，必须以提高经济效益为中心，对经济结构进行战略性调整""把经济结构问题解决好才能扩大国内需求，增加有效供给，也才能切实提高国民经济的整体素质"之后，"十一五"规划提出了调整优化产业结构、保持经济平稳增长的发展目标。"十二五"规划提出了坚持把经济结构战略性调整作为加快转变经济发展方式的主攻方向。

十七大上的报告指出:“加快转变经济发展方式,推动产业结构优化升级,这是关系国民经济全局紧迫而重大的战略任务。”合理的产业结构,是保持产业经济系统健康运行和国民经济协调发展的一个重要前提条件。十八大报告提出,推进经济结构战略性调整,这是加快转变经济发展方式的主攻方向。必须以改善需求结构、优化产业结构、促进区域协调发展、推进城镇化为重点,着力解决制约经济持续健康发展的重大结构性问题。

体育事业“十一五”“十二五”规划也提出“体育产业结构优化升级”的发展目标与“建成以体育服务业为重点,多业并举、门类齐全、结构合理、规范发展的体育产业体系”的具体要求,指明了“发展培育健身休闲市场、大力开发竞赛表演市场、促进体育无形资产的开发和保护,发展体育中介”的方向和路径。

2014年10月20日,国务院下发了《关于加快发展体育产业促进体育消费的若干意见》(国发[2014]46号),将全民健身和体育产业提升为国家战略,明确了发展目标:“到2025年,基本建立布局合理、功能完善、门类齐全的体育产业体系,体育产品和服务更加丰富,市场机制不断完善,消费需求愈加旺盛,对其他产业带动作用明显提升,体育产业总规模超过5万亿元,成为推动经济社会持续发展的重要力量。”强调了当前改善产业结构的主要任务为:“进一步优化体育服务业、体育用品业及相关产业结构,着力提升体育服务业比重。大力培育健身休闲、竞赛表演、场馆服务、中介培训等体育服务业,实施体育服务业精品工程,支持各地打造一大批优秀体育俱乐部、示范场馆和品牌赛事。积极支持体育用品制造业创新发展,采用新工艺、新材料、新技术,提升传统体育用品的质量水平,提高产品科技含量。”

可以肯定地说,这是新形势下推动体育产业结构优化的基本方向。在这种背景下,研究如何调整我国体育产业结构,加速体育产业结构优化与升级的步伐,对于我国发挥比较优势,促进体育经济的增长,具有十分重要的意义。

第三节　研究的理论与实践价值

一、审视体育产业结构现状,消除发展中的结构性桎梏

体育经济的发展,也是体育产业结构不断优化升级的过程。这一论断早已被经济理论所阐释、被发达国家的发展实践所验证。体育产业作为一项形象鲜明的特色产业,具有巨大的综合效应,体育产业的健康发展将对国民经济的发展形成良好的辐射和影响。自改革开放以来,体育社会化、产业化进程的不断加

快。体育产业作为一项新兴产业，从无到有，发展迅速，已经初步形成了以体育健身服务、体育竞赛表演、体育用品市场等为主要内容的体育产业体系，体育中介、体育传媒、体育培训、体育旅游等有了长足的发展。但由于历史、体制、政策等诸多因素的制约，当前体育产业发展中仍然存在一些结构性问题，整体上还处于发展的初级阶段，在国内生产总值中所占的比重还比较低，尚未发挥出新兴产业的潜力和优势。体育产业发展不平衡，核心产业滞后、区域结构趋同、关联效应不强、有效供需失衡、产品附加值低、区域发展失衡等问题，使体育产业发展难以适应当前国内体育市场需求与结构的变化，也难以应对来自国际的竞争压力。因此，基于统计数据，客观分析体育产业结构现状，消除发展中的结构性桎梏，方可促进体育经济的良性发展。

二、构建产业结构合理化的评估体系，客观衡量体育产业结构失衡程度的理论方法

体育学术界对于我国体育产业现阶段发展存在结构性缺陷，优化体育产业结构促进体育经济持续增长必要性的认识已是共识，但尚未检索到如何评价体育产业结构的研究成果，这也导致社会各界对体育产业结构内涵的理解不尽一致，许多论述的重心都是从体育产业的产值结构来分析我国体育产业结构，忽视了体育产业在我国特殊的市场环境下实际的运行效果。对不同地域间体育经济状况进行比较时，也仅仅根据体育产业产值构成比例这单一指标，并不能真实反映不同地域间体育市场实际运行效果。其根本原因就在于缺乏一套科学系统的体育产业结构的评价指标体系。因此，本研究针对体育产业结构问题进行分析研究，建立相应的评价模型，提出评价方法，并对某市体育产业结构进行实证分析，揭示体育产业结构及其变化中存在的矛盾和问题，对其合理性、高度性及市场效益性做出科学的评价，为科学评判体育产业结构合理化程度提供定量依据，为分析比较不同产业结构调整政策提供客观标准，以便促进体育经济的可持续增长。

三、夯实体育产业政策的理论基础，完善体育产业政策作用机制，健全国家产业政策的监督、检查及评价制度，发挥政策预期的最大效应

继国务院办公厅出台《关于加快发展体育产业的指导意见》、国务院出台《关于加快发展体育产业促进体育消费的若干意见》后，各级各地政府尚需出台体育产业的发展规划、配套的实施意见与实施细则。在总结分析新中国成立以来我国体育产业政策实践的经验教训的基础上，认真分析我国体育产业政策中存在的问题，对体育产业政策绩效进行评价，区别他们的预期效应和实际效应，剖析现有政策执行不佳、效应不强的原因，分析产生异态的原因。通过夯实体育产业结构政策的理论基础，加强体育产业政策制定的科学性、合理性，提高体育产业结构政策制定的科学化水平，完善体育产业政策的运行机制，构建体育产业结构政策体系。提高体育产业政策的有效性，发挥体育产业政策作用；合理配置体育资源，有效引导体育产业的发展；优化体育产业结构，促进体育经济增长，发挥政府政策的宏观调控作用。强调产业政策与宏观调控协调配合，强调产业政策整体性和可操作性，意在更好地发挥体育产业政策的作用，促进体育产业结构优化。

第四节　文献回顾与述评

一、产业结构变动理论的回顾与述评

（一）古典政治经济学观点

人们很早就开始关注产业结构问题，魁奈的《经济表》、李嘉图的《政治算术》以及马克思的社会生产两大部类以及各部门均衡发展理论等，都是产业结构理论的思想来源。真正独立的产业结构理论的形成是从 20 世纪 30 年代德国经济学家霍夫曼开始，后来经过费希尔、克拉克、库兹涅茨、里昂惕夫等人的不断拓展充实，以及二战后日本学者、70 年代法国学者的不断突破与创新，逐渐形成了一个内容丰富的庞大理论体。

早在 17 世纪，威廉·配第就首先发现了世界各国国民收入水平的差距和经济发展阶段的不同，其关键是由于产业结构的不同。他在 1672 年出版的《政治算术》中得出结论：工业比农业的收入多，商业又比工业的收入多，即工业比农业、服务业比工业的附加值高。[①] 他认为，这种产业间的相对收入差异推动了劳动力从低收入产业向高收入产业的转移。配第的这一发现已经涉及了产业结构这一重要经济研究领域，不过他并未深入地研究下去。这一发现后来被柯林·克拉克的定量研究进一步证实和丰富，他使用单一劳动力指标和有限国家样本，粗线条地描述了产业结构的宏观变动趋向，被世人称为配第—克拉克定理。

布阿吉尔贝尔在其《论财富、货币和赋税的性质》中，就如何增加财富进行了分析。他认为，最重要的是要保持产业部门之间的平衡，从而提出了经济协调的思想。同时他还认为，社会上各种职业都有不同程度的重要性，各产业部门之间要保持适当的比例，因为没有一种行业的失调能够不同时将它的不幸立刻或逐渐反映到其他一切行业上去。这种产业协调思想在今天仍然是产业结构理论中心的核心观点。

① ［英］威廉·配第著，陈东野译：《政治算术》，商务印书馆 1978 年版，第 86～88 页。

法国古典政治经济学的主要代表、重农学派的创始人魁奈分别于1758年和1766年发表了重要论著《经济表》和《经济表分析》,他根据自己创立的"纯产品"学说,提出了关于社会阶级结构的划分,把社会分为三个阶级:生产阶级,即从事农业生产的阶级,包括租地资本家和农业工人;不生产阶级,包括工商业资本家和工人;土地所有者阶级,包括地主、国王、官吏和教会,然后以每年农业总产品作为起点,以商品循环为基础来分析社会再生产过程。这种分析方法区分了生产部门(生产阶级和土地所有者阶级)和不生产部门(不生产阶级),实际上已经是从结构角度分析社会再生产过程①,因而可以说开启了对国民经济进行结构分析的先河。

(二)马克思主义政治经济学观点

马克思主义政治经济学是一个比较完整的理论体系,对整个社会再生产过程做了系统的阐述,其中蕴涵了丰富的产业结构思想。马克思在《资本论》中分析社会再生产过程怎样使社会总产品及实现价值补偿又实现实物补偿时,按照产品的生产用途将全社会的物质生产部门分为两大类,即生产生产资料(具有必须进入或至少能够进入生产消费的形式的商品)的产业为第Ⅰ部类和生产消费资料(具有进入资本家阶级和工人阶级的个人消费的形式的商品)的产业为第Ⅱ部类。② 马克思社会再生产理论的最基本原理是:一个经济社会要得以顺利地进行简单再生产或扩大再生产,其各个部门之间必须满足物质补偿和价值补偿关系。根据马克思的分析,此原理表明:"社会再生产得以顺利进行的条件就是社会总产品各个组成部分如何实现的条件,而社会总产品各个部分的实现过程,归根到底是总产品内部各个组成部分之间的交换。"③社会再生产的实现,实质上就是社会总产品的结构问题,也就是国民经济的产业结构协调发展问题。马克思的产业结构划分方法中,没有涉及服务业,这是社会主义国家只重视工农业生产,即物质产品生产,而不注重服务业的很重要的一个原因。

(三)现代西方产业结构理论的发展

德国经济学家霍夫曼在其1931年出版的《工业化的阶段和类型》一书中,通过对近20个国家50年间(1880~1929年)的工业化进程进行实证分析,对产业结构中工业结构的演变规律和发展的阶段性作了开拓性研究,发现了著名"霍夫曼定律",即消费资料工业净产值与资本资料工业净产值之比(霍夫曼系数)在工

---

① 参见[法]佛朗斯瓦·魁奈著,吴斐丹、张草韧译:《魁奈经济著作选集》,商务印书馆1997年版,第422~426页。

② 参见[德]马克思:《资本论》第2卷,人民出版社1975年版,第91~96页。

③ 参见刘国光:《马克思的社会再生产理论》,中国社会科学出版社1981年版。

业化发展过程中持续下降的规律。关于这种现象的原因，霍夫曼把它归因为以下因素的相互作用：第一，生产要素的相对数量；第二，国内市场与国际市场的资源配置；第三，技术进步；第四，劳动者的技术熟练程度、消费者的兴趣爱好等。他把结构变量引入需求方程式，并成功地论证了他在统计学中的实际意义，在产业结构理论方面做出了重要的贡献。

英国经济学家克拉克在其 1940 年出版的《经济进步的条件》中，以费希尔提出的三次产业分类法为基础，通过对若干国家历史数据的统计分析，发现了著名的配第—克拉克定理，揭示了劳动力在三次产业间分布结构变化的一般趋势，即随着全社会人均国民收入的提高，劳动力首先从第一产业向第二产业转移；当人均国民收入进一步提高时，劳动力便向第三产业转移。

美国经济学家沃西里·里昂惕夫从 20 世纪 30 年代起就开始着手研究投入产出分析，研究美国的经济结构和经济的均衡问题。他于 1953 年与他人合作出版了《美国经济结构研究》、1966 年出版了《投入产出经济学》，建立了投入产出分析体系，包括投入产出分析法、投入产出模型和投入产出列表等。[①] 这一体系为具体测定产业间的关联效应，定量化分析产业结构的变动，提供了极为重要的研究方法。该分析体系成为后来分析产业结构变动的核心工具之一。

美国经济学家西蒙·库兹涅茨(Simon Kuznets)在克拉克研究成果的基础上，进一步搜集和整理了几十个国家的历史数据，分析了产业结构变动与经济总量增长的关系，从国民收入和劳动力在产业间的分布两方面，采用比较劳动生产率的概念，对产业结构的研究深入到三次产业所实现的国民收入的比例关系及其变化上来。库兹涅茨在《各国的经济增长》中揭示了现代经济增长两个显著的特征：经济总量高增长率和经济结构高变动率。库兹涅茨通过对产业结构变动的实证分析，得出发达国家在进入现代经济增长阶段以后，产业结构会出现新的变化。随着经济的发展，第一产业实现的国民收入或国民生产总值，在整个国民收入中的比重处于不断下降的过程中，而劳动力占全部劳动力的比重也是如此，说明农业对国民经济增长的作用下降。第二产业实现的国民收入或国民生产总值，随着经济的发展略有上升，而劳动力占全部劳动力的比重却是大体不变或略有上升，说明工业对经济增长的贡献越来越大。第三产业实现的国民收入或国民生产总值，随着经济的发展略有上升却不是始终如一地上升，而劳动力占全部劳动力的比重却是呈上升趋势。库茨涅茨把影响产业结构的变动的因素归结为三个方面，即国内需求结构、对外贸易结构和生产技术水平及其变量。[②] 这一理

① 参见[美]沃西里·里昂惕夫：《投入产出经济学》，中国统计出版社 1990 年版，第 19～31 页。

② 参见[美]西蒙·库兹涅茨：《各国的经济增长》，商务印书馆 1985 年版，第 330 页。

论使人们确认了现代经济增长不仅是一个总量增加的过程，而是一个结构转变的过程，两者之间存在着内在的必然联系。

霍利斯·钱纳里在吸收克拉克和库兹涅茨的研究成果的基础上，对产业结构演进问题做了进一步拓展，对产业结构的演进深入到三次产业所实现的国民收入的比例关系及其变化上来，提出了“发展模型”理论。一方面，它们的研究范围进一步拓展到低收入的发展中国家，即第二次世界大战后以工业化为主线的发展中国家；另一方面，其研究也更为深入，除统计归纳外，通过采用计量模型分析，提出了具有一般意义的“标准结构”。在结合各国经济发展与结构变动的不同特点的基础上，钱纳里得出了一些规律性的典型事实与结论，把开放型产业结构理论用数学模型进行回归分析。在他和赛尔奎因 1975 年合著的《发展模型：1950～1970》一书中，他根据 101 个国家在 1950～1970 年期间的统计资料，运用 130 个变量的 20000 个观察数据，分析比较了这些国家在经济增长过程中共同经历的经济结构转变的全过程，构造了反映结构转换的主要变量的典型关系的“发展型式”，并经过回归分析得出了一个具有一般意义的“标准结构”。分析了不同国民收入阶段生产结构和生产要素变化动因，提出了结构变量随人均收入增长而变化的逻辑曲线，揭示了经济增长过程就是产业结构的转换过程。关于产业结构变动原因的解释，钱纳里等在阐述其“理论框架”时进行了归纳。他认为：“人们曾提出过各种假说来解释结构转变的基本过程，这些假说可以分为三组：第一，需求说，以恩格尔定律所作的概括为基础；第二，贸易说，以随资本和劳动技能的积累而产生的比较优势的变化为基础；第三，技术说，设计加工产品对原材料的替代以及生产率增长速度差异的影响。”

诺贝尔经济学奖获得者美国经济学家阿瑟·刘易斯 1954 年在《曼彻斯特学报》上发表了著名的《劳动力无限供给条件下的经济发展》一文，探讨了一个国家从二元经济发展到一元经济的理论模型。后来美国耶鲁大学的两位教授费景汉和拉尼斯对该理论做了进一步修正和发展，成为刘易斯—费景汉—拉尼斯发展模型。该模式认为，发展中国家一般存在着二元经济：一个是强大、以传统方式生产的、存在大量过剩劳动力的、低效率的农业部门，另一个是弱小的、以现代化方法生产的、高效率的城市工业部门。一个国家的发展过程就是劳动力不断从农业部门流向工业部门从而城市工业部门不断壮大，农业部门生产率不断提高，最终两个部门的边际劳动生产率相等，二元结构消失，变成一元经济的过程。由于传统农业部门和城市工业部门在产业结构上不同，因此该模型实际上也揭示了产业结构变动的过程。对于劳动力流动的原因，该模式认为，由于城市中工业部门的劳动生产率远远高于农业部门的劳动生产率，因而工业工资水平也远远高于农业工资水平，这种工资水平促使过剩劳动力从农业部门向工业部门转移。

不过,刘易斯对于经济发展和产业结构的分析有着更为广阔的视野,在其1958年出版的《经济增长理论》一书中,他全面分析了起作用的各种经济因素和非经因素,包括资本积累、技术进步、人口增长、社会结构、经济制度、宗教、文化历史传统、政治、心理等。他对经济结构特别是产业结构的论述是相当丰富和深刻的。

美国经济学家罗斯托在1953年《经济增长的过程》和1959年《经济增长阶段》中,提出了著名的主导产业扩散效应理论和经济成长阶段理论。罗斯托根据技术标准把经济成长阶段划分为传统社会、为起飞创造前提、起飞、成熟、高额群众消费和追求生活质量这六个阶段,而六个阶段的演进都是以主导产业部门更替为特征。他在研究经济起飞问题时提出,作为主导产业应有以下特征:第一,依靠科技进步,获得新的生产函数;第二,形成持续高速增长的增长率;第三,具有强烈的扩散效应,对其他产业乃至所有产业增长起着决定性的影响。罗斯托认为产业结构的变化对经济增长具有重大的影响,在经济发展中要重视发挥主导产业的扩散效应。同时他还认为,决定社会经济发展的最终动因是人的主观倾向。扩散效应包括:一是回顾效应,指主导部门增长对为自己提供生产资料的部门发生的影响;二是前瞻效应,指主导部门对新兴工业、新技术、新质量、新能源出现的诱导作用;三是旁侧效应,指主导部门成长对它周围地区在社会经济发展方面所起的作用。

美国发展经济学家赫尔希曼是著名的“不平衡”增长学说的创建者。1958年,他在其著作《经济发展战略》中否定了当时流行的观点,即“发展中国家必须按照一个谨慎控制的平衡增长路线发展”,设计了一个不平衡增长的模式。他认为,由于发展中国家资源稀缺,全面投资和发展一切社会部门几乎是不可能的,只能把有限的资源有选择地投入某些行业,使有限的资源最大限度地发挥其促进经济增长的作用。由于有限的资本在社会资本和直接生产资本之间的分配具有替代性,因此实现不平衡增长有两种途径:第一种是“短缺的发展”,即先对直接生产投资,以引起社会资本的短缺,进而引起直接生产成本的提高,从而迫使投资向社会资本转移,取得二者的平衡。然后通过对直接生产的投资,引发新一轮不平衡增长过程。第二种是“过剩的发展”,即先对社会资本投资,以降低直接生产活动的成本,从而促进人们对直接生产资本进行更多的投资。在达到二者平衡后,再重复这一过程。他这一理论用大量拉丁美洲的发展经验来阐述。这一理论基本上符合我国的实际情况,事实上,我国的经济发展走的就是一条“不平衡增长”的道路。

(四)日本学者产业结构理论的相关观点

在产业结构理论研究中,战后日本产业结构理论研究具有创造性。其中具有代表性的人物有筱原三代平、赤松要、小岛清、佐贯利雄和关满搏等人。

筱原三代平首先针对日本必须在国际贸易基础上建立其国内产业结构循环体系这一基本国情，突破了李嘉图的静态比较成本学说，提出了"动态比较费用论"。他认为，日本经济之所以落后于欧美发达国家，问题在于产业结构后进性。在当时，日本具有比较优势的产业，其市场和技术前景都不容乐观，完全依靠市场，不可能改革自己的劣势。因此，依托于产业政策，实现产业结构的高度化。他发展了李斯特的观点，强调动态的比较优势，这就是"扶持幼稚产业"观点，。他从理论上论证了后进国的幼小产业，可以通过国家政策的扶持而得到发展，以加快产业结构优化升级。这一理论对后起国有很大的借鉴意义，被看成是一种"后发制人"的理论。赤松要在第二次世界大战前研究日本棉纺工业史后，提出"雁行形态论"最初的基本模型，赤松要把这种进口—生产、进口替代—出口的形式称之为"雁行状态"。因为如把这一过程用曲线绘成图形，在图表上呈"V"型，就像三只大雁结成雁群在空中飞翔。战后赤松要与小岛清等人进一步拓展和深化了该理论假说，用三个相联系的模型阐明其完整内容，描述了产业结构在国内和国际的变化。

佐贯利雄主张应重点发展某些产业来带动整个产业经济的发展。他通过对二战以后日本产业发展过程的研究后指出，日本产业结构之所以能迅速实现高度化的秘诀就在于：有三组战略产业在生产、销售、出口有效地发挥了产业关联效应和技术关联效应，走出了"隘口""瓶颈"。日本共有三组带头主导产业交替领先发展，它们是火力发电、石油（化工）、钢铁、汽车家电。这些产业相继带动日本经济的高速发展，使日本产业结构迅速实现了重化工业化。由于这些战略产业的优先发展，从而拉动了日本工业的高速发展及工业结构不断优化升级。

（五）国内学者对产业结构理论的研究

国内学者对于产业结构问题的关注始于 20 世纪 80 年代中期，重点论述了计划经济体制下形成的具有刚性的失衡的产业结构，以及在社会主义市场经济条件下实现产业结构转变的若干对策。杨治在《产业经济学导论》一书中最早将西方的产业结构理论介绍到中国来。周振华的《现代经济增长中的结构效应》从结构变动影响经济增长转移分析的角度出发，运用系统分析方法对工业结构机理进行了归纳总结。国务院研究室的王小娟认为，产业结构优化升级是经济持续增长的推动力。简新华认为，为了真正地实现可持续发展，必须努力调整产业结构，促进产业结构升级。邬义钧指出，产业结构优化升级是我国新型工业化道路的重要内容，分别从基本实现工业化和基本实现现代化两方面，具体分析了产业结构升级的具体目标。产业结构调整中，政府行为的"正面效应"政府行为必须干预产业结构调整，政府行为具有必然性，并提出了优化产业结构的财政、货币等政策。陆百甫强调,没有产业结构调整,就没有产业结构的优化升级;没有产业结构的优化升级,就没有新的产业优势和强劲的国际竞争力;没有产业结构优势,就不可能支撑中国经济的持续快速健康发展。林兆木评价了对经济结构进行战略性调整的重大历史意义,他指出,经济发展过程是经济结构不断调整、升级的过程,国内最终需求、中间需求以及出口结构的变化会带动制造业发展,并引起产业结构、贸易结构等一系列变化,从而推动经济增长。

国内外学者对于产业结构、产业结构优化理论在经济学中应用的相关研究已趋成熟,这些有益的争论和探讨,将成为我们研究体育产业结构优化问题的重要理论来源和经验总结,为我们分析体育产业结构的演进动力、规律及趋势,制定体育产业发展战略提供了强大的理论依据。

二、体育产业结构优化相关研究评述

国内学术界对于体育产业结构优化的相关研究给予了高度重视,梳理众多的研究成果后发现,现有研究多数集中在以下几个方面:

(一)对于体育产业结构存在的结构性缺陷及优化的必要性的认识已是共识

学术界对于我国体育产业现阶段发展存在结构性缺陷,以及优化体育产业结构促进体育经济持续增长必要性的认识已是共识。但是社会各界对体育产业结构合理化内涵的理解却不尽一致,学者们多年来一直采用产值构成来衡量和表现体育产业结构的数量和质量关系,忽视了体育产业在我国特殊的市场环境下实际的运行效果,缺少实证研究。对不同地域间体育经济状况进行比较时,也仅仅根据体育产业产值构成比例这单一指标,并不能真实反映不同地域间体育市场实际运行效果。原国家体委副主任张发强在 1994 年全国体育产业工作会议上曾就我国体育产业发展状况指出:"我国体育产业发展,一是结构不合理,体育本身没有面向市场、为市场服务、满足市场需要;二是经营机制没有发生根本变化,致使体育产业主体不活、自我封闭、自我服务,造成单位之间、部门之间的重复浪费。"①

第一,曹可强通过分析我国体育产业结构的组织能力,得出我国体育产业结构关联水平、关联程度和关联质量都较低的结论。提出要调整我国体育产业结构,以提高体育产业关联效应,增强体育产业结构的整体效益。②

第二,徐亚清分析了我国体育产业结构的现状,认为我国体育产业不合理,群众体育与竞技体育产业发展不协调,地区间体育产业结构不均衡。体育本体

① 国家体委计财司编:《全国体育产业工作会议文件经验选编》,1993 年。

② 参见曹可强:《论体育产业结构关联效应》,《解放军体育学院学报》2001 年 1 期。

产业发展缓慢，相关产业发展滞后，体育产业关联效应水平比较低。[①] 林玲也从体育产业的产值结构、就业结构、投资结构和需求结构四个方面与发达国家的体育产业结构进行了比较。

第三，鲍明晓认为，我国体育产业发展中的一个突出问题就是体育产业内部结构不合理，主要表现在核心产业落后，中介产业缺位。核心产业滞后是指相对于体育用品业的发展，健身娱乐业和竞赛表演业发展的速度相对迟缓，竞赛表演业又在整体上落后于健身娱乐业。[②]

第四，傅熤阐述了体育产业结构优化中高度化、合理化的作用与影响，探讨了体育产业化进程中将制约其发展的潜在因素，提出了优化体育产业结构的现实必要性。

第五，黄海燕基于 2006～2012 年全国体育及相关产业统计数据资料、2008 年第二次经济普查数据库中剥离的体育及相关产业统计数据资料，从我国体育产业所有制结构、行业结构、层次结构、区域结构、市场结构等方面的现状和不足进行了分析。[③]

(二)对于优化体育产业结构的策略作了有益探讨

丛湖平从体育产业与其关联产业部门结构关联变动机制的研究中，提出我国体育布局的政策选择。[④] 亓昕提出，要实现我国体育产业的可持续发展，体育部门必须从改革结构、促进结构合理化入手，以克服产业结构扭曲带来的产业发展功能障碍。调整我国体育产业结构，应进行有效的制度创新，实施地区体育产业的非均衡发展，大力培育竞赛表演业、健身娱乐业等本体产业，发展体育中介、咨询等相关产业。积极引导高层次的体育消费，依靠科技进步，推动体育高科技产业的发展。陈林祥对我国体育产业结构与产业布局政策进行了探讨，综合产业增长潜力指标、就业功能指标、带动效应指标、比较优势指标四个方面，提出了我国体育产业要以健身娱乐业为主导产业，带动体育产业结构的全面升级。[⑤]

(三)对于体育产业概念及分类的研究争论颇多，观点各异

纵观现有成果，目前我国关于体育产业概念的界定主要有以下七种观点：

第一，认为体育产业是以活劳动非实物形态向社会提供各类体育劳务(服务)，其产业主体是体育综合服务业，包括体育场(馆)服务业、体育竞赛和体育表演服务业、体育咨询培训服务业和体育医疗与康复服务业等部门。

第二，认为体育产业是与体育有关的一切生产、经营活动部门的总和，其产品

---

① 参见徐亚青：《我国体育产业结构现状与调整对策》，《山东师范大学学报》(自然科学版)2005 年 2 期。

② 参见鲍明晓：中国《体育产业发展报告》，人民体育出版社 2006 年版，第 118 页。

③ 参见黄海燕：《我国体育产业结构评价与优化对策》，《武汉体育学院学报》2014 年 48 期。

④ 参见丛湖平：《体育产业与其关联产业结构关联变动机制的研究》，《体育科学》2002 年 5 期。

⑤ 参见陈林祥：《体育产业结构与体育产业部门组织政策》，上海体育学院博士学位论文，2006 年。

包括体育物质产品、体育服务和劳务产品，其基本行业部门包括了健身娱乐业、竞技观赏业、体育用品业、体育传媒业、体育博彩业、体育广告业、体育饮品业等。

第三，认为体育产业是体育系统为经营创收而兴办的各种产业。

第四，认为体育产业是社会主义市场经济条件下运行的体育事业。

第五，认为体育产业是体育部门主办并向社会提供运动物品和服务的组织活动。

第六，认为体育产业是体育事业中可盈利部分。

第七，厉以宁认为，体育产业是把体育训练、体育健身、体育竞赛、体育表演放在一起的一个单独的产业，向社会提供体育服务的产业，是第三产业。这些观点都从不同思维基点和实用角度对体育产业概念的界定做出了部分解释。

长期以来，我国对体育产业缺乏科学、统一的分类标准。目前，国内关于体育产业分类的主流观点主要来自国家体育总局制定的《体育产业发展纲要(1995～2010年)》，即体育产业包括三个层次：第一层次为体育的主体产业，指发挥体育自身的经济功能和价值的体育经营活动内容，如对体育竞赛表演、训练、健身、娱乐、咨询、培训等方面的经营；第二层次为体育的相关产业，指为体育活动提供服务的经济活动部门，如体育器械及体育用品的生产经营等；第三层次为体育的外围产业，即指体育部门开展的旨在补助体育事业发展的产业活动。

国家统计局和国家体育总局于2008年6月联合制定的《体育及相关产业分类(试行)》将体育产业分为体育组织管理活动；体育场馆管理活动；体育健身休闲活动；体育中介活动；其他体育活动；体育用品、服装、鞋帽及相关体育产品的制造；体育用品、服装、鞋帽及相关体育产品的销售；体育场馆建筑活动八个行业。

国外关于体育产业的分类有代表性的观点：一是皮兹模式，将体育产业分为体育表演、体育生产、和体育推广三个亚类。二是米克模式，将体育产业分为体育娱乐、体育产品和体育支持性组织三个部分。三是苏珊模式，将体育产业分为体育生产和体育支持两大类。其中体育支持又细分为：联邦和地方政府内相关的体育机构、各级种类的体育协会、体育管理公司、体育媒体、体育用品的制造和销售以及体育设施的建设与运营。①

(四)对于体育产业结构评价的应用研究相对较少

第一，唐葆君在探讨了文化产业分类后，提出应该从总量规模、政府收入、发展水平、市场化程度、对国民经济的贡献、经济效益和社会效益对文化产业结构进行评价。

第二，李林杰在分析农业产业结构内涵及影响因素的基础上，提出了评价农

① Susan Hafacre, Economics of Sports. Fitness Information Technology, Inc. pp. 4-8.

业产业结构合理与否的三项基本标准，并确立了农业结构调整应遵循的几项基本原则。

第三，赵敏在《水利产业结构评价指标体系及实证研究》一文中，用反映产业结构合目的性和内外部环境相适应性两类指标体系建立了水利产业结构评价模型，并运用所建模型对江苏省某县的水利产业结构进行了实证分析。① 这些都为本课题的研究提供了参考，但目前尚未检索到体育产业结构评价指标体系的研究。对于产业结构优化的评判标准研究，主要有如下几类：

(1)与“标准结构”比较，与其他国家的产业结构进行比较，以确定本国产业结构的优化程度；

(2)考查产业结构的协调性，各产业部门的协调发展；

(3)考查供给结构对需求结构的适应性，是对产业协调发展的深化与发展；

(4)考查产业发展对各种经济资源的有效利用程度；

(5)考查产业结构的“自组织”能力。

(五)对于体育产业结构演进的研究，描述演进规律特征较多，深层次分析较少

彭连清、林玲通过综合国内外体育产业发展的数据资料，对国外体育产业较为发达国家或地区的横向比较、国内省际横向比较和个别国家体育产业发展的纵向比较，总结出体育产业的外部结构发展演变规律和内部结构发展演变规律，分析了我国体育产业的外部结构演变规律是体育产业在国民经济和第三产业中的地位和作用将日益突出，内部结构发展演变规律则为体育服务业在整个体育产业中的地位将逐渐上升，体育用品业的地位则相对下降。②

朱维娜在其硕士学位论文中从国民经济的发展水平、自然资源条件、人口结构、需求弹性和供给弹性、国家政策与法律的作用、产业间的相互作用几个方面分析了影响我国体育产业结构因素。

综上分析，笔者认为，在体育产业结构调整中，以下一些问题需要在理论与实践的结合上加强研究：

第一，我国体育产业结构是如何形成的？具有哪些特征？

第二，我国体育产业结构是如何演进的？演进的条件、动力、方向是什么？

第三，如何客观评价我国体育产业结构的现状？根据哪些指标？采用什么样的方法评价？

第四，我国体育产业结构优化的目标、原则、导向是什么？

第五，如何优化我国体育产业结构，是依靠政府行为还是市场机制？

---

① 参见赵敏：《水利产业结构评价指标体系及实证研究》，《中国软科学》2004 年 3 期。

② 参见彭连清、林玲：《体育产业结构发展演变规律》，《浙江体育科学》2004 年 5 期。

基于此，本课题的研究目的是：如何科学界定体育产业并对其分类作为本课题研究的起点，从系统科学的视角探讨体育产业结构演进的规律及其影响因素，建立一套科学系统的体育产业结构的评价指标体系，以便客观评价当前体育产业结构现状及对各地区的体育产业结构现状进行横向和纵向比较，对体育产业结构的合理性、高度性及市场效益性做出科学的评价，清楚认识体育产业结构的现状及存在的问题，在通过对政府行为与市场行为进行博弈分析后，提出优化我国体育产业结构的对策建议和优化方案，为我国体育产业的发展及结构优化制定宏观政策提供依据，促进体育经济的可持续增长。

第五节 研究思路及研究方法

一、研究思路

本课题的研究思路：是按照系统科学理论对系统的研究思路展开的，遵循“提出问题—分析问题—解决问题”的逻辑顺序，采用“理论构架—模型分析—应用分析”这一研究范式，依据体育产业结构“演进趋势—系统评价—系统优化”依次进行研究，探讨体育产业结构的成因及内在机理，提出体育产业结构的优化方案，促进我国体育经济的可持续发展。具体研究路线如图 2所示：

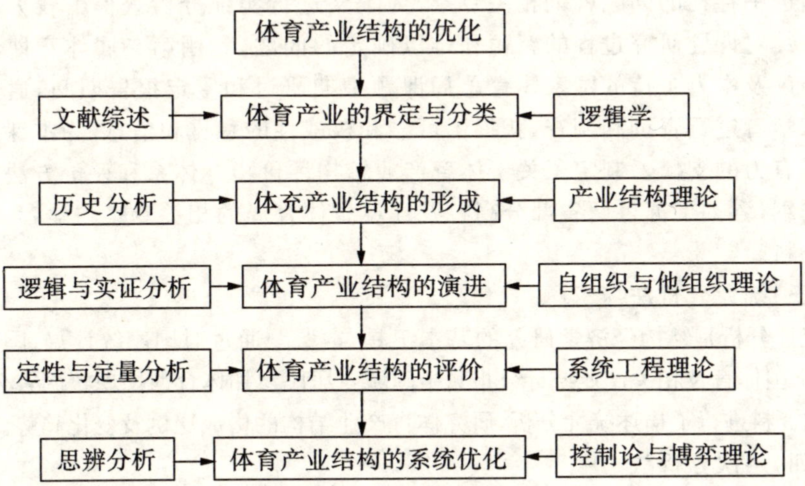

图 2 研究的技术路线

二、研究方法

恩格斯曾经说过，科学研究不能“从纯粹思维出发”而“必须从最顽强的事实出发”。历史与逻辑、理论与实际的统一、实证分析与规范分析，历来是我们进行学术研究的重要方法。本研究以马克思主义辩证法和历史唯物主义为指导，产业结构理论、系统科学和博弈论为理论基础，采用定性与定量分析、规范与实证分析、静态与动态分析、系统分析与命题集中研究相结合的方法，以多学科交叉、集成创新的方式研究我国体育产业结构优化的有关问题。研究中把体育产业结构优化问题当作一个完整系统，注重系统整体与要素、外部环境之间的相互制约和相互依赖，综合准确的考察所研究的问题。在以上系统方法的框架内，研究中具体采用了以下几种方法：

(一)文献资料法

文献查阅一直贯穿整个研究的始终。掌握翔实而充足的最新资料是学术研究的必要条件，掌握国内外专家学者的研究成果是理论创新的前提。通过国家图书馆、南京师范大学图书馆、山东体育学院图书馆、超星数字图书馆查阅了与该研究相关的书籍70余部；通过全国博士、硕士研究生中文数据库、全国中文电子期刊数据库，检索了相关文献近百篇；通过对相关文献资料的查阅分析，不仅提供了可供参考的研究思路和方法，而且也形成了该研究的理论框架，提出了体育产业结构优化研究的基本假设和研究内容，使该项研究能够充分吸收相关研究成果并有所创新和突破。

(二)专家访谈法

本文在写作过程中，多次走访江苏省体育局和统计局，就体育产业结构的现状及演进中存在的问题咨询相关专家，为本文进行实证分析获得了较为翔实的资料。针对课题研究过程的新颖和难以确定的问题，利用第二届体育博士高层论坛会议及本人主持的国家体育总局课题中期研讨和鉴定报告期间，通过对有关专家学者进行咨询和调查，获得了可靠和权威性的意见和信息，为本课题研究提供了有力的支撑。制定了关于体育产业结构评价指标体系和评价方法方面的访谈提纲，咨询了苏鲁两省部分高校及江苏省体育局的相关专家和学者，获得了宝贵资料。

(三)统计分析法

统计分析是结构经济学研究的基本工具，本课题通过对国家统计局、国家体育总局《全国体育及相关产业统计公报》《中国城乡居民参加体育锻炼现状调查公告》的数据和资料进行了描述统计分析，研究体育产业结构的构成比例及变化趋势。

(四)层次分析法

在对某市体育产业结构进行实证分析时，通过层次分析法，将评价指标的各要素按支配关系分成有序的递阶层次结构；通过两两比较的方式确定每一层次中指标的相对重要性，在递阶层次结构内进行计算合成，以得到项目层要素相对于目标重要性的排序。

(五)比较分析法

正如贝蒂·H·齐斯克在《政治学研究方法举隅》所言:“所有的社会科学研究都是比较的。对于社会现象的研究通常是将其分解为若干相互矛盾的部分来加以比较,或者是将当代事件与历史事件比较、或用其说明未来。”[①]本课题在研究过程中,通过调研及对体育产业发展近几年的相关数据进行了横、纵向比较研究。

第六节 本书结构及创新

一、本书结构

绪论:作为整个研究的绪论部分,首先从系统思想、理论基础、发展实践几个方面阐述了本课题研究的选题依据及意义,在对相关研究成果进行了评述后,进一步明确了本研究的研究方向及研究重点,从研究方法、技术路线几个方面论证了本课题完成的保障。

第一章:对相关概念的界定进行了评述后,对本研究的核心概念作出了界定。为使本课题的研究成果,能够为国家相关政策的制定提供参考,并便于本课题所建模型的实证研究,本课题对体育产业的界定采用了2008年6月18日由国家体育总局和国家统计局正式颁布的《体育及相关产业分类(试行)》中对于体育产业的界定及分类,将体育产业及相关产业的概念界定为:“为社会公众提供体育服务和产品的活动,以及与这些活动有关的活动的集合。”体育产业结构是从产业结构延伸而来的一个概念,是指组成体育产业的各行业间的技术经济联系和数量比例关系,既反映了各行业之间在技术上相互依赖、相互制约的关系,也反映了各类体育资源在各行业的配置情况及区域分布情况。

第二章:梳理了影响体育产业结构变动的各种因素,重点论述了能够解释体育产业演进的主要因素:经济发展——体育产业结构演进的前提条件;社会需求——体育产业结构演进的基本导向;资源供给——体育产业结构演进的客观基础;科技创新——体育产业结构演进的决定力量;制度环境——体育产业结构演进的保证。结合皮亚杰综合结构主义理论,认为体育产业结构具有整体性、转换性、自我调节性、层次性、相关性和相对性等特征。认清体育产业结构的这些特征,对于优化体育产业结构,具有十分重要的意义。

---

① [美]贝蒂·H·齐斯克著,沈明明译:《政治学研究方法举隅》,中国社会科学出版社1985年版,第16页。

第三章:基于系统科学的自组织与他组织理论,分析了体育产业结构演进的组织机制。体育产业结构的形成与演进,既是自组织机制作用的结果,也是他组织控制的结果,是自组织和他组织混合作用的过程。单纯地依靠政府宏观调控或单纯地依靠市场机制都无法实现产业结构的优化升级。需要将两者结合在一起共同作用,一方面积极发挥市场机制的微观调节作用,另一方面运用政府宏观经济调控手段,弥补市场机制的不足,共同促进产业结构的优化升级。随着经济的不断发展,体育产业结构演进将呈现出体育产业结构软化、合理化、高度化、高效化和区域产业结构合理化的趋势。

第四章:基于实证分析了体育产业失衡的表现:核心产业滞后、区域结构趋同、关联效应不强、有效供需失衡、产业附加值低、区域发展失衡、体育用品标准化程度低。其成因是:有效需求不足、管理体制障碍、扶持政策缺乏、政府过度干预、无行资产流失、商业运作水平不高、投融资机制不完善。重点分析了制约居民体育消费有效需求不足的原因。这是扩大体育消费需求,科学制定体育产业结构调整、优化对策的前提。

第五章:主要分析了体育产业结构优化的内涵、目标和原则。体育产业结构优化的实质是推动体育产业结构合理化和高级化的过程,且二者互相渗透、交互作用,从而构成体育产业结构优化的两个基点,共同构成了体育产业结构优化的动态过程。体育产业结构优化的最终目标是在保证各类体育资源配置最优化和宏观经济效益最大化的前提下,实现体育产业的健康、协调、持续发展。优化体育产业结构必须以体育产业结构演进规律为基准,制定调整体育产业结构的优化对策需要遵循整体性、层次性、动态性、开放性、效益性等原则。

第六章:本章首先对优化体育产业结构的政府行为与市场行为进行了博弈分析,认为在我国体育产业发展的过程中,是国家对"政府失灵"这一事实的认识与肯定,触发了市场力量的崛起,二者的博弈才真正展开。从趋势来看,未来在我国体育产业结构优化中起重要作用的应该是政府和市场这两只手的共同作用,而不可能是一方获胜的博弈结局。因此,一个"强政府—强市场"的组合模式,是促进当前体育产业结构优化的最优模式。政府作为"看得见的手"对体育产业的发展施加影响,而市场作为"看不见的手"通过体育产品和生产要素的交易活动完善市场机制。两者只有耦合,才能产生最佳的经济效果,形成一种动态平衡的关系,才能最终达到和谐平衡的价值取向。借助罗斯托的主导产业理论,分析了我国体育结构优化是体育产业主导产业与非主导产业发展更替推动的,认为我国体育产业结构的优化应围绕体育健身娱乐业与体育竞赛表演业两条产业链并行展开。同时提出:要有一定的社会先行资本和投资率、要有充足的市场需求,要有充分的创新和要进行结构上的改革。迅速出现一种政治、社会和制度结构，推动主导产业的发展，加强完善体育产业主导产业的运行基础。在综合比较分析了均衡发展理论、非均衡发展理论和非均衡协调发展理论三种区域经济发展理论的优势、劣势和适用条件后，认为非均衡协调发展理论更适合作为我们制定区域体育经济发展政策的理论基础，提出在制定区域体育产业结构调整政策时，应注意：充分发挥“两只手”的作用，把市场调节机制和政府行为结合起来；建立和健全统一开放竞争有序的区域市场体系；充分利用不同区域各自的特点和优势，最大限度地发挥区域间互补的整体优势和综合比较优势。

第七章：在对体育产业政策发展历程基础上，从体育产业政策的制定、执行、绩效评价、政策控制分析了体育产业政策的运行机制，指出了产业政策实践中存在的问题，提出了优化体育产业结构的政策建议。

第八章：分析了现有体育产业结构评价指标的局限性后，提出了构建体育产业结构评价指标体系的理念、原则、要素和方法。初步建立由目标层A、准则层B和指标层C三层构成的递阶层次的体育产业结构评价模型，并运用所建评价模型以及评价方法，对南京市的体育产业结构进行了实证分析。同时，根据评价结果，提出了优化南京市体育产业结构的对策建议。

第九章：对本书主要研究结论进行归纳总结，提出了下一步研究亟待解决的主要问题。

二、创新之处

本课题在全面评析前人理论的同时，也进行了一些有益的探索。可能有的创新主要表现在以下几点：

(1)在分析方法上，基于系统理论的研究思路，采用“理论构架—模型分析—应用分析”分析范式，每章自有论点，各章之间贯穿优化我国体育产业结构的主线，既加强了分析方法和内在逻辑结构的严密性，又便于整体把握体育产业结构的优化问题。

(2)“生动的实践，滞后的理论”是当前我国体育产业的基本状况。① 本书在开拓体育产业结构理论与实证研究的新领域方面进行了努力，所提出的体育产业结构优化研究的经济分析范式，为在理论上拓宽体育产业研究的视野、提升体育产业研究的层次提供了一个新思路。

(3)应用产业结构理论，剖析了影响体育产业结构变动的各种因素，从自组织与他组织理论的视角，分析了体育产业结构演变的机制，对于把握体育产业结构演进的规律、机制、动力，制定符合我国体育产业实际情况的体育产业政策，优

① 参见鲍明晓：《中国体育产业发展报告》，人民体育出版社2006年版，第20页。

化体育产业结构，促进体育产业可持续发展提供了一定的理论支撑。

(4)针对体育产业结构现状缺少客观统一认识这一问题，采用经济理论指导与实证分析结合的方法、体育产业结构评价体系，并通过对某市体育产业结构现状的实证分析，验证了其可行性及实用性。这为把握体育产业结构现状，从而制定优化政策和发展规划提供了一些思路。

(5)在提出问题的同时，注重解决问题方面的研究，应用博弈论的相关理论和方法分析体育产业结构优化中的市场机制和政府行为，借助于主导产业理论及非均衡协调发展理论，提出了优化体育产业结构的对策建议。

本章小结

本章作为整个研究的绪论部分，首先从系统思想、理论基础、发展实践几个方面阐述了本课题研究的选题依据及意义，在对相关研究成果进行了评述后，进一步明确了本研究的重点研究方向及研究重点，从研究方法、技术路线几个方面论证了本课题完成的技术保障。

第一章　研究对象和核心概念的界定

布迪厄(Bourdieu)指出:“要构建一种科学的对象,首当其解的是要与常识划清界限,也就是说,与那些被大家共同持有的见解划清界限,不管他是日常生存状态里的老生常谈,还是一本正经的官方见解。这些常识性的东西往往嵌入在制度之中,从而既体现在社会组织的客观性上,又反映在社会组织参与者的思想里。”①因此,在对本研究进行讨论之前,为避免概念上的歧义影响对有关问题的讨论,从相关概念的辨析和理论分析入手,对“体育产业结构”这一概念做出界定,这不仅是构建命题的基本单位,更是规定论证的逻辑起点。

第一节　产业及产业的分类

一、产业

概念有三种不同的类型:纯概念性的、纯参照性的、既非概念性的又非参照性的。对于第三种概念,正如波斯那(Posner,Richard A.)所言:“我们对这些词进行定义的任何努力都无济于事,事实上,它们没有固定的含义,而且其词典定义也不是直截了当的。它们可以被运用,但无法被定义。”产业也属于这类概念。产业是一个常用的概念,也是一个较为模糊的概念,与“工业”“部门”“行业”“实业”等通用。② 产业是社会分工现象,它作为一个经济单位如何把握,这是产业结构问题首先要解决的问题。产业概念的内涵,是随着社会生产力的发展而逐步为我们所认识的。目前还没有一个被一致认可的产业的定义,多数人认为产业(industry)是指进行同类经济活动组织的总和。这里的同类经济活动组织是

---

① Bourdieu, Pierre, and Wacquant L. T., *An Invitation to Reflexive Socialogy*, Chicago: University of Chicago Press. 1992, p. 235.

② 参见杨建文、周冯琦、胡晓鹏:《产业经济学》,学林出版社 2004 年版,第 1 页。

指这些组织在下面三个方面具有相似之处：

(1)主要原材料的投入；

(2)生产的主要工艺过程；

(3)产品或劳务的基本用途。

在产业经济学或产业组织理论教科书中，通常从市场供给的角度对产业的概念进行界定，即把产业定义为直接从事同类或具有密切替代关系的产品或服务的生产经营活动的企业的集合。从属于同一个产业中的企业生产的产品或提供的服务具有高度可替代性，它们之间存在着直接竞争的市场关系。这是从狭义角度对产业概念的界定，这种意义的产业也可称作“行业”。

在现代市场经济体系中，任何一个产业都不可能独立的存在和发展，产业中的企业必须在市场中与其客户、要素供应商、合作伙伴甚至竞争对手建立各种各样的市场关系，因此将产业定义为围绕某种产品或服务的生产和经营活动所发生的各种市场关系的集合。作为一个经济单位，产业处于宏观经济和微观经济之间，是与社会生产力发展水平相适应的社会分工形式的表现，产业与产业之间存在着直接或间接的经济联系。

从更广义的角度界定产业，可泛指国民经济的各行各业，大致门类、部门，小至行业，从生产到流通、服务以致文化、艺术、科技、教育、体育等，无所不包。在一国的国民经济体系中，产业是由众多门类和层次构成的一种经济系统，即产业经济系统，涉及产业之间的结构和关联关系以及产业的分类。

二、产业分类

产业结构的形成必定要给予一定产业分类，因此要对产业结构有准确的理解，就必须明确其分类，这是分析、研究和管理产业活动的前提。产业研究和分析的目的不同，分类就不同。要分析产业结构，首先要将产业活动按照一定的标准给予分解，即进行产业分类，这是分析产业结构的基础。产业分类是对构成国民经济的各种活动按一定的标准进行分解和组合，以形成多层次的产业门类的过程。产业分类是分析各产业部门经济活动、它们之间的相互联系和比例关系的基础。同一产业系统，采用不同的产业分类，就会揭示出产业系统的不同的结构。产业的一般分类方法主要有两大部类分类法、农轻重产业分类法、霍夫曼分类法、三次产业分类法、国际标准分类法、生产要素分类法、产业功能分类法等。

(一)两大部类分类法

马克思在《资本论》中，在分析研究资本主义社会总资本再生产时，按照产品的生产用途将全社会的物质生产部门分为两大类，即生产生产资料(具有必须进入或至少能够进入生产消费的形式的商品)的产业为第Ⅰ部类和生产消费资料

(具有进入资本家阶级和工人阶级的个人消费的形式的商品)的产业为第Ⅱ部类。[①] 从静态角度看两大部类的联系和联系方式,表现为两大部类的价值和实现构成在简单再生产和扩大再生产过程中形成的比例关系。马克思指出,扩大再生产的实现条件是两大部类部门必须保持一定的比例关系,这是社会再生产顺利进行的实现条件。从动态角度看,随着生产力发展,两大部类产业的资本有机构成是不断提高的。在社会再生产过程中,不变资本在社会总资本中的比重日趋增大,可变资本的比重将趋于缩小。不变资本的物质内容是生产资料,可变资本的物质内容是用于劳动力再生产的消费资料。也就是说,两大部类产品,只有通过交换,在实物上和价值上相互得到补偿和实现,社会再生产才能顺利进行。社会再生产的实现,实质上就是社会总产品的结构问题,也就是国民经济的产业结构协调发展问题。马克思的产业分类方法对研究资本主义再生产关系和指导社会主义经济实践有重大意义。

(二)农轻重分类法

列宁在马克思两大部类分类法的基础上提出了以物质生产的不同特点为标准的分类方法,主要按照劳动对象、劳动资料、生产过程、加工方式和劳动产品的不同,以两大部类原理为基础,为实现国民经济范围的协调发展需要,将经济活动中的物质生产部门分成农业、轻工业、重工业三大部门。该分类方法,对于从宏观上安排国民经济计划和进行计划调控,对于研究社会工业化实现进程具有较大的实用价值。然而,这种分类存在明显的局限性,在体系上不完备,在统计上不准确,而且也缺乏在不同经济发展阶段或不同经济发展水平之间的普遍适用性,现在已被大多数国家放弃。

(三)霍夫曼分类法

德国经济学家霍夫曼出于研究工业化发展的需要,把产业划分为三大类:消费资料业(即该类产业所提供的产品用途75%以上是满足消费需求的,包括食品工业、纺织业、皮革业与家具等工业);资本品产业(即该类产业所提供的产品用途75%以上是满足投资需求的,包括冶金及金属材料工业、运输机械业、装备制造业、化学工业等);其他(该产业提供的产品既可满足需求也可以满足投资需求,很难用比率加以测算)。

(四)三次产业分类法

三次产业分类法是新西兰教授费希尔(Fisher)在1935年出版的《安全与进步的冲突》一书中首先提出来的。克拉克在继承费希尔研究成果的基础上,与1940年在《经济进步的条件》一书中,按经济活动的客观顺序和内在联系,运用

① 参见[德]马克思:《资本论》第2卷,人民出版社1975年版,第439页。

三次产业分类法研究了经济发展同产业结构变化之间的规律。克拉克认为，人类的经济活动可以分为三个阶段，与此相适应，也就有三次产业的划分。我国1985年首次对三次产业进行统计，具体标准和范围为：第一产业是指农业（包括林业、牧业、渔业等）；第二产业是指工业（包括采掘业、制造业、煤电水）和建筑业；第三产业是指除上述第一产业、第二产业以外的其他各产业，又可分为两大部门（流通部门和服务部门）四个层次（第一层次是流通部门，包括交通运输业、邮电通讯业、商业饮食业、物质供销和仓储业；第二层次是为生产和生活服务的部门，包括金融业、保险业、地质普查业、房地产业、公用事业、居民服务业、旅游业、咨询信息服务业和各类技术服务业等；第三层次是为提高科学文化水平和居民素质服务的部门，包括教育、文化、广播电视事业、科学研究事业、卫生、体育和社会福利事业等；第四层次是为社会公共需要服务的部门，包括国家机关、党政机关、社会团体、军队警察等）。三次产业分类法是一种有效的产业结构分析方法，被许多国家广泛采用，克拉克以及库兹涅茨等经济学家运用它来解释经济发展的条件和结果。

（五）国际标准产业分类法

标准产业分类法（Standard Industrial Classification，简称 SIC）是为了同一统计口径和分析口径，以便科学制定产业政策和对国民经济进行宏观管理而设置的一种划分产业的标准方法。联合国 1971 年颁布并出版了《全部经济活动的国际标准分类索引》，之后又进行了四次修订。“国际标准产业分类”把全部经济活动分为 10 大项，又将每一大项细分为中、小、细三级子项。我国在国际标准分类基础上，制订了《国民经济行业分类》国家分类标准，于 1984 年首次发布，分别于 1994 年和 2002 年进行修订，2011 年第三次修订。该方法规定了全社会经济活动的分类与代码，分类标准适用于在统计、计划、财政、税收、工商等国家宏观管理中，对经济活动的分类，并用于信息处理和信息交换。

（六）生产要素密集度分类法

按照劳动、资本、知识等生产要素的比重或者对各生产要素的依赖程度对产业进行分类的方法。以此为标准，全部生产部门划分为劳动密集型产业、资本密集型产业、知识密集型产业。该方法能比较客观地反映一国的经济发展水平。该分类方法可以反映产业结构的高度化趋势，即劳动密集型产业占主导地位的产业结构向资本密集型产业占主导地位的产业结构过渡，资本密集型产业占主导的产业结构向知识密集型产业占主导地位的产业结构过渡，这有利于一国根据产业结构的高度化趋势制定相应的产业发展政策。①

① 杨建文：《产业经济学》，学林出版社 2004 年版，第 5 页。

(七)产业关联程度分类法

所谓产业关联程度分类法就是按照产品用途的前向和后向关系，根据产业关联顺序，可以将经济活动分为：上游产业、中间产业和下游产业。中间产业的产品属于中间产品，可以成为上游产业或下游产业的投入品；而上游产业的初级产品只能供中间产业或下游产业使用；下游产业提供的则是最终产品，可以同时满足消费、投资或出口需求。

(八)产业功能分类法

产业功能分类是从产业链的角度出发，着重考察各产业间关联程度和方式，以社会再生产过程中产业的相对地位、作用和功能为标志，将产业划分为主导产业(能够依靠科技进步或创新获得新的生产函数，能够通过快于其他产品的“不合比例增长”的作用有效带动其他相关产业快速发展的产业或产业群，决定着整个经济的发展方向、速度、性质和规模)、先导产业(在国民经济规划中先行发展以引导其他产业往某一战略目标方向发展的产业或产业群)、支柱产业(在国民经济体系中占有重要战略地位、较大份额，并起着支撑作用的产业或产业群)、辅助产业(围绕主导产业发展起来的协作配套部门)几大类。

(九)生命周期分类法

产品生命周期(Product Life Cycle，简称 PLC)是指产品从进入市场开始，直到最终退出市场为止所经历的市场生命循环过程。一种产品进入市场后，它的销售量和利润都会随时间推移而改变，呈现一个由少到多，由多到少的过程，就如同人的生命一样，由诞生、成长到成熟，最终走向衰亡，这就是产品的生命周期现象。典型的产品生命周期一般可分为四个阶段，即导入期、成长期、成熟期和衰退期，在此基础上，提出了产业生命周期分类法，将产业划分为：幼稚产业、朝阳产业、成熟产业、夕阳产业、淘汰产业。

三、产业结构

“结构”一词较早地应用于自然科学，其含义是指某个整体的各个组成部分的搭配和排列状态。对结构的研究起源于结构主义哲学思想，它强调分析总体各种成分的构成及其关系。瑞士心理学家、结构主义者皮亚杰(J. Piaget)在《结构主义》一书中，总结了物理学、心理学、经济学等多个领域中的结构主义思想的共同特点。皮亚杰认为，结构的概念是和没有依存关系的聚合体相区别的。结构是一种关系的组合，各种成分之间的相互依赖以它们对全体的关系为特征。[①]

系统的结构指的是组分或要素相互结合而形成的框架，关注的是结合的方

① 参见徐崇温：《结构主义与后结构主义》，辽宁人民出版社 1986 年版，第 5 页。

式及其形成的整个框架或构形，结构不能脱离组分而单独存在，结构需以组分为载体才能表现出来，而组分一旦离开结构就不再是组分。组分是产生系统整体涌现的基础，但组分齐备只是形成整体涌现性的必要前提，仅仅把组分汇集起来就不会产生整体涌现性。整体涌现性是通过诸多组分相互关联、相互作用、相互制约、相互激发而产生出来的，相互关联、相互作用、相互制约、相互激发的方式就是系统的结构。

产业结构这一经济范畴是一个国家经济发达程度和国际经济竞争力强弱的反映。[①] 一般认为，产业结构概念的应用始于 20 世纪 40 年代，开始时，人们将"结构"运用在经济领域，并开始用"产业结构"这一概念分析经济问题。这一概念的意义和用法是相当混乱的，它既用来解释产业内部的企业关系，也可解释为各个产业间的关系结构；既包括产业的地区分布结构，也包括产业的所有制结构等。随着对产业经济的逐步深化，产业结构的概念和研究领域也逐步确定下来。产业结构是一个国家或地区的产业构成和产业资源的配置状态，专指"产业间的技术经济联系与联系方式"[②]。它是国民经济结构最重要的组成部分，是实现社会总供给和总需求平衡的关键环节。合理的产业结构，是保持产业经济系统健康运行和国民经济协调发展的一个重要的前提条件。

佩卢(F. Perroux)认为："经济结构是表示在时间和空间里有确定位置的一个经济整体中具有特性的那些比例和关系。"丁伯格(J. Tinbergen)认为："经济结构是对有关经济对某些变化作出反应的方式的不可直接观测到的特征所作的考虑。"马克思在《政治经济学批判》序言中指出："人们在自己生活的社会化生产中发生一定的、必然的、不以人们意志为转移的关系，即同他们的物质生产力的一定发展阶段相适应的生产关系。这些生产关系的总和构成社会的经济结构。"[③]龚仰军认为："各产业在其经济活动过程中形成的技术经济联系以及由此表现出来的一些比例关系。"[④]周振华认为："在整个经济系统中，产业结构是作为有别于分配结构、资源结构、需求结构等，而又与其他相联系的子系统存在的。"[⑤]杨治认为："产业结构就是描述产业之间的关系结构。"[⑥]刘湖认为："产业结构就是以产业为特征的各种变量结构的统称。"[⑦]

---

① 参见李永禄、龙茂发：《中国产业经济研究》，西南财经大学出版社 2002 年版，第 24 页。

② 苏东水：《产业经济学》，高等教育出版社 2010 年版，第 44 页。

③ [德]马克思：《政治经济学批判》第 1 卷，人民出版社 1975 年版，序言。

④ 龚仰军、应勤俭：《产业结构与产业政策》，立信会计出版社 1999 年版，第 15 页。

⑤ 周振华：《现代经济增长中的结构效应》，上海人民出版社 2014 年版，第 28 页。

⑥ 杨治：《产业经济学导论》，中国人民大学出版社 1985 年版，第 30 页。

⑦ 刘湖、徐德云：《从结构范畴到产业结构的划分》，《西北大学学报》2006 年 36 期。

这种产业间的联系与联系方式可以从两个角度来考察：一是从“质”的角度揭示产业间技术经济联系与联系方式不断发展变化的趋势，揭示经济发展过程的国民经济各产业部门中，起主导或支柱地位的产业部门的不断替代的规律及其他相应的“结构”效益。二是从“量”的角度研究和分析一定时期内产业间联系与联系方式的技术经济数量比例关系，即产业间“投入”与“产出”的量的比例关系。① 产业结构不仅反映了经济系统之间的属性联系，也反映了经济系统内部各组成之间变化与作用的数量关系。

第二节　体育产业及体育产业的分类

一、体育产业

研究我国体育产业结构，首先要深刻理解和把握体育产业的内涵。体育产业是什么？这是目前国内外学术界尚未达成基本共识的一个理论问题。对于体育产业概念及分类的研究争论颇多，可谓“仁者见仁，智者见智”，并从不同的角度形成了多种界说。韩国学者相英玉在《韩国体育产业和供给政策》一文中提出：“所谓体育产业就是指与体育活动和消费有关商品和服务的生产和销售。”美国学者埃尔非·密克认为：“体育产业主要包括三个部分：一是参与性的体育娱乐活动和消费；一是体育产品和服务。”日本早稻田大学的宫内孝典在《日本体育产业的发展》一文中指出：“体育产业包括硬件和软件两个部分。”软件包括体育用品、信息和运动定向服务，硬件包括体育制造者和体育领域的供给者，认为日本传统体育产业是由体育服务信息业、体育用品业和体育场地设施业三部分组成的。而当前日本体育产业三个组成部分正在相互融合，并产生了新的行业。其中体育信息服务业三个组成部分正在相互融合产生了体育销售业，体育用品和体育场地设施业相互融合产生了职业体育，体育信息服务业和体育场地设施业相互融合产生了体育设施管理。② 为了使本课题讨论的内容相对集中，笔者将同类表述归纳后并予以分类说明。纵观现有成果，目前我国关于体育产业概念的界定主要有以下几种观点：

第一，以“宽口径”的方式界定体育产业。该观点认为，体育产业为与体育有关的一切生产、经营活动部门的总和，其产品包括体育物质产品、体育服务和劳务产品，其基本行业部门包括了健身娱乐业、竞技观赏业、体育用品业、体育传媒

---

① 参见李悦、李平：《产业经济学》，东北财经大学出版社 2002 年版，第 89 页。

② 参见郭炳德、高玖灵：《体育产业概念理解及分类研究》，《山西师大体育学院学报》2004 年 2 期。

业、体育博彩业、体育广告业、体育饮品业等。持有这类观点的学者倡导将体育市场的主、客体均归入体育产业的范畴，认为体育产业本质是体育运动中蕴含的经济价值，用市场经济的手段来挖掘当代体育的经济价值所开展的任何生产经营，体育消费从根本上决定了体育产业，体育产品也涉及有形物质的消费，由此得到体育产业就应该包含生产物质产品和服务产品的行业总和。[①]

第二，该观点认为，体育产业是社会主义市场经济条件下运行的体育事业，它是体育事业由传统的计划经济转到社会主义市场经济体制下的称谓。[②] 持有这类观点的学者将体育事业的概念范念置于体育产业上一个层次来认识。认为在现代社会里，体育是人们从事由一定目标、规模、组织和系统活动构成的一种事业，亦即体育产业，体育的生产、经营活动符合这种活动的特性，并将体育产业作为体制转型过程中体育事业功能延伸的一种形态。认为在计划体制下，发展体育事业只是考虑如何尽可能地增加传统意义上业务成果的产出，如竞赛场次、参加人数、参加比赛的奖牌数量和达标等。而在社会主义市场经济体制下，发展体育事业除了要追求"一次产出"外，还要追求"二次产出"，即把初次产出并且有良好社会效益的业务成果再转化为可以用实物形态和价值形态计量的经济效益，体育产业只是标注社会主义市场经济体制下的体育事业。[③]

第三，该观点认为，体育产业是体育事业中可盈利部分。有的学者从实用性的角度提出了体育产业就是体育事业中可进入市场并可获得经济利益的那部分经济活动的总和。[④] 持这种观点的学者将体育产业作为过程概念来处理，认为任何产业都是市场中真实存在的商品货币关系，没有市场，产业是不存在的。同时，又认为体育产业是否属于第二产业和第三产业或是混合产业并不重要，重要的是到底有哪些内容可以实实在在地进入市场，并能够切实赢利。能够称为体育产业的只是体育事业中能够进入市场，又能盈利的那一部分，而不能进入市场，必须靠政府财政支持的项目只能叫"事业"。

第四，该观点认为，体育产业是以活劳动非实物形态向社会提供体育、运动服务或劳务产品的企业集合，或称以劳动形式向全社会提供各类体育服务的行业总和。[⑤] 其产业主体是体育综合服务业，包括体育场(馆)服务业、体育竞赛和体育表演服务业、体育咨询培训服务业和体育医疗与康复服务业等部门。其基本特点是强调了产品的非实物性，以劳务或服务的"活动"形式存在，并提供满足

---

① 参见张岩、梁晓龙：《体育经济问题若干理论观点的综述》，《成都体育学院学报》1996 年 2 期。

② 参见鲍明晓：《体育产业—新的经济增长点》，人民体育出版社 2000 年版，第 8 页。

③ 参见丛湖平：《体育产业若干界说的辨析及相关问题的讨论》，中国体育科技 2001 年 12 期。

④ 参见赵炳璞、蔡俊五、李力研等：《体育产业政策体系研究》，《体育科学》1997 年 4 期。

⑤ 参见张岩：《略论体育产业范畴》，《体育科学》1993 年 6 期。

人的身心等方面需求的使用价值，生产过程是消费者直接参与并享受的过程。持此类观点的学者的主要思维基点有两个方面：(1)A. Fisher 等人提出的三次产业法是界定产业属性的重要依据，将体育产业定位在生产劳务或服务产品的行业第三产业范畴里，符合经济学原理。(2)体育产品与生产的投入品之间有质的区别，两者不存在替代性，只存在互补性，故不能将它们视为相同产业生产的产品。

第五，该观点认为，体育产业是体育系统为经营创收而兴办的各种产业。这种观点虽然规定了体育产业的主体——体育系统各部门，却没有限定体育产业的活动内容，即体育产业是体委系统相关部门与其他产业部门兼容，开展跨行业生产和经营的经济活动。

第六，2008 年 6 月 18 日，由国家体育总局和国家统计局正式颁布的《体育及相关产业分类(试行)》(国统字[2008]79 号)，在《国民经济行业分类》(GB/T4754-2002)的基础上，结合国内外体育及相关产业理论和实践经验，并以体育管理部门关于体育及相关产业的政策及改革思路为指导，以我国现阶段体育产业发展状况和发展方向为依据，将体育产业及相关的概念界定为："为社会公众提供体育服务和产品的活动，以及与这些活动有关的活动的集合。"根据其概念和活动范围，将体育及相关产业划分为 3 个层次、8 个大类、24 个中类、57 个小类。

第七，厉以宁认为，体育产业是把体育训练、体育健身、体育竞赛、体育表演放在一起的一个单独的产业，向社会提供体育服务的产业是第三产业。①

这些观点都从不同思维基点和实用角度对体育产业概念的界定作出了部分解释。为使本文的研究成果，能够为国家相关政策的制定提供参考，并便于本课题所建模型的实证研究，本文认同于第六种观点。其结合国内外体育及相关产业实践界和理论界的经验，也符合国家统计制度规定的。采用经济活动的同质性原则划分国民经济行业，即每一个行业类别都按照同一种经济活动性质划分。从统计工作的角度出发，为下一步开展体育及相关产业统计测算奠定了基础。

二、体育产业分类

系统科学描述了要研究某一事物的结构问题，首先要讲这一事物按照一定原则给以分解和组合，然后才能更好地研究它们的比例关系和相互作用。② 因此，准确界定体育产业结构内涵是正确认识和评价体育产业的基础和前提。同

---

① 参见厉以宁:《关于体育产业的思考,体育产业战略研究》,人民体育出版社 2008 年版。

② 参见许国志:《系统科学》,上海科技教育出版社 2000 年版,第 18 页。

一个产业系统,采用不同的产业分类,就会揭示出产业系统不同的结构。产业的划分必须服务于其分析的目的和内容,在符合所作分析的理论要求的同时,也要考虑现实上的可行性,不存在一种适合于各种经济分析的产业分类方法,也不存在固定不变的产业分类。

国外学者对于体育产业的分类,主要基于体育运动在西方社会经济条件下的现实生存与运作方式。主要有以下几种代表性的观点:第一,皮兹模式。该模式把体育产业分为体育表演(Sport Performance Segment)、体育生产(Sport Production Segment)和体育推广(Sport Promotion Segment)三个亚类。第二,米克模式。该模式把体育产业分为体育娱乐(Sport Entertainment)、体育产品(Sport Products)和体育支持性组织(Sport Support Organization)三个部分。第三,苏珊模式。该模式把体育产业分为体育生产(Sport Producing Sector)和体育支持(Sport Supporting Sector)两个大类。第四,从体育产业发展史的角度看,把体育产业分为业余体育、大学体育和职业体育。①

根据作用于人的身体与精神,有形与无形将体育产业分为以下几类②(图 1-1):

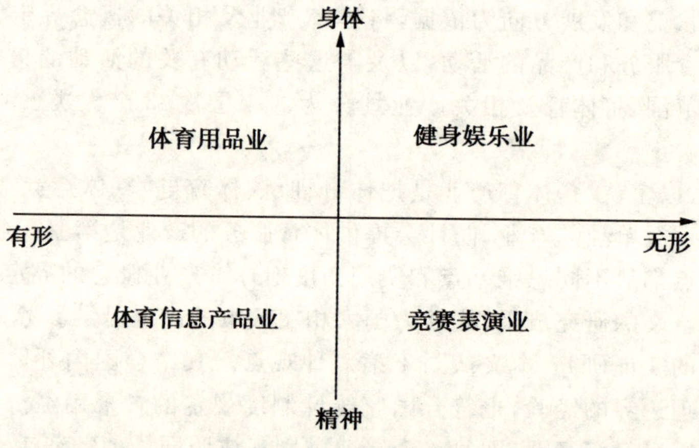

图 1-1　体育产业分类

长期以来,我国对体育产业缺乏科学、统一的分类标准,目前国内关于体育产业分类的主流观点主要来自以下几个层面:

国家体育总局制定的《体育产业发展纲要》(1995～2010 年),包括三个层次:第一层次为体育的本体产业,指由体育部门归口管理的,发挥体育自身的经济功能和价值,以提供体育服务为主的体育经营活动内容,如对体育竞赛表演、

① 鲍明晓:《中国体育产业发展报告》,人民体育出版社 2006 年版。

② 参见[美]迈克尔·利兹著,杨玉明等译:《体育经济学》,清华大学出版社 2002 年版。

训练、健身、娱乐、咨询、培训等方面的经营;第二层次为体育的相关产业,指为体育活动提供服务的经济活动部门,如体育场地、器械及体育用品、服装、传媒等的生产经营;第三层次为体育的外围产业,即指体育部门开展的旨在补助体育事业发展的产业活动。

从消费品形态的角度看,体育产业能够提供体育物质产品和体育服务产品的消费,前者主要包括体育服装、体育器材、体育食品饮料等;后者包括健身娱乐、竞赛表演、体育中介、体育旅游、体育媒体、体育博彩、体育保险等。

国家统计局和国家体育总局于 2008 年 6 月联合制定的《体育及相关产业分类(试行)》,将体育产业分为体育组织管理活动、体育场馆管理活动、体育健身休闲活动、体育中介活动、其他体育活动、体育用品、服装、鞋帽及相关体育产品的制造、体育用品、服装、鞋帽及相关体育产品的销售、体育场馆建筑活动八个行业。(详见表 1-1)

表 1-1　　体育及相关产业分类(试行)表

类别名称	国民经济行业代码
一、体育组织管理活动	
1. 体育行政、事业组织管理活动	9424
——社会事务管理机构 *	
——体育社会事务管理机构	
体育组织(指专业从事体育比赛、训练、辅导和管理的组织的活动)	
——各种职业体育俱乐部	
——各种运动队	
——各种群众性体育组织	
——各种专项性体育管理组织(如体育协会、中心)	9110
2. 其他体育组织管理活动	
专业性团体 *	

续表

类别名称	国民经济行业代码
——体育社会团体服务	9621
其他社会团体 *	9629
——体育基金会	
——其他未列明的体育社会团体	
二、体育场馆管理活动	
1. 体育场馆管理活动	
体育场馆(指可供观赏比赛的场馆和专供运动员训练用场地的管理活动)	9120
——综合体育场	
——综合体育馆	
——体育训练基地	
——游泳比赛场馆	
——足、篮、排场馆	
——网球、羽毛球、乒乓球场馆	
——棋牌比赛场馆	
——其他未列明比赛场馆	
三、体育健身休闲活动	
1. 体育健身休闲活动	
休闲健身娱乐活动(指主要面向社会开放的休闲健身娱乐场所和其他体育娱乐场所的管理活动)	9230
——综合性体育娱乐场所(游泳、保龄、球类、健身等一体的综合性健身中心)	
——保龄球馆	
——健身中心(馆)	
——台球室、飞镖室	
——高尔夫球场	

续表

类别名称	国民经济行业代码
——射击、射箭馆(场)	
——滑沙、滑雪以及模拟滑雪场所的活动	
——惊险娱乐活动场所(跳伞、滑翔、蹦极、攀岩、滑道等)	
——娱乐性军事训练	
——体能训练场所	
——其他未列明的休闲健身娱乐活动	
四、体育中介活动	
1. 体育商务服务	7499
其他未列明的商务服务 *	
——运动员的个人经纪代理活动	
——体育赛事票务代理活动	
——运动会筹备、策划、组织活动	
——其他未列明的体育商务服务	
2. 体育经济咨询服务	7433
社会经济咨询 *	
——体育经济咨询活动	
3. 体育经纪服务	9190
其他体育	
——体育经纪服务	
五、其他体育活动	
1. 体育培训服务	8491
职业技能培训 *	
——武术培训服务	
——其他体育项目培训服务	
2. 体育科研服务	7550
社会人文科学研究与试验发展 *	

续表

类别名称	国民经济行业代码
——体育科学研究服务	
3. 体育彩票服务	9290
其他娱乐活动 *	
——体育彩票	
4. 体育传媒服务	8821
图书出版 *	
——体育图书出版服务	8823
期刊出版 *	
——体育类杂志出版服务	8940
音像制作 *	
——体育类录音制品制作服务	
——体育类录像制品制作服务	8824
音像制品出版 *	
——体育录音制品出版服务	
——体育录像制品出版服务	8910
广播 *	
——体育类广播节目制作服务	
——体育类广播节目播出服务	8920
电视 *	
——体育类电视节目制作服务	
——体育类电视节目播出服务	
——体育类电视节目出口服务	
——体育类电视节目进口服务	
5. 体育展览服务	7491
会议及展览服务 *	
——体育用品展览服务	

续表

类别名称	国民经济行业代码
6. 体育市场管理服务	7470
市场管理＊	
——体育用品市场管理服务	
7. 体育场馆设计服务	7672
工程勘察设计＊	
——体育馆房屋建筑工程设计服务	
——健身用房屋建筑工程设计服务	
——室外体育设施设计服务	
8. 体育场所保洁服务	8329
其他清洁服务＊	
——体育场所保洁服务	
9. 体育文物及文化保护服务	9040
文物及文化保护＊	
——民族体育运动保护服务	
六、体育用品、服装、鞋帽及相关体育产品的制造	
1. 体育用品制造	2421
球类制造	2422
体育器材及配件制造	2423
训练健身器材制造	2424
运动防护用具制造	2429
其他体育用品制造	
2. 体育服装及鞋帽制造	1810
纺织服装制造＊	
——运动类服装	1830
制帽＊	
——各种运动帽制造	1921

续表

类别名称	国民经济行业代码
皮鞋制造 *	
——皮运动鞋靴	2960
橡胶鞋制造 *	
——布面运动胶鞋	3081
塑料鞋制造 *	
——塑料制运动鞋靴	
3. 相关体育产品制造	2452
游艺用品及室内游艺器材制造 *	
——台球桌及其配套用品	
——保龄球设备及器材	
——投镖及投镖板	
——沙壶球桌	1755
绳、索、缆的制造 *	
——体育项目用网(兜)	1923
皮箱、包(袋)制造 *	
——运动包	1539
茶饮料及其他软饮料制造 *	
——运动用饮料	3663
武器弹药制造 *	
——运动枪	
机械化农业及园艺机具制造 *	3672
——运动场地滚压机	
——运动场机动割草机	3724
汽车车身、挂车制造 *	
——高尔夫球机动车	3741
脚踏自行车及残疾人座车制造 *	

续表

类别名称	国民经济行业代码
——竞赛型自行车	3991
车辆专用照明及电气信号设备装置制造 *	
——足球场、体育场等用的显示器	
七、体育用品、服装、鞋帽及相关体育产品的销售	
1. 体育用品、服装、鞋帽及相关产品批发	6342
体育用品批发	6332
服装批发 *	
——运动服装批发服务	6333
鞋帽批发 *	
——运动休闲鞋帽批发服务	6343
图书批发 *	
——体育类书籍批发服务	6344
报刊批发 *	
——体育类杂志批发服务	6345
音像制品及电子出版物批发 *	
——体育类激光视盘批发服务	
——体育类录像带批发服务	
——体育类电子出版物批发服务	6349
其他文化用品批发 *	
——台球器材批发服务	
——飞镖器材批发服务	
——沙壶球器材批发服务	
2. 体育用品、服装、鞋帽及相关产品零售	6542
体育用品零售	6533
鞋帽零售 *	
——运动鞋专门零售服务	6532

续表

类别名称	国民经济行业代码
服装零售＊	
——运动服装专门零售服务	6511
百货零售＊	
——体育百货零售服务	6512
超级市场零售＊	
——体育类产品超级市场零售	6380
3. 体育产品贸易与代理服务	
贸易经纪与代理＊	
——体育用品国际贸易代理服务	
——体育用品国内贸易代理服务	
八、体育场馆建筑活动	
1. 体育馆房屋工程建筑	4710
房屋工程建筑＊	
——体育及休闲健身用房屋建筑	
2. 体育场工程建筑	4729
其他土木工程建筑＊	
——体育场地设施工程	
——室外体育用设施	

注：＊表示不属于体育及相关产业的活动。

三、体育产业结构

体育产业结构，是从产业结构延伸而来的一个概念。体育产业结构是指组成体育产业的各行业间的技术经济联系和数量比例关系，既反映了各行业之间在技术上相互依赖、相互制约的关系，也反映了各类体育资源在各行业的配置情况及区域分布情况。

从“质”的角度揭示体育产业各内部构成之间的技术经济联系与联系方式不断发展变化的趋势，揭示体育产业结构不断更替、演变的规律以及相应的“结构”效应；从“量”的角度研究和分析一定时期内体育产业各内部构成之间的联系及联系方式的技术经济数量比例关系，即产业间“投入”和“产出”的量的比例关系。①

本研究分析的体育产业结构包括了以下几种形态：

1. 体育产业的产值结构。研究包括了体育产业总产值占国民总产值的比重，也分析了体育产业各内部构成的产值分布，前者反映了一个国家或地区体育产业的发展程度，后者反映了体育产业内部各行业的相对低位。

2. 体育产业的区域布局结构。体育产业总是在一定的空间上形成和存在的，体育产业的定向分布是否合理对一个国家的资源配置效果具有重要的影响，能客观考量体育产业的区域分布状态。

3. 体育产业的关联效应结构。动态揭示体育产业与其他国民经济行业、体育产业内部个行业间的技术经济联系，在体育经济发展中起主导或支柱地位的产业部门的更迭变化规律及其他相应的“结构”效应。

4. 体育产业的就业结构。体育产业从业者在各产业间的分布状态，既反映了体育产业吸纳的就业人数，也反映了体育产业内部各行业吸纳就业的结构比例。

5. 体育产业的供需结构。体育产业的供需结构是指体育产品的供给和需求之间的相互联系、相互制约的关系，同时也是体育产品的生产和消费之间的关系在体育市场上的反映。

本章小结

为了避免概念上的歧义影响有关问题讨论的正常进行，本章对相关概念的界定进行了评述后，对核心概念作出了界定。为使本课题的研究成果，能够为国家相关政策的制定提供参考，并便于本课题所建模型的实证研究。本文赞同并采用了 2008 年 6 月 18 日由国家体育总局和国家统计局正式颁布的《体育及相关产业分类(试行)》(国统字[2008]79 号)对于体育产业的界定及分类，将体育产业及相关的概念界定为：“为社会公众提供体育服务和产品的活动，以及与这些活动有关的活动的集合”，并将体育及相关产业划分为 3 个层次，8 个大类，24 个中类、57 个小类。

① 参见李悦、李平：《产业经济学》，东北财经大学出版社 2002 年版，第 89 页。

"体育产业结构"是从产业结构延伸而来的一个概念。体育产业结构是指组成体育产业的各行业间的技术经济联系和数量比例关系，既反映了各行业之间在技术上相互依赖、相互制约的关系，也反映了各类体育资源在各行业的配置情况及区域分布情况。本课题从体育产业的产值结构、区域布局结构、关联效应结构、就业结构、供需结构等维度对体育产业结构进行分析。

第二章　体育产业结构的形成与特征

深入了解和分析体育产业结构形成和演进的主要影响因素，是正确认识和评价体育产业结构的形成及其演进的基础，是把握和预测体育产业结构演进趋势的重要依据。

第一节　体育产业结构的形成及影响因素

产业结构的形成主要有两种机制：市场机制和计划机制。产业结构的形成与发展究竟是市场机制作用下的企业行为还是计划机制作用下的政府行为，究竟是应以市场安排为主还是应以政府安排为主？这是理论界争论不休的难解之题。体育作为一项新兴产业在我国的兴起和发展，其结构的形成和演化也在两种机制的共同作用下，受到诸多不确定因素的影响。深入了解体育产业结构形成和演变的主要影响因素，是正确认识评价和优化体育产业结构的形成及其演进的基础，是把握和预测体育产业结构演变趋势的重要依据。

产业结构作为一个复杂的开放系统，影响产业结构演进的因素很多。在 20 世纪 80 年代，美国哈佛大学的迈克尔·波特教授在《竞争优势》中，详细介绍了分析产业和竞争战略的基本框架。他认为，一国的特定产业是否有竞争力主要取决于生产要素、需求状况、相关支持产业的状况、竞争环境。此外，机遇以及政府行为也对产业竞争力影响较大。结合波特的钻石体系理论，本课题将影响体育产业结构演进的动力因素概括为：经济发展——体育产业结构演进的前提条件；社会需求——体育产业结构演进的基本导向；资源供给——体育产业结构演进的客观基础；科技创新——体育产业结构演进的决定力量；制度环境——体育产业结构演进的保证。

一、经济发展——体育产业结构演进的前提条件

产业是历史范畴，是伴随着生产力发展和社会分工的深化而产生和不断发

展。经济发展因素是推动产业结构演进的前提条件。“产业结构的演进与经济增长具有内在的联系。产业结构的高变换率会导致经济总量的高增长率，而经济总量的高增长率也会导致产业结构的高变换率。”也就是说，产业结构的演进会导致经济总量的增长，而经济总量的增长会促进产业结构的加速演进。同样的，体育产业结构演进也不例外，体育产业的发展及其产业结构的演进是建筑在一定的经济基础上的。经济的持续增长和人们生活水平的提高，使得居民健身意识增强，体育消费观念转变，形成了多样化的体育需求。首先，作为满足人们社会性需求的体育，其发生、发展是经济发展和社会进步的结果。再者，体育经济活动发生发展的根本原因也是经济发展、社会生活水平逐步提高的结果。经济发展，保障了体育公共服务体系建设，夯实了居民参与体育的物质基础。同时，一定的经济发展和增长为体育产业结构的演进提供资本基础和技术装备以及直接的经济动力。

二、社会需求——体育产业结构演进的基本导向

社会生产的最终目的都是要满足需求，需求具有引导生产的作用。需求总量和结构的变动会导致产业结构的转变，对产业结构的有序演进具有直接推动的功能。社会需求是推动产业发展最直接也是最大的动力，其结构变化则是产业结构变化和发展的原动力。马克思在《政治经济学批判》导言中精辟地论述了生产、分配、交换、消费之间的辩证关系，科学地阐明了消费与生产之间的同一性，提出“生产直接也是消费”“消费直接也是生产”的命题，辩证地论述了社会再生产过程中供给（生产）与需求（消费）之间的相互关系。马克思指出：“生产与消费之间，每一方表现为对方的手段，以对方为媒介，这表现为它们的相互依存。这是一个运动，他们通过这个运动彼此发生关系，表现为互不可缺，但又各自处在对方之外，生产为消费创造作为外在对象的材料；消费为生产创造作为内在对象、作为目的的需要，没有生产就没有消费，没有消费就没有生产。”消费创造出新的生产的需要，创造出生产的动力。“消费在观念上提出生产的对象，作为内心的意象、作为需要、作为动力和目的。”[①]与此相适应，体育产品的市场需求决定了体育产业存在的价值，体育产品的市场需求结构决定了体育产业结构，体育产品市场需求结构的升级决定了体育产业结构的优化升级。这主要体现在以下几个方面：

（一）体育需求结构的变化为体育产业结构的调整提供新的动力

需求结构是按照人们需要等级先后次序的有机排列和不断演进而不断变化

① 《马克思恩格斯全集》第12卷，人民出版社1962年版，第742页。

的。随着社会经济的不断发展，人们从果腹御寒等最原始、最基本生存需求到发展需求，从物质需求到精神需求，不断地分化、细化与高级化。消费者需求结构的改变直接引导生产结构的转换，需求结构的变动会导致产业结构的变动，对产业结构的有序演进具有直接的拉动作用。正如西蒙·库兹涅茨所言："反映于人类生理特征有关的需要等级的先后次序级别在生产结构形成的年代中具有支配作用。如果消费者需求结构对保证消费品增加供给的不同制度条件是持续的，并大体保持不变，那么，按人口平均产值的增长率越高，消费者需求结构的改变也越大。"[①]其结果是：经济总量高增长率引起居民需求结构高转换率，需求结构高转换率带动产业结构高变动率，即国民经济的产业结构处于经常变化之中。

在市场经济条件下，某一产品、部门、产业的发展，都要依赖于社会需求——市场需求的状况。[②] 体育产业结构同样如此，由于体育产业结构直接表现为生产不同产品的各部门之间的产值结构，因此需求的变化及其结构性的分布就成为决定体育产业结构根本性因素。体育产品社会需求的规模和结构决定了市场经济条件下体育资源配置的方向和格局，进而决定体育产业的涨落。

(二)体育需求结构决定着体育产业结构的进程和方向

马斯洛认为，人们的需求驱动人的行为。人类的一切生产活动都是人的活动，因而所有的生产活动都是人类需求驱动的结果，体育产业结构的自发演进机制也是以人的这种需求驱动为前提的。任何经济发展都是为了满足需求，又都必须顺应显示的需求。产业结构的转化必须遵循需求及其变动的客观规律。体育生产的目的是满足社会不同群体体育需求，这也是体育产业发展的重要目标。国家体育产业相关政策的制定及其对体育产业结构调整的宏观调控，都是根据社会需求来进行的。人们生产多少以及需要多少，也就决定着什么样的最终产品以及多少最终产品，可以被人们所接受，从而人的需求从体育产业系统的最终出口作用于体育产业系统，进而影响体育产业结构。随着收入水平的提高，人们的需求不断得到满足，不仅消费的总量要扩大，而且消费结构也会升级，消费物品的档次更趋于高度化，个人需求趋向多层次化和多样化。人们对体育产品和服务需求的种类以及各种需求的数量的变化，直接决定着体育产业的种类以及各类产业的规模及其变化。随着体育需求结构的变动，一些产业较为迅速的形成和发展，而另一些产业则相对发展缓慢、停滞不前甚至收缩，即体育消费需求变动拉动体育产业结构的变动。关于体育需求结构影响体育产业结构的传递过程如下：收入水平提高—体育消费需求产生—体育消费结构调整—体育需求结

① [美]西蒙·库兹涅茨：《各国的经济增长》，商务印书馆1985年版，第344～345页。

② [参见]李林杰：《关于建立农业产业结构评价体系的思考》，《农业技术经济》2001年4期。

构改变—体育产业结构变动，这就是体育需求结构推动体育产业结构发展的机制。

(三)体育需求总量的规模制约着体育产业结构优化升级的程度

体育需求总量影响着体育产业规模的大小，体育需求总量越大，要求提供的体育产品和服务越多，相应的产业规模越大。体育市场规模扩大是新兴产业产生与独立的必要条件，只有新产业在规模经济范围内所生产的产品能被市场所吸纳时，这种新兴产业出现与独立才是经济的，社会才能得到专业化分工实际利益；当市场需求尚不足容纳一种产业最低规模经济产量时，这种新产业是难以产生的。

体育产业的各生产部门应该在需求结构的引导下，实现最大限度的产出，顺利满足社会不同群体对体育消费的多元化需求，由此形成体育产业部门的合理分布，即合理的体育产业结构。一种产品的市场规模受制于人们对于这种产品的偏好，人的需求层次递进规律决定了人们的需求不会永远停留在现有任何产品上，任何一种产品的市场容量都会受到限制，从而以这种最终产品生产为目的的分工效率和企业内部经济的效率的发挥就会受到限制。同时，随着生活水平的提高，人们对体育产品也出现了个性化需求。即使对某种最终产品的购买规模不变，人们也更愿意选择比较符合自己需要的个性化产品。这种个体需求的分化导致了消费者对产品的多样化需求，从而比较高效的大批量小品种生产模式不得不被小批量多品种的生产模式所取代。随着人们生活水平的进一步提高，人们的认知、审美和自我实现的精神需求也越来越普遍，对产品的要求越来多样化，而且变化速度也越来越快，从而要求生产进一步向“灵捷生产”模式和“柔性”生产模式转变，从而对传统的“规模化”和“标准化”的工业带形成冲击。体育需求总量影响着体育产业结构规模的大小，需求总量越大，要求提供的体育产品和服务越多，相应的体育产业规模也越大。需求总量又受人口数量、人均收入水平和投资总量的影响。人口数量的增加、人均收入水平的提高、投资规模的扩大，都将导致体育需求总量扩大，进而导致体育产业结构规模的扩大。

三、资源供给——体育产业结构演进的客观基础

一种产业(行业)的建立与发展或一种产品的生产，有赖于劳动力、资本、原料、技术、人力资本、信息等生产资料和条件。不同国家和地区同一生产要素和同一地区不同生产要素的丰缺情况不一，会导致诸生产要素供给价格水平的不同，最终反映为同种产品生产费用的差异或不同产业(产品)经济效益水平的差

异。[①] 任何产业部门发展都离不开资源，供给结构既决定着产业结构成长的基础或出发点，而且也决定着产业结构的选择与性质。一个国家或地区的资源拥有量及其结构状况是决定该国家或地区产业结构的主要因素。体育产业的发展也是如此，资源供给是体育产业发展的前提和基础，对于体育产业结构具有重要影响。如果没有充分的体育投资设施建设，要想实现体育产业化、推进体育产业结构演进很难。

(一)体育产业的发展要有大量的物质资本积累

英国经济学家哈罗德和荷兰裔美国经济学家多马提出了哈罗德—多马模型，该模型是研究经济增长的重要理论，对发展中国家的经济增长有着重要的影响。

哈罗德—多马模型的公式：$G=I/V$

式中：G 代表经济增长率，I 代表投资率，V 代表资本产出比率。哈罗德—多马模型是一个基本假定，V 是不变的。在这样的条件下，一个国家产出总量的大小就取决于资本存量的多少，产出增长的快慢就取决于投资率的高低，投资越多则增长越快。麦迪逊、纳迪里分别通过对发展中国家经济增长的实证检验，支持了上述结论。模型揭示的资本困境，可以用图来表示，DD 和 SS 分别表示资本的需求和供给曲线，BC 段表示资本供给缺口(图 2-1)。

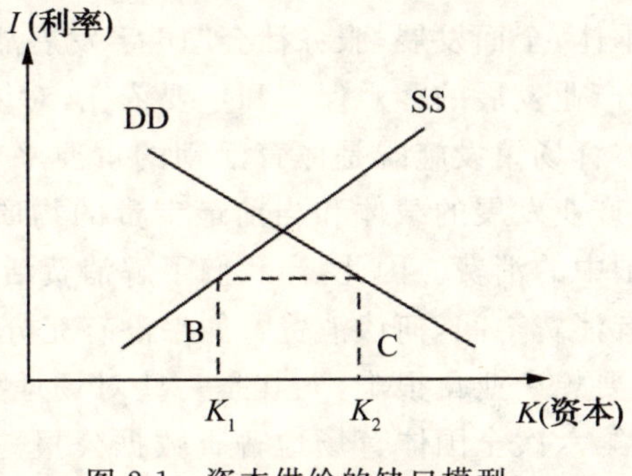

图 2-1 资本供给的缺口模型

该模型突出强调了资本积累对经济增长的决定性作用，指出了“资本形成是发展中国家经济发展的主要源泉”。罗斯托在 1960 年出版的《经济增长的阶段》一书中，提出发展的关键是投资率能否上升到一个临界点(比如说由 5%上升到 10%)，当投资率达到了这个临界点，经济就“从起飞进入自我持续的经济增长阶段”。只有在物质资本积累达到足够程度以后，才能兴建大量体育场馆、运动设

① 参见杨建文：《产业经济学》，学林出版社 2004 年版，第 155 页。

施，使体育产业发展获得坚实的物质基础。同时，一国可提供的资金规模主要取决于国内储蓄状况，而国内储蓄状况又受人均收入水平的制约。只有人均收入水平提高了，积累了丰富物质财富之后，人们才能从琐碎的事务中解放出来，有更多的闲暇去娱乐、休闲以及发展自己的身体和兴趣，从而为体育产业营造良好的外部环境。

(二)体育产业的发展需要有大量的相关人力资本的积累

人力资源对于产业结构的影响主要表现在：低质量的劳动力，必然阻碍产业结构向更高阶段发展；反之，拥有现代技术和文化素养的高质量劳动力，必将加快推动产业结构的高度化演进。高水平体育赛事的呈现，需要一批高素质的运动员、教练员；体育产业化进程的推进，需要一批高素质的体育经营管理人才。体育产业的发展需要大量的相关人力资源的积累。一般而言，劳动力资源供给充足，就会向劳动密集型产业多投资，从而促进该类产业的发展。如果劳动力资源供给稀缺，劳动力价格将上升，这也是我国之所以能够成为世界最大体育用品加工制造国的一个重要原因。

(三)体育产业的发展需要依托体育场馆设施

国家体育总局副局长王钧在首届中国体育产业高层论坛上，针对“体育产业发展要依托什么，体育产业发展的重点是什么，体育产业发展要形成一种什么样的模式，体育产业发展的最终目标是什么”这四个问题时，提出了体育产业发展的“依托场馆，紧扣本体，全面发展，服务社会”16 字发展战略指导思想。认为体育场馆设施，是体育产业发展的客观保障和重要依托，对体育产业的形成和演变有着重要的影响。体育场馆设施既是体育活动的重要平台，也是体育产业发展的重要舞台，是体育产业发展的载体和当前最宝贵的物质基础。体育消费总是在一定的位置和范围中的消费。因此，当我们了解消费活动时，总要了解消费获得发生在何处。没有消费空间，何谈消费？如果没有充分的体育投资设施建设，特别是普及化，体育要想产业化很难，尤其是一些对场地要求严格的项目，如篮球、足球、网球等。《第六次全国体育场地普查数据公报》显示：截至 2013 年底，全国共有体育场地 169.46 万个，用地面积为 39.82 亿平方米，建筑面积为2.59 亿平方米，场地面积为 19.92 亿平方米。按照 2013 年末全国大陆总人口 13.61 亿人计算，平均每万人拥有体育场地 12.45 个，人均体育场地面积 1.46 平方米。与发达国家相比差距较大，即使和巴西、印度等国家相比也处于落后地位。而且这些体育场地还畸形地集中于城市，在基层农村地区，公共体育设施几近“一片空白”。[①] 消费空间的分布位置，也影响着体育消费。如果体育场馆远离消费者

① 参见张贵峰：《什么妨碍了我们休闲质量的提高》，《中国青年报》2006 年 9 月 29 日。

的工作单位或是家庭住所，势必会增加消费者参与健身消费的时间成本和路途消耗成本。一旦投资成本超过了消费者的投资阈值，消费者就会放弃这种投资，限制了有效消费需求。体育消费的有效需求不足，不仅会影响体育产业规模，也会影响体育产业结构的演进、制约体育产业的发展。

四、科技创新——体育产业结构演进的决定力量（根本动力）

产业结构演进归根到底受到生产力发展水平的制约，而技术进步作为生产力系统的核心因素，成为推动产业结构不断向高级化、高度化、合理化方向演进的根本动力。技术进步决定产业的兴起与升级。从产业发展的历史来看，技术进步是产业部门兴起与发展的决定力量。技术进步创造了新的产品和行业，导致新兴产业的不断出现；技术进步改善了原有产业的生产工艺，降低了生产成本，提高了劳动生产率，是产业规模扩张的同时发生质量变化；技术进步扩展了可用资源的范围，使更多的资源进入生产领域，增加了资源供给，使资源在产业间的转移成为可能；技术进步是产业链不断拓展，当某一部门生产技术水平提高后，其下游生产部门会相应改变自身的需求以适应供给的变化。同时，这还会倒逼上游产业部门的生产技术结构变化，从而引起生产供给结构和需求结构的联动，最终导致整个产业结构的升级。[①] 所谓创新，按照熊彼特的观点，就是生产要素的重新组合。他认为，那些被称为企业家的人，通过组合生产要素建立新的生产函数取代旧的生产函数，从而实现创新。也就是说，创新实际上是一个新结构的创建过程，通过创造性破坏解构原有的系统，创造出新的结构，是一个"解构"和"构建"合一的过程。他还在其《资本主义、社会主义和民主》一书中，借用生物学的术语，把这一过程称之为"产业实变"。从经济发展历史来看，每当技术革命发生，随后都会出现产业结构的巨大变化。正如西蒙·库兹涅茨所言："工业技术高度的和加速的变动率是现代时期按人口平均的产值和生产率的高增长的主要源泉，并且也是引起生产结构惊人改变的主要因素。""现代发达的经济，在其连续的发展过程中，会相继出现迅速成长的各种新的生产部门。这种新的生产部门的产生与高速发展是与导源于科学并与科学发展相联系的种种工艺技术革命和创造发明是相联系的。"[②]经济结构演进归根到底是由生产力的发展状况决定的，而"科学技术是第一生产力"。因此，技术进步就成为经济结构演进的又一主要动因。科技创新是产业创新、产品创新的重要支撑，是结构调整的"催化剂"。

---

① 参见项俊波：《结构经济学—从结构视角看中国经济》，中国人民大学出版社 2009 年版，第 38 页。

② [美]西蒙·库兹涅茨：《各国的经济增长》，商务印书馆 1985 年版，第 30 页。

体育科技创新是体育产业结构演进的推动力。技术进步对体育经济结构的影响主要反映在体育产业结构、体育市场结构、体育企业组织结构、生产结构、要素禀赋结构、体育产品结构等方面。体育与科技的结合，使得体育"更快、更高、更强"的奥运精神得以实现。技术进步使运动器材、健身装备智能化、便利化，有利于推进体育社会化进程，促进体育健身娱乐业发展；科学运动训练方法以及先进科技在体育场馆和运动器材设施中的应用，有利于竞技体育水平的提高，增加竞赛的可观赏性，促进竞赛表演业的发展；现代科技在体育中的应用，还可以促进体育传媒业、体育广告业等分支行业的产生与发展，丰富体育产业的内容，优化体育产业结构。

(一)创新影响需求结构，从而导致体育产业结构变化

科技创新与需求结构之间存在极强的互动关系，科技创新对产业结构的影响主要是以需求为媒介的，即"新知识和技术革新的这些影响是在增长进程中一层层地添加在先已存在的需求结构上的，它不论是对为了适应于改变了的生活条件还是为了对新产品做出反应，都会造成新的需求压力"①。技术进步使产品成本下降，市场扩大，体育需求也随之变化；技术进步使体育消费品升级换代，改变了体育消费结构，从而影响了体育产业结构。同时，体育产业提供的产品一般都是需求价格弹性较高的产品，技术进步使得产品成本下降，产品供给量增加，产品价格下降，使得需求量迅速增加。在资源可以自由流动的前提下，资源必然从低弹性的产业流向高弹性的产业，从而导致产业结构乃至产品供给结构的变化。

(二)创新影响供给结构，导致体育产业结构的变化

科技创新能够影响供给结构，从产业发展的历史来看，技术创新是产业部门兴起与发展的决定力量。正如马克思所说："劳动生产力是随科学和技术的不断进步而不断发展的。"技术创新创造了新的产品和行业，导致新兴产业不断出现。技术创新往往会出现新的生产工具、新的生产工艺和新的材料，以致大幅度提高现有生产的社会劳动生产率，从而导致体育产业的深加工化和高附加值化，体育产业结构不断向高级化发展。

(三)创新促进体育产业集群化发展

由于生产设备和供应的专门化、共同生产要素的形成与使用、技术的外溢效果、生产的协同性和需求的互补性以及信息成本的降低，会使体育产业及相关产业在特定的区域聚集成长，形成具有一定规模的产业空间组织。同时，生产相同产品且具有正式和非正式互补关系的大量企业出现地理集聚，形成规模效应。

---

① [美]西蒙·库兹涅茨：《各国的经济增长》，商务印书馆1985年版，第41页。

(四)创新影响体育产业的梯度转移

在我国东部、中部和西部地区,由于经济发展不平衡形成了一种基于资源禀赋和技术差异的梯度分工格局。受技术进步和国际产业转移的影响,东部经济比较发达的地区的体育产业结构不断升级,技术层次较低的产业正在逐渐由东部地区向中部地区再向西部地区转移,并在各地区间和地区内呈现出产业结构变迁的"雁行模式",实现体育产业结构区域布局的相对合理化。

五、制度环境——体育产业结构演进的政策保证

制度创新在制度学派的文献中,通常被视为制度变迁、制度发展的同义语,用以表达"制度创立、变更及随着时间变化"的动态过程。① 早在 19 世纪末,制度经济学代表人物美国经济学家托斯丹・凡勃伦就指出经济理论分析应当研究人类社会和经济生活中的各种制度,认为制度是大多数人所共有的一些"固定的思维习惯、行为准则,权利与财富原则"。制度是指一系列用来建立生产、交换与分配基础的政治、社会和法律基础规则。现代经济学理论将制度因素纳入经济增长的框架,认为制度变迁是经济增长的主要因素,制度创新是经济增长的源泉。②

生产力的发展需要生产关系的适时调整,而生产关系的调整往往需要通过制度创新来实现。制度创新是经济结构调整和优化的"润滑剂",能刺激或加快经济结构演进的进程。③

体制作为一种制度环境,对产业结构变动轨迹影响很大。诺贝尔经济学奖得主道格拉斯・诺斯强调,体制对于产业结构影响的重要性,他对那种把产业革命原因单纯归结于偶然的技术革命的说法不以为然,而认为应把目光转向一个社会如何从封建制度以及产权系统的漫长孕育过程中脱胎走向现代化阶段,一个有效率的组织在西欧发展正是西方兴起的原因。诺斯认为,产业革命与主导产业的更替与其说是科技创新的结果,倒不如说是制度创新的结果更为准确。从表面上看,科技创新确实导致了新兴产业的兴起、成长、主导产业的形成与演化,但从深层次上看,不仅科技创新需要制度激励,因为不同的制度安排对人们创新科技的作用是不同的,有的制度安排激励人们不断创新科技,生产出新的知识,有的制度安排则抑制人们的技术创新与扩散,而且历史上也存在着反例。④

---

① 参见[美]道格拉斯・C・诺斯著,阵郁,罗华平等译:《经济史中的结构与变迁》,三联出版社 1994 年版,第 4 页。

② 参见吴宗杰:《我国民营经济发展的制度环境研究》,《经济问题》2003 年 6 期。

③ 参见项俊波:《结构经济学—从结构视角看中国经济》,中国人民大学出版社 2009 年版,第 45 页。

④ 参见[美]道格拉斯・C・诺斯、[美]罗伯斯・托玛斯:《西方世界的兴起》,学苑出版社 1998 年版,第 16 页。

对一个国家而言，除非现存的政府或经济组织是有效率的，否则经济增长不会简单地发生，即“有效率的组织”是产业结构演进的关键，要保持组织有效率，需要在制度上做出合理安排，以造成一种刺激，将个人的经济努力变成私人收益率接近社会收益率的活动。由此而来的结论是，社会发展和变革一定表明该社会的产权制度越来越能有效地调动个人的积极性，从而把有限的资源和精力用到对社会最有益的活动中去。如果这种制度安排十分有利的话，还可以克服自然资源和社会资源的不足。我国的市场化进程与西方国家的市场化进程的根本区别在于：西方国家是从自然经济直接过渡到商品经济（或市场经济），而我国的市场化进程中除了传统的自然经济以外，还经历了一个高度集权的计划经济体制时期。[①] 产业结构与制度变迁是一个相互作用的过程，产业结构演进需要相应的制度支撑，而制度创新也往往可以为产业结构演进开拓新的道路。

我国体育产业结构的演变过程也是政府主导的制度变迁过程。我国的体育产业产生于大一统的计划经济体制下，这种制度安排的路径依赖，就是把体育看作是意识形态的范畴，而不重视体育产业作为生产力的一种形态，具有创造巨大经济效益的功能。由于长期路径依赖的制约，使我国体育产业结构失衡，产业结构布局不合理，结构性矛盾突出。新中国成立以来，我国体育产业结构经历了四次大调整：第一次是“政府对体育的统包统管”阶段；第二次是“体育搭台，经贸唱戏、多种经营，以副养体”阶段；第三次是“本体推进，全面发展”阶段；第四次调整集中体现在“十一五”规划时期，是对体育产业结构的全局性战略调整优化阶段。

第二节　体育产业结构的特征

凡系统必有结构，体育产业系统也不例外。体育产业结构作为宏观经济结构的一个组成部分，是由体育组织管理活动，体育场馆管理活动，体育健身休闲活动，体育中介活动，其他体育活动，体育用品、服装、鞋帽及相关体育产品的制造，体育用品、服装、鞋帽及相关体育产品的销售，体育场馆建筑活动八类多层级组成的结构复杂的巨系统。皮亚杰综合研究了各门学科的结构主义，归纳出结构具有三个典型性质：第一，结构具有整体。结构是由若干成分和个体按照一定的规则组合在一起，并且这种组合不是简单的加总，而是反映了不同成分和不同个体之间的有机联系。第二，结构具有转换性。某一个结构系统中的构成成分之间的数量关系累积到一定程度后，结构系统的功能与性质将发生重大变化，并导致结构系统演进方向的改变。第三，结构具有自调性。任何机构在外界作用

① 参见卢现祥：《西方新制度经济学》，中国发展出版社 2003 年版，第 252 页。

下具有自我反馈的功能，为适应外部环境的变化，结构能在一定的范围内进行自我调整，并保证结构沿着特定的方向演进。体育产业作为一种系统结构，按照结构主义的观点，体育产业结构也体现了整体性、转换性、自我调节。① 同时还具有一定的层次性、相关性和相对性，这是体育产业结构的几大特征。认清体育产业结构的这些特征，对于优化体育产业结构，具有十分重要的意义。

一、整体性

从系统的角度看，虽然系统结构指的是系统要素之间的联系，但是这种联系不可能离开要素单独存在，系统结构和系统要素实际上是不可分割的。系统的结构不是构成要素的混合物或简单集合体，而是要素相互联系、相互作用等诸种关系的总和。正是这样的相互作用之中产生了系统结构的性质及其运动。这种系统性质和运动规律，在各构成要素与部分中是绝对找不到的。相反，这种整体意义上的性质和规律将决定、制约和支配各要素或部分的性质与运动。体育产业是为社会公众提供体育服务和产品的活动，以及与这些活动有关的活动的集合体，由八类活动组成，是一个相互联系，相互依存的产业群体，存在很强的关联效应，有着复杂的藕合关系。会呈现出各个组成部分简单相加所没有的整体效应，这是由产业的结构内涵和结构素质产生的，也是产业结构的内在属性。只有把构成体育产业结构的各要素和环节联系起来进行全面分析，才能从整体上把握体育产业结构。其中任一组成部分的生存和发展都必须在整个体育产业结构之中依存于其他的各部分，以其他各部分的产出作为自己的投入，同时又以其他部分的投入作为自己的产业目标。从整体出发研究，就会发现体育经济的发展会呈现出各个部分所没有的整体效应或“附加量”。这种不同于各部分功能总和的整体效应，是体育产业结构的基本特性。

二、转换性

系统结构的“转换”实际上就是系统结构的生成，构成或加工功能也就是系统在其特定规律的支配下，不断地整理加工新的材料，从而构成或表现出系统自身新结构的能力。② 体育产业结构问题归根结底是一个资源配置问题。可以把体育产业结构视为一个资源转换器，即在一定的资源条件下，通过体育产业结构的有效运转，不断从外界吸收物质、能量、信息，又不断地生产出各种体育产品，来满足社会不同群体的多元化体育需求。体育产业结构转换是资源在体育产业

① 参见鲁迪：《产业结构及其转换的系统哲学思考》，《系统辩证学学报》1995 年 3 期。

② 参见鲁迪：《产业结构及其转换的系统哲学思考》，《系统辩证学学报》1995 年 3 期。

内各部门间的重新配置，通过劳动力、资金等在体育产业内各部门间的转移对初始不理想的产业结构进行有关变量的调整，以实现体育产业结构的优化。

三、自发性

产业结构要维护系统结构的整体性并进行有效的转换生成，依靠自我调节来完成。体育产业结构的自我调节性是指通过体育产业经济系统的内部机制就能够自发地建造体育产业结构和实现体育产业结构的升级。体育产业结构本身、内部各组成部分之间以及所处的外部环境等都时刻处在不停地运动。体育产业经济系统的每个产业（子系统）自我调整，自我组织，似乎有一只“看不见的手”在操纵着这些不同的产业；另一方面，正是通过这些不同产业间的竞争与协同作用才导致了这只“看不见的手”的产生。体育产业结构要维护系统结构的整体性并进行有效的转换生成，依靠自我调节来完成。自发性是体育产业结构基本的特征之一。

四、层次性

层次是系统由组分整合为整体过程中的特性等级，最简单的系统由组分层次和系统整体层次组成。通常任何系统都既可以分解成许多子系统或更小的系统，也可以与其他系统组合成更大的系统。体育产业系统也是这样，在宏观经济层面，隶属于第三产业的第三层次。同时，体育产业又包括体育组织管理活动，体育场馆管理活动，体育健身休闲活动，体育中介活动，其他体育活动，体育用品、服装、鞋帽及相关体育产品的制造，体育用品、服装、鞋帽及相关体育产品的销售，体育场馆建筑活动八大子系统。其中每一子系统又由更低级系统构成。如，第五大类又分为：体育培训服务、体育科研服务、体育彩票服务、体育传媒服务、体育展览服务、体育市场管理服务、体育场馆设计服务、体育场所保洁服务、体育文物及文化保护服务九级子系统，这些子系统又可细分为更低级的子系统，由此形成了体育产业结构的层级体系。结构层级的不同，表明在整个系统中的地位、作用不同，但彼此之间又都有内在的联系。体育产业结构是多种因素共同作用的结果，其形成受到诸多因素的制约。因此，在不同的发展阶段，会出现不同的层次。体育产业结构层级体系的划分，可以从不同侧面揭示体育产业结构系统特征，有助于我们更深入地了解和研究体育产业结构的现状和发展变化的趋势。体育产业结构的层次性主要从体育产业结构的属性和素质来反映产业结构优化状况，强调结构的动态性、整体性和保持创新活力的演进能力。

五、相关性

构成体育产业的各要素之间，存在很强的关联效应，形成自变与应变之间的函数运动，使体育产业成为一个有机的系统。体育产业各构成之间存在着前向关联、后向关联及产业间关联总波及效应。随着科学技术的进步和社会分工的发展，结构关联度越来越提高，产业结构经济系统的整体性也越来越突出。一个产业的存在会成为其他产业出现和发展的条件，一个产业内部结构的变化会直接或间接引起其他产业的变化。例如，体育竞赛表演和体育健身娱乐业互为依托，相互促进。同时健身娱乐业的发展又能够带动体育用品的生产与销售，而体育用品业又作为体育健身娱乐业的基本投入品，为其发展提供支持。在产业链中任何一个环节成为“瓶颈”都将影响整个产业的发展，只有把构成体育产业结构的各要素和环节联系起来进行全面分析，才能从整体上把握体育产业结构的合理性。

六、相对性

体育产业结构作为一个整体，各组成要素都不是孤立的、静止的，市场需求、技术进步、投资行为和自然条件等各种因素的不断变化，导致体育产业经济系统中的供给结构和需求结构不断发生变化。体育产业结构本身、内部各组成部分之间以及所处的外部环境等都时刻处在不停的运动中。因此，体育产业结构合理化具有相对性，体育产业结构的优化是一个动态的过程。体育产业结构的演进是一个从相对不合理到相对合理的动态、模糊过程。

本章小结

深入了解和分析体育产业结构形成和演进的主要影响因素，是正确认识和评价体育产业结构的形成及其演进的基础，是把握和预测体育产业结构演变趋势的重要依据。本章梳理了影响体育产业结构变动的各种因素，重点讨论了能够解释体育产业结构演进规律的主要因素：经济发展——体育产业结构演进的前提条件；社会需求——体育产业结构演进的基本导向；资源供给——体育产业结构演进的客观基础；科技创新——体育产业结构演进的决定力量；制度环境——体育产业结构演进的保证。

结合皮亚杰综合结构主义理论，本研究认为，体育产业结构具有整体性、转换性、自我调节性、层次性、相关性和相对性等特征。认清体育产业结构的这些特征，对于优化体育产业结构，具有十分重要的意义。

第三章　体育产业结构的演进

产业结构与经济增长有着密切的关系，产业结构的演进会促进经济总量的增长，经济总量的增长也会促进产业结构的加速演进。不论任何系统，存续能力都是有限的，不可能永远保持其基本结构、特征、行为不变，演化性是系统的一种基本属性，是系统普遍的特征。系统的结构、状态、特性、行为、功能等随着时间的推移而发生的变化称为系统的演化（evolution）。只要在足够大的时间尺度上，都处于或快或慢的演化之中的系统，才是演化系统。[①] 各国经济发展的不平衡性和不稳定性日益加剧，产业结构的不断演进和升级成为经济发展的常态，体育产业结构也不是一成不变的，而是处在不断演化之中的。

演进亦称“演化”，来源于生物学，是指生物逐渐由低级到高级、由简单到复杂、种类由少到多的发展过程。产业结构也是一个不断演进或演化的过程，体现了人类社会生产关系和生产力不断适应的过程。

体育产业结构的演进是一个庞大而复杂的动态过程，是一个国家或地区体育产业结构在技术进步和制度创新等因素的作用下，由低级向高级不断转化、内部各组成要素协调性和适应性不断增强的动态过程。

第一节　体育产业结构演进的组织机制

“组织”是现代科学各个领域广泛使用的概念。在系统科学中，组织更是少数最基本的概念之一。所谓组织，既可以当作名词理解，也可以从动词的角度理解。从名词角度看，它是指事物的有序存在方式，即事物内部各部分按照一定的结构和功能关系构成的存在方式，相当于系统的概念。从动词角度看，组织是指事物朝空间、时间上或功能上的有序结构的演化过程。为了区别二者，人们曾把

① 许国志:《系统科学》，上海科技教育出版社2000年版，第29页。

它称之为“组织化”。[①] 按组织演化动力来源及其形成方式不同来划分，组织分为自组织和被组织。

系统演化的动力有来自系统内部的，即组分之间的合作、竞争、矛盾等，导致系统规模改变，特别是组分关联方式的转变，进而引起功能及其他特性的改变；系统演化的动力也来自外部环境，环境的变化及环境与系统相互联系和作用方式的变化，都会在不同程度上导致系统内部发生变化，包括组分特性、结构方式的改变，最终导致系统整体特性和功能的变化，获得新的整体特性和行为，达成与环境新的适应。系统与环境之间的相互作用是演化的外部动因。一般来说，系统是在内部动力和外部动力共同推动下演化的。体育产业系统作为一个开放社会、经济系统，其结构的演进，既具有自行发展的轨迹，也受到外界环境因素的影响。本部分内容主要基于自组织和他组织理论对体育产业结构演进的条件、动力、方向、方式等进行分析。

一、自组织机制

Feistel 认为：“演化是一种不可逆的历史过程，该过程包括了一个由一系列自组织步骤组成的无限序列，每一步都由一个临界涨落触发……并导致一个初始稳定态趋于不稳定。”[②]

自组织理论是研究客观世界中自组织现象的产生、演化等的理论，亦称为“非平衡系统理论”。所谓自组织，哈肯将其定义为：“如果一个体系在获得空间、时间或者功能的结构过程中，没有外界的特定干涉，我们便说该体系是自组织的。这里‘特定’一词是指那种结构或者功能并非外界强加给体系的，而且外界是以非特定的方式作用于体系的。”[③]耗散结构理论是自组织理论中最重要部分。它是现代科学的拓荒者普利高津(I. Prigogine)1969 年提出的，认为一个远离平衡态的开放系统，当其变化达到一定阈值时，通过涨落有可能发生突变，由原来的混沌无序状态，转变为一种在空间上、时间上或功能上有序状态和有组织结构。在非平衡系统中，在与外界有着能量与物质交换的情况下，系统内各要素存在复杂的非线性相干效应时才可能产生自组织现象，并且把这种条件下生成的自组织有序态称之为耗散结构。该理论在运用何种方法判断一个体系可以从无序的状态自发的、自主的演化为有序结构方面做出了重要贡献。协同学的不稳定性原理认为，在系统的自组织发展过程中，随着外部控制参量的变化，系统

① 参见吴彤：《自组织方法论纲》，《系统辩证学报》2001 年 9 期。

② Feistel R. J. “Geographg and Evolvtion,” *Economics. Letters*, *No*. 5. 2000.

③ [德]H. 哈肯：《信息与自组织》，四川教育出版社 1988 年版，第 29 页。

新结构的出现需要以原来结构失去稳定为前提，或者以破坏系统与环境的稳定平衡为前提。新结构的产生、存在和运行，只有能够稳定下来，才能称新结构的确立。但随着外部控制参量的继续变化，系统的稳定态将失稳趋于非稳定态，并向更稳定态发展演化。系统的自组织过程就是稳定性与不稳定性的统一。

(一)开放性——体育产业结构自组织演进的前提条件

普利高津耗散结构理论对自组织系统演化认识而言，其重要贡献就在于提出了系统开放是自组织现象发生的必要条件之一，并将宏观系统分为三种类型：孤立系统、封闭系统和开放系统。前两者是在达到平衡时，不再随时间发生变化。而开放系统既与外界交换能量，又于外界交换物质。系统开放为交换提供了通道和渠道，并促进了相互间的有机联系和非线性作用，导致系统的有序和活力。因此，任何系统若想求得发展，条件之一是必须具有开放性。耗散结构理论提出一个简单而深刻的公式：$DS=d_es+d_is$。在开放的条件下，按照热力学第二定律，此时系统内熵产生，$d_is\geqslant0$。而系统与环境之间的熵交换 d_es 则可正可负。当系统充分开放出现 $|d_es|<d_is$，即 $DS<0$，系统的总熵本身降低，这也意味着系统有序程度可以提高。

判断一个系统是否开放，只要知道体系有无输入和输出即可，与外界有无物质、能量和信息的交换。只有通过不断地与外界进行物质、能量和信息的交换才能使系统拥有促进发展的各种资源，自我封闭只会使系统成为一个死寂的自我循环，最终走向灭亡。任何产业若要组织有效的生产，都必须从环境中获取从事生产活动所必需的信息和物质资源，只有获取足够的负熵，才能使得产业系统产生有序的演化；同时产业系统也会不断地产生并向环境输出信息和物质资源(产品)。某一产业总是从上游产业获取生产资料进行生产活动，向下游产业提供商品或服务。体育产业作为宏观经济的重要组成部分，是由八类多层级组成的结构复杂的巨系统，各组成部分之间存在着相互影响、相互促进、相互依赖、相互制约的关联效应，其中任何一个部门既是其他组成部门存在和发展一个条件，其自身的发展也要受到其他组成部门的制约。各组成部门之间产生的经常的、大量的、相互交错的技术经济联系，实现产业结构间的关联，这种关联实质上就是产业结构的自组织。体育生产的最终目的是为了在产品市场上提供各类体育产品和服务，满足不同群体多元化的体育需求。为了实现这种生产，必须在生产要素市场上购买所需的各种生产要素，而要想避免生产的盲目性并使生产持续下去，又必须从外界环境中获取信息。体育产业系统必须从环境中获取从事生产活动所必需的信息和物质资源，这是体育产业结构自组织演进的前提和必要条件。

(二)远离平衡态——体育产业结构自组织演进的直接诱因

普利高津指出："一个系统与外部世界的相互作用、它的嵌入非平衡之中，可能成为物质的新动力学态——耗散结构的起点。”任何系统要获得发展的活力，必须使系统内部出现一定的分化，即系统的非平衡性。只有在远离平衡态时，系统处在力和流的非线性区，才有可能演化成为有序结构。远离平衡是系统出现有序结构的必要条件，而且是对系统开放的进一步说明。

判断这个条件是否满足的方法是看系统内部不同子系统之间的差异性，系统的各组成部分是否均衡一致，体系的各个组成部分之间的差异越大，体系离开平衡态就越远，差异是系统形成有序结构的源泉。在现实生活中，绝对的产业结构平衡是不存在的，市场需求、技术进步、投资行为和自然条件等各种因素的不断变化，导致了产业经济系统中供给结构和需求结构不断发生变化。产业结构失衡是一种常态。[①] 体育产业系统是非平衡的，这种不平衡表现在内部构成要素间的差别。以体育产业各内部构成作为组成单元（子系统）来考察的体育产业结构，体育产业的各内部构成之间从要素（劳动和资本等）的收益率到产业之间的增长速度、需求扩张和作用的地位都存在差异，是非平衡的。体育产业各内部构成之间的发展存在明显的差异性，其中体育产业的核心产业滞后是指相对于体育用品业的发展，体育健身娱乐业和体育竞赛表演业发展的速度相对迟缓，而体育竞赛表演业又在整体上落后于健身娱乐业。随着科学技术的进步，先进的生产工具不断代替陈旧、落后的生产工具，新兴的体育产品不断涌现，使得新兴产业或部门代替原有产业或部门，形成了新的产业结构。体育产业的各组成要素之间是非平衡的，非平衡是体育产业系统的常态。

（三）非线性作用——体育产业结构自组织演进的内在依据

组成系统的元素之间、子系统之间存在联系和相互作用。根据系统各组分之间相互作用的数量特征可以把系统分为线性系统和非线性系统两类。所谓线性系统，是指组分之间的共同作用等于各组元单独作用的机械叠加，否则称为非线性系统。[②] 自组织理论认为，系统各要素之间的非线性作用是系统有序的动力。非线性相互作用是复杂系统中要素间普遍存在的一种相互作用方式，它具有非独立的相干性、时空上的非均匀性和多体的不对称性等特点。不能简单地进行数量上的叠加，而是随时间、地点、条件的不同，呈现出不同的相互作用方式和效应，形成作用对象之间支配与被支配、催化与被催化、控制与反馈等复杂的多维关系。[③] 一个开放的、有活力的系统，其内部结构不均衡的现象会经常出现，原有的均衡被破坏，通过涨落达到新的均衡，这时的系统成为一个新的系统，

① 参见原毅军：《产业结构的变动与优化：理论解释和定量分析》，大连理工大学出版社2008年版，第14页。

② 参见许国志：《系统科学》，上海科技教育出版社2000年版，第41～44页。

③ 参见高春凤：《自组织理论下的农村社区发展研究》，中国农业大学出版社2009年版，第16页。

更加具有活力。当新的经济增长高潮的因素出现以后，主动地打破原有的平衡或均衡，建立新的产业结构，这是实现经济增长的必要前提。系统演化的终极动力在于系统内部元素之间、子系统之间的相互作用，关键是非线性作用。在远离平衡态时，系统内部非线性作用是系统显现出各种扰动（涨落）的高度敏感性，一个轻微的扰动都可能被系统响应、放大而波及整个系统，从而迫使系统向着某个新的结构演化。内部元素之间的非线性作用能够产生协调行为和相干效应，使序参量增大，从而使系统由无序转变为有序。

判断一个体系是否非线性，也与非平衡类似，即组成部分不仅在数量上而且在性质上要相互独立且有相当的差异。另外，组成体系的独立要素数量必须大于等于三。体育产业是由八类多层级组成的结构复杂的巨系统，各组成部分之间相互作用机制是非线性的，这种非线性首先表现为外在的商品交换关系，更深层次的关联要因在于它们之间的技术联系。技术进步使生产力提高，促进社会分工的发展，形成新的产业分工；技术进步使劳动生产力提高，劳动力发生转移，使产业结构发生变化；技术进步刺激需求的增长和扩大，使需求结构发生变化，影响产业结构；技术进步产生新兴产业，改造原有产业，淘汰夕阳产业，改变生产结构；技术进步提高国家的国际竞争力，促进贸易，带来产业结构的变化。

假设产业系统的状态可以用一组变量 $X_i(i=1,2,\cdots,n)$来描述，我们定义变量 $X_i(i=1,2,3,\cdots,n)$，则产业系统演化的方程一般性的标示为：

$$\frac{dX_i}{dt}=f_i(X_1,X_2,\cdots,X_m,C_1,C_2,\cdots,C_n(i=1,2,\cdots,n)$$

$C_i(i=1,2,\cdots,n)$为控制参数。如果 f_i 均为线性函数，则产业系统为线性系统；如果 f_i 中至少有一个是非线性函数，则产业系统即为非线性系统。体育产业系统内组成部分和各个状态变量之间相互作用的机制是非线性的。体育产业系统连续增加资本、劳动这两个生产要素的投入，则系统的产出率可能不会连续相应递增，在投入超过一定界限以后，会出现边际收益递减。运动员运动水平的提高更是如此。这时，若状态变量值增加，则系统状态 $X_i(i=1,2,\cdots,n)$将不能由这些增加值的简单叠加来判定，其变化将是复杂的，可能对应多个状态，甚至产生分岔和混沌现象。在体育产业结构的演化过程中，非线性作用是体育产业结构形成有序结构和产生复杂性的内在动因。系统演化的终极动力在于系统内部元素之间、子系统之间的相互作用，关键是非线性的相互作用。

（四）涨落——体育产业结构耗散结构出现的触发器

所谓涨落，是指一个系统的状态参量对其平均值的偏离。普利高津认为“涨落导致有序”。自组织理论认为，一切真实的系统都存在涨落，自组组系统通过涨落去触发旧结构失稳，探寻新结构。[①] 涨落总是对均匀性、不变性、对称性的破坏因素。涨落对系统结构演化起着重要作用。通过涨落的有序，是指非平衡非线性系统在一定条件下可以通过涨落被放大，通常的微小涨落被放大成为巨涨落，系统得以实现从无序到有序的转变，从低级有序向高级有序进化。内部元素之间的非线性作用能够产生协调行为和相干效应，使序参量增大，从而使系统由无序转变为有序。只有非线性的相互作用，才能造成系统内部质的差异、嬗变，生成和发展新的质，形成新质的有序结构。只有涨落出现在体系远离平衡态的区域时，才能起到建立耗散结构触发器的作用。

尽管在一段时间里，体育产业结构是稳定的，其内部的各种比例关系保持相对不变或变化甚小。然而，从局部看，体育产业内部实际经常出现波动。例如，劳动力、资金等要素不断地在体育产业内的不同部门间流动，体育产业产值也会不断地波动。当涨落不影响体育产业结构稳定，仅表现为产业内部的一种起伏时，称之为体育产业结构演变过程的微涨落。从体育产业结构演变的全过程来看，微涨落不会打破原有结构。然而，在一定条件下，有些涨落会改变原有产业结构，这种涨落则是体育产业结构演化过程中的巨涨落。巨涨落的形成是由于微涨落在系统失稳的临界点上被放大，它使系统处于高度不稳定状态。当微涨落转化为巨涨落时，原有结构模式便无法维持，从而诞生新的有序结构。体育产业结构演变的涨落机制可以用图 3-1 表示。体育产业系统结构的每一次演进必须经历原有结构稳定性的丧失和新的有序结构建立的过程。在体育产业结构演进的临界点上，涨落起着触发作用，并产生新的产业结构。

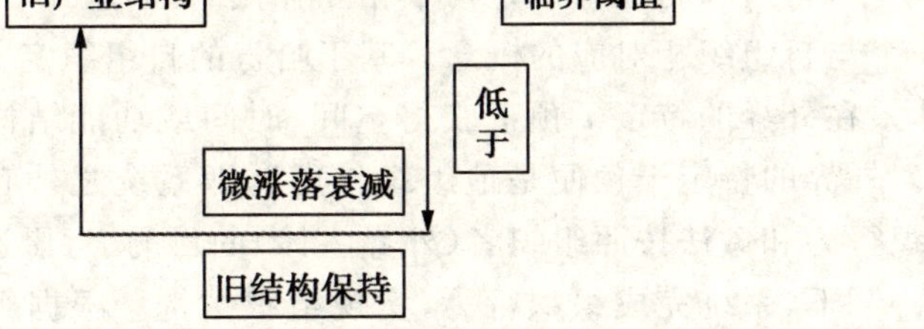

图 3-1 体育产业结构演进的涨落机制

① 参见苗东升：《精要》，中国人民大学出版社 2006 年版，第 137 页。

(五)主导产业——体育产业结构自组织演化的序参量

序参量是协同学创始人、德国物理学家哈肯在研究系统自组织理论时,作为处理自组织问题的一般判据引入的。如果某个参量在系统演化中从无到有地变化,并能指示出新结构的形成,即为序参量。序参量是描述自组织动力过程的定量化概念,是微观子系统或诸要素集体运动的产物,是其合作效应的表征和度量。序参量一旦形成,就成为支配一切子系统的因素。子系统按照序参量的"命令"行动,主宰系统整体演化过程。体育主导产业是表征体育产业结构演化状态的序参量,根据主导产业的理论,主导产业的产生与更替是产业结构转换的重要标志。

体育产业主导产业是体育产业结构自组织演进的序参量,体育产业主导产业的产生、发展和转移具有自组织性,是各内部构成之间相互竞争和协同作用的结果。[①] 体育产业结构演进的自组织机制在实践中是通过市场机制来实现的。市场机制主导下的产业结构演进是指在产业结构演进过程中,通过市场价格的波动、市场主体对利益的追求、市场供求的变化等机制的作用,对体育产业结构进行调整。

首先,在完善的市场机制条件下,各类生产要素在各区域间可以自由流动,通过流动,各生产要素可以找到发挥自身最大效用的"最佳区位",实现资源的合理配置,带动优势产业的发展,实现产业结构的优化升级。

其次,在完善的市场机制条件下,价格体系趋于合理。通过价格机制的作用,有竞争力的产业会加速发展,缺乏竞争力的产业会走向衰落,进而自发形成更加优化的体育产业结构体系。

最后,在完善的市场机制条件下,竞争是完全的,通过竞争机制促使各产业尽可能地采用最先进的生产技术和管理方法,最充分地发挥资源的作用,推动体育产业结构的升级。

二、他组织机制

在系统科学中,自组织与他组织是两个相互补充的部分,二者缺一不可。所谓他组织,是一个与自组织相对应的概念。基于哈肯的自组织定义,他组织可以定义为"如果体系在外界的特定干预下获得空间、时间或功能结构,那么该体系就是他组织的。外界的特定干预便是他组织作用",即系统之外有一个组织者,整个系统的组织行为和做法按照组织者(外界主体)的目的、意愿进行,在组织者的设计、安排、协调下,系统完成组织行为,实现组织结构。根据组织力的特点,他组织有三种类型:(1)指令式,即他组织力是强制性的,系统运行的一切步骤、

① 参见于刃刚:《主导产业论》,人民出版社 2003 年版,第 60～91 页。

细节均为外部组织力严格规定。(2)诱导式,即组织力不是强制的,而是指导(或引导或诱导)式的。(3)限定边界条件式,即不允许系统运行超出设定的边界,只要在边界的范围内,系统完全是自治的。他组织必须有一个系统以外的组织者,通常事前有一个目标,有预定的计划、方案等,组织者组织系统使其按事前确定的计划、方案变化,达到预定的目标。他组织现象中组织者与被组织者的关系就是一个控制、管理的关系。各种各样的社会系统几乎都是由控制的系统所组成。① 体育产业系统也不例外,从他组织的视角来看,其结构的演进也是一个控制的过程,是国家从整个国民经济发展的目标出发,为总体上及时、有效地协调产业结构,通过采取强有力的措施,积极调整产业结构,追求结构和组织优化的增长控制。体育产业结构演进中来自外界的特定干预主要是指政府的宏观控制,是一个人为干预的过程。体育产业结构演进的他组织机制在实践中是通过政府的宏观调控实现的。

(一)政府对体育产业结构演进的控制手段

政府宏观调控下的体育产业结构演进是指在体育产业结构演进过程中,政府作为宏观经济主体,在体育产业结构演进过程中发挥主导作用,运用一切宏观经济杠杆、产业政策手段,从国家经济的总体发展情况出发,引导和干预各类资源在产业间和产业内部企业之间的有效配置,及时有效地调整体育产业结构。政府对体育产业结构的宏观控制主要通过以下几个方面体现:

第一,政府从国家经济增长及体育产业发展的角度出发,制定体育产业发展的重点、目标、规模和速度,从整体上把握体育产业结构演进的方向。

第二,政府通过运用产业政策及其配套财政、税收、补贴、援助等经济政策手段,保护和扶植、缩小和抑制某些产业的发展,同时运用法律法规、行政命令等强制手段保证政策的实施效果,引导体育产业依照国家产业宏观经济目标发展,实现体育产业结构的优化升级。

第三,政府通过推行和运用产业政策,可以逐步形成我国市场经济体制所要求的现代竞争的微观基础,能够积极协调市场供需关系,为体育产业发展创造良好的市场环境,使市场为体育产业结构调整服务。

第四,政府发挥其公共建设及公共组织的能力,为实现体育产业结构发展目标进行一系列公共基础设施建设,为体育产业的发展创造良好的社会环境,夯实发展基础,促进体育产业结构的优化升级,有计划地调节社会总需求和总供给的矛盾,这样在产业结构调整上,形成政府意向和市场诱导二者同向化。

① 参见苗东升:《系统科学精要》,中国人民大学出版社 2006 年版,第 156 页。

(二)政府对体育产业结构控制的演进

我国的体育产业产生于大一统的计划经济体制下,这种制度安排的路径依赖,就是把体育看作是意识形态的范畴,而不重视体育产业作为生产力的一种形态,具有创造巨大经济效益的功能。由于长期路径依赖的制约,使我国传统体育产业结构比重过大,产业结构布局不合理,结构性矛盾突出。我国体育产业结构演进的路径依赖严重。

第一阶段(1949~1978 年):政府统包统管。

从 1949 年到 1978 年党的十一届三中全会这段时间,可以归之为我国政府对体育的统包统管阶段。在这个时期,我国借鉴苏联的经济体制模式,建立并实行了高度集中的计划经济体制,一切事业由国家包办,在这种体制下,国家给予体育单位全额拨款,负责体育事业基本建设的投资方向和布局,负责体育场馆、设施的建设等,包揽了体育事业各个方面的工作,忽视了体育的经济功能。尽管存在政府包得过多、体育被统得过死、社会办体育的机制无法形成,限制了体育的经济功能的发挥与拓展,以及体育发展活力和后劲不足等一些弊端。但不可否认这种模式,在一定历史时期,政府运用行政手段集中计划,动员和调配人力、物力、财力,取得了较好的宏观效益,奠定了中国体育事业发展的基础,造就了一支高素质的体育工作队伍,并改造和兴建了一大批体育场馆,依靠计划性极强的"举国体制"在短时间内迅速提高了我国的竞技运动项目水平,为扩大新中国的国际声誉做出了贡献,对我国体育事业的发展起到了积极作用,它在体现政府意志、完成国家任务,以及在较短的时间内实现我国体育事业迅速发展方面也有显著的优势。①

1978 年,中国共产党召开的十一届三中全会开启了"解放思想、实事求是"的思想解放的大门,并由此展开了轰轰烈烈的改革开放事业。改革开放初期,由于人们的思想和认识的局性,对体育体制改革的必要性和必然性认识不足,虽然经济体制已经开始进行改革,但是由于体育的事业属性,使得当时人们对体育体制是否进行机制转变犹豫不定。体育事业的大多数领域都严格控制在体育行政管理部门手中,没有任何松动的迹象。体育的各项活动主要还是事业范畴,还没有赋予"产业"地位,改革最初的任务是摆脱计划经济模式。可以说,这个时期我国并没有将体育产业纳入国民经济发展的体系,更不用说体育产业政策的出台。

第二阶段(1978~1992 年):市场端倪出现。

十一届三中全会以后,在经济体制和政治体制的改革进程中,体育体制改革也逐步全面推开。从 1979 年到 1986 年,在这个时期,体育事业在党的正确方针

---

① 参见隋路:《中国体育经济政策研究》,人民出版社 2007 年版,第 63~64 页。

的指导下，提出了以发展竞技体育为先导、带动体育事业全面发展的战略思想，在保证国家对竞技体育发展的前提下，把群众体育交由社会承担，弥补了国家投资不足，积极鼓励和扶持体育事业单位利用业务优势，广开财源，组织收入，增强自身的造血功能，体育部门开始涉足市场，出现“以体补体”的经营活动。

1985 年在福建举行的“全国体育哲学社会科学学术讨论会”上，我国著名经济学家于光远在会上提出，要重视研究体育与经济的关系及体育运动中的经济问题，创建我国体育经济学的必要性问题。

1985 年统计统计局颁布的《国民生产总值计算方案》，开始运用新的产业分类方法，把体育事业列入第三产业中的第三层次，即“为提高科学文化水平和居民素质服务的部门”。体育界、经济界开始出现“体育产业”这一提法。

1986 年 4 月 15 日，国家体委颁布了《关于体育体制改革的决定(草案)》，为中国体育体制的改革拉开了序幕，这也是我国体育产业政策的发端。这次体制改革的中心是由国家包办体育过渡到国家办与社会办相结合，转变国家体委等行政机构的职能，体育场馆等公共体育设施要“实行多种经营，由行政管理型向经营管理型过渡”。“以革命化为灵魂，以社会化和科学化为两翼，实现体育腾飞”的口号提出，两个“超前发展”理论(体育可以超越于经济的发展，竞技体育可以超越于群众体育的发展)获得正式确立。可以认为，中国的体育产业化、社会化、市场化正是以这个文件的发布和实施为起点的。

1986 年，“产业政策”一词正式出现在我国的官方文件《国民经济和社会发展第七个五年计划》中，其中第二部分以“产业结构和产业政策”为题提出，同时明确了调整产业结构的原则和方向。随着我国学术界大量介绍国外成功使用产业政策的文献资料和实践经验，产业政策在我国越来越为人们所熟悉和重视。

1989 年 3 月 15 日，国务院颁布了我国第一部真正意义上的产业政策——《国务院关于当前产业政策要点的决定》指出：制定正确的产业政策，明确国民经济各个领域中支持和限制的重点，是调整产业结构、进行宏观调控的重要依据，确定了“产业政策制定权在国务院”，“各部门和各省、各自治区、直辖市及计划单列省辖市人民政府，应根据国家产业政策，结合本部门、本地区的特点，拟定实施办法，并报国务院备案”。这标志着我国开始了产业政策的实践，确定了产业政策作为宏观调控手段之一，在中国经济发展中开始独立地发挥效用。

1990 年 10 月，原国家体委在湖南省常德市召开全国体育计划财务工作座谈会。会议要求：“要进一步开阔思路，更新观念，扩大财路，逐步实现体育经费结构多元化。”会议还提出体育场馆要在“以体为主，多种经营”方针指导下，进一步深化和完善承包经营责任制，加速从行政管理型向经营管理型过渡。

这一时期对体育产业的认识和实践，还是遵循一种有计划的商品经济的改革思路，甚至还没有摆脱和突破“计划经济为主、市场调剂为辅”的传统理论和观念的束缚。因此，体育产业虽然有了初步的发展，但是对体育产业的认识，特别是在体育产业化的理论和实践上都没有出现突破性的进展，仍延续着行政指令直接配置资源来促进产业发展的贯有机制。大多停留在“体育搭台，经贸唱戏”的阶段。体育产业的地位和商业价值，并未得到大多数人的认同，更不是经营的主体[①]，造成了畸形的产业结构和低下的经济效率。

第三阶段(1992～2006 年)：体系初成阶段。

1992 年，邓小平同志视察南方的重要讲话发表和中共十四大的召开，标志着中国对外开放和现代化建设进入了一个新的阶段，深化改革、扩大开放、发展社会主义经济成为国策，社会主义市场经济体制业最终确立，体育产业化也成为我国体育体制改革的价值取向之一。

1992 年 6 月 16 日，中共中央、国务院发布《关于加快发展第三产业的决定》，首次明确地把体育列为第三产业，提出：“优化国民经济结构，是缓解经济生活中深层次矛盾和促进经济更快发展的一个有效途径”“以产业化为方向，建立充满活力的第三产业自我发展机制。现有的大部分福利型、公益型和事业型第三产业单位要逐步向经营型转变，实行企业化管理”后，体育界掀起了如何加快体育产业发展的讨论热潮，“体育产业”一词开始频繁出现于体育报刊及文件之中。这时我国把体育作为产业地位的初步确定。

1992 年，国家体委召开“中山会议”，把体育产业问题作为深化体育改革的一项重要内容列入议事日程。原国家体委提出《六化六转变》及体育活动由福利型转变为消费型，实现群众体育活动生活化；体育赛事由一家办转变为大家办，实现参与竞赛普遍化；体育组织由行政型转变为社会型，实现体育组织的社会化；体育锻炼由经验型转变为科学型，实现体育锻炼科学化；体育运作由事业型转变为产业型，实现运作机制产业化；体育工作由人治转变为法治，实现体育管理法制化。“六化六转变”的提出为建立适应社会主义市场经济体制的体育事业发展模式明确了指导思路。

1993 年 5 月 24 日，原国家体委发布了《关于深化体育改革的意见》，提出体育体制改革的基本思路是“改变带有强烈计划经济色彩的传统体育体制，要建立与社会主义市场经济体制相适应，符合现代体育运动规律，国家调控，依托社会，有自我发展活力的体育体制和良性循环的运行机制，形成国家办与社会办相结合、集中与分散相结合的格局”。具体目标是：“根据建立社会主义市场经济体制和发展体育事业的需求，要加快体育产业化进程，力争在本世纪末基本形成门类

① 参见张发强：《对我国体育产业化的战略思考》，《体育文史》1997 年 2 期。

齐全的体育市场体系和多种所有制并存的社会化体育产业体系。"这成了划分我国体育产业与体育事业的政策依据，也标志着我国政府开始有意识地运用产业政策推动体育产业发展，具有重要的意义。同时，配套出台的《关于培养体育市场，加快体育产业化进程的意见》指出，"体育产业化是加速体育事业发展得必由之路"，"体育产业化的目标是用十年或更多的时间建立起与社会主义市场经济相适应、符合现代体育运动规律、布局合理、门类齐全的体育市场体系，并初步形成多种所有制形式并存、产业结构合理的社会化体育服务体系。培育和发展体育市场是实现体育产业化的根本途径"。同时制定了诸如："调查体育产业现状，研究制定体育产业统计指标体系"，加速体育产业化进程的政策措施。更加具体论述了体育产业的必要性，这也是国家体育主管部门的正式文件中第一次提出体育产业化的发展方向，意味着体育产业开始有了政策指导，标志着我国体育产业政策问世。

1994 年 3 月 25 日，国务院颁布《90 年代国家产业政策纲要》，对产业政策的制定和实施作了具体规定，指出：(1)国家产业政策由国务院决定；(2)建立国家产业政策审议制度；(3)建立国家产业政策的实施保障制度；(4)建立国家产业政策的监督、检查及评价制度等。[①] 同时指出：产业政策包括产业结构政策、产业组织政策、产业技术政策和产业布局政策，以及其他对产业发展有重大影响的政策和法规。这也标志着我国已开始建立以产业政策为中心的经济发展体系。

1995 年 6 月，国家体育总局出台《1995～2010 体育产业发展纲要》，把体育产业发展的指导思想概括为"四个坚持，一个优先"，提出了："争取用 15 年左右时间，逐步建成适合社会主义市场经济体制、符合现代体育运动规律、门类齐全、结构合理、规范发展的体育产业体系"的发展目标，将体育产业分为三大类别：体育主体产业类、体育相关产业类、体育部门开展的旨在补助体育事业发展的其他各类产业活动，这种分类为分析体育产业结构现状提供了理论依据。制定了发展体育产业的七项基本政策和八条基本措施，其中强调了制定和完善体育事业经济政策，为体育产业的发展提供必要的政策支持。要大力加强调查研究，积极争取和落实国家对体育事业发展的有关财政政策、体育基本建设的投入、投资政策、税收政策、价格政策、社会对体育公益事业赞助方面的政策、体育彩票和体育基金制度等方面的政策；制定和落实体育事业单位及经济实体进行多种经营来补助体育事业的优惠政策，执行有关人事、财务和资金等方面的政策，使之落到实处；执行国家的有关税务政策，树立依法纳税的意识，为体育产业的大发展创造良好的政策环境。

---

① 《90 年代国家产业政策纲要》，http://cpc.people.com.cn/GB/64184/64186/66685/4494201.html。

1996年，八届全国人大四次会议通过了《国民经济和社会发展"九五"计划和2010年远景目标纲要》，提出：形成国家与社会共同兴办体育事业的格局，走社会化、产业化的道路。体育的产业化正是被确定为社会的长远发展目标和国家产业发展政策的重要内容。

1999年3月，国务院总理朱镕基在全国人大九届二次会议上所做的《政府工作报告》中指出：要积极引导居民增加文化、娱乐、体育健身和旅游消费，拓宽服务领域，第一次在政府工作报告中阐述经济发展问题中提及体育。

2000年10月11日，中共十五届五中全会的《中共中央关于制定国民经济和社会发展第十个五年计划的建议》指出："引导文化娱乐、教育培训、体育健身、卫生保健等产业发展，满足服务性消费需求。"明确把体育健身作为一项产业。

2000年12月15日，原国家体委出台的《2001～2010年体育改革与发展纲要》提出目标：体育产业增加值以较快速度增长，2010年达到国内生产总值1.5%左右。缩小我国体育产品与国外的差距，提高竞争力。城乡体育消费稳步增长，占全部消费性支出的比重有较大提高，努力把体育产业培育成国民经济新的增长点。[①] 同时要求各级政府要将体育产业发展纳入经济发展规划，为加快发展体育产业创造有利的内外环境。制定扶持体育产业的财税政策、金融政策，规范体育产业统计，建立体育产业统计指标体系。到2010年要基本建立起以产业政策为主要调控手段的体育产业宏观管理体制，实现体育产业优化和资源合理配置。健全市场中介组织，严格其资格认定，建立自律性运行机制，发挥其服务、沟通和监督作用。重点开发和培育体育竞赛表演市场、体育健身娱乐市场，着手建立体育人才、技术、资金、劳务、信息等要素市场。

2001年12月20日，国务院办公厅转发《国家计委〈关于"十五"期间加快发展服务业若干政策措施意见〉的通知》提到要"积极发展房地产、物业管理、旅游、社区服务、教育培训、文化、体育等需求潜力大的行业，形成新的经济增长点。大力发展信息、金融、保险以及会计、咨询、法律服务、科技服务等中介服务行业，提高服务水平和技术含量，促进服务业行业结构及经济结构的优化"[②]。

2002年7月22日，《中共中央、国务院关于进一步加强和改进新时期体育工作的意见》(中发[2002]8号文)，充分肯定了体育在经济、社会发展中的重要地位和作用，提出："体育产业作为第三产业的组成部分，已经成为国民经济新的

---

① 《2001～2010年体育改革与发展纲要》，http://www.sport.gov.cn/n16/n1092/n16864/1434629.html。

② 《国家计委〈关于"十五"期间加快发展服务业若干政策措施意见〉的通知》，http://www.gov.cn/gongbao/content/2002/content_61850.htm。

增长点。加快体育产业的发展是建立社会主义市场经济体制的需要，符合我国经济结构战略性调整的要求，对于扩大内需、拉动经济增长，实现现代化建设发展目标，有着明显的推动作用。”“要明确政府和社会的事权划分，实行管办分离，把不应由政府行使的职能转移给事业单位、社会团体和中介组织。体育行政部门要把工作重点转移到贯彻国家方针、政策，研究制定体育行业政策和发展规划，依法加强行业管理和提供服务上来。”[①]

2003 年 5 月 14 日，国家统计局印发的《三次产业划分规定》除将第三产业明确为服务业外，把体育产业与文化、娱乐业一起组成文化、体育和娱乐业，列入第三产业。[②]

2003 年 10 月 14 日，中国共产党第十六届中央委员会第三次全体会议通过的《中共中央关于完善社会主义市场经济体制若干问题的决定》提出，要“完善文化产业政策，鼓励多渠道资金投入，促进各类文化产业共同发展，形成一批大型文化企业集团，增强文化产业的整体实力和国际竞争力。深化体育改革，构建群众体育服务体系，健全竞技体育体制，促进体育产业健康发展”。

2004 年，《国家发展改革委员会关于贯彻落实党的十六届三中全会〈决定〉精神推进 2004 年经济体制改革的意见》(发改经体〔2004〕538 号)，在当年的经济体制改革的重点工作中，深化体育改革，促进体育产业健康发展，进一步健全群众体育服务体系。

2005 年 12 月 2 日，《国务院关于发布实施〈促进产业结构调整暂行规定〉的决定》(国发〔2005〕40 号)提出：“推进产业结构优化升级，促进一、二、三产业健康协调发展，逐步形成农业为基础、高新技术产业为先导、基础产业和制造业为支撑、服务业全面发展的产业格局，坚持节约发展、清洁发展、安全发展，实现可持续发展”的产业结构调整目标。要求各级政府要切实推进产业结构优化升级，各有关部门要加快制定和修订财税、信贷、土地、进出口等相关政策，切实加强与产业政策的协调配合，进一步完善促进产业结构调整的政策体系。各省、自治区、直辖市人民政府和国家发展改革、财政、税务、国土资源、环保、工商、质检、银监、电监、安全监管以及行业主管等有关部门，要建立健全产业结构调整工作的组织协调和监督检查机制，各司其职，密切配合，形成合力，切实增强产业政策的执行效力。

国务院 2005 年第 40 号令颁布的《产业结构调整指导目录(2005 年本)》，将

---

① 《中共中央、国务院关于进一步加强和改进新时期体育工作的意见》，http://www.sport.gov.cn/n16/n1092/n16849/127397.html。

② 《三次产业划分规定》，http://www.stats.gov.cn/tjsj/tjbz/201301/t20130114_8675.html。

全部产业分为鼓励类、限制类和淘汰类，其中“体育设施建设及产业化运营”被列为鼓励发展的其他服务业类。从这些政策来看，体育产业的作用和价值越来越受到国家相关部门的重视。同时，这些重点推动型的政策也是体育产业政策地位显现的一个重要表现。

国家发改委表示：“为加快转变经济发展方式，推动产业结构调整和优化升级，完善和发展现代产业体系，根据《国务院关于发布实施〈促进产业结构调整暂行规定〉的决定》（国发〔2005〕40 号），我委会同国务院有关部门对《产业结构调整指导目录（2005 年本）》进行了修订，形成了《产业结构调整指导目录（2011 年本）》，现予公布，自 2011 年 6 月 1 日起施行。《产业结构调整指导目录（2005 年本）》同时废止。”

《国民经济和社会发展“九五”计划和 2010 年远景目标纲要》明确指出，体育要走“改革体育管理体制，有条件的运动项目要推行协会制和俱乐部制，形成国家与社会共同兴办体育事业的格局，走社会化、产业化的道路”，确定了体育产业发展的政策性导向。这进一步促进了体育市场的兴起与发展。社会各界尤其是许多有远见的企业家看好体育产业的发展潜力，使体育产业化进入了一个崭新的阶段。同时，这一时期加大了体育系统国有资产管理力度，加强了体育立法工作。从此，我国发展体育产业的指导思想，从“多种经营，以副养体”转向了“本体推进，全面发展”。体育健身休闲业的规模与产值不断扩大，体育休闲服务产品的供给能力明显增强，服务项目和内容日趋多样化，价格趋向大众化。以足球、篮球、排球和乒乓球职业联赛以及各类商业性比赛的竞赛表演市场初步形成，全运会的商业运作、商业比赛、各项目单项竞赛和综合性赛事等体育赛事增多，比赛的消费群体不断扩大。以开展运动员经纪代理、体育赛事推广、投资咨询服务项目为主，投资主体多元化的体育中介服务业已初步形成，也带动了体育信息传播、体育广告和体育用品制造等相关产业的发展，实现了我国体育产业的发展中心由体育多种经营向发展体育服务业的过渡。

第四阶段（2006 年～2014 年）：逐步完善阶段。

2006 年 3 月 14 日通过的《中华人民共和国国民经济和社会发展第十一个五年规划纲要》中有了专门的关于发展体育产业的内容，在第四篇加快发展服务业第十七章丰富消费性服务业的第六节以“发展体育事业和体育产业”为题，首次把“体育事业”与“体育产业”作为两个独立概念分别进行表述，这为发展我国体育产业提供政策保障。提出要“加强城乡基层和各类学校体育设施建设，开展全民健身活动，提高全民特别是青少年的身体素质。保护发展民族民间体育。深化体育改革，鼓励社会力量兴办体育事业和投资体育产业。规范发展体育健身、竞赛表演、体育彩票、体育用品，以及多种形式的体育组织和经营实体”。

2006年7月11日，国家体育总局颁布《体育事业"十一五"规划》，提出："不断深化体育改革，大力发展体育产业，努力创建各种社会力量竞相参与、充满活力的体育体制和运行机制"指导思想和"初步建成与大众消费水平相适应，以体育服务业为重点，多业并举、门类齐全、结构合理、规范发展的体育产业体系，形成多种所有制并存、全社会共同参与、共同兴办的格局。体育产业增加值在国内生产总值中所占的比重明显提高，城镇居民人均体育消费显著增加，充分发挥体育产业在拉动消费、优化产业结构、扩大就业中的作用，把体育产业培育成国民经济新的增长点"的发展目标。①

2006年12月，国家体育总局公布的《体育产业"十一五"规划》，分析了"十一五"期间我国体育产业发展面临的形势，指出了体育产业在国内生产总值中所占的比重还比较低，尚未发挥出新兴产业的潜力和优势；体育产业发展不平衡，结构还不完善，体育服务业还未成为体育产业的支柱等结构性问题，并指出要改革体育产业的管理体制，加强对体育市场的规范管理，进一步完善体育产业政策，加强对体育产业的指导与服务。这也是我国第一次以五年规划的形式对体育产业的发展进行总体性的指导。它标志着我国体育产业政策开始逐步走向正规化。

2007年3月19日，《国务院关于加快发展服务业的若干意见》(国发[2007]7号)，将发展服务业作为加快推进产业结构调整、转变经济增长方式、提高国民经济整体素质、实现全面协调可持续发展的重要途径。通过加大政策扶持力度，推动服务业加快发展。依据国家产业政策完善和细化服务业发展指导目录，从财税、信贷、土地和价格等方面进一步完善促进服务业发展政策体系。大力发展旅游、文化、体育和休闲娱乐等服务业，优化服务消费结构，丰富人民群众精神文化生活，进而优化服务业发展结构。

2008年6月18日，国家统计局、国家体育总局联合发布了《体育及相关产业分类(试行)》的通知，将体育及相关产业划分为3个层次，总框架分为8个大类，并对每个大类再进一步细分为24个中类和57个小类，明确了体育及相关产业统计和测算的要求。这是继旅游、文化和海洋等产业分类出台后，第三产业部门出台的又一个重要国家统计标准，也是迄今为止我国体育行业首个具有约束力的国家统计标准。它的颁布从统计工作的角度对体育及相关产业的内涵和外延作了科学、权威的界定，它为完善体育及相关产业统计制度奠定了基础，为全面、准确地获取体育及相关产业统计数据提供了前提，也为各级政府有关部门科学制定体育及相关产业发展政策，积极培育体育消费市场，促进体育及相关产业

① 国家体育总局：《体育事业"十一五"规划》，http://www.sport.gov.cn/n16/n1092/n16864/1436212.html。

可持续性发展提供了科学的依据和参考。

2009 年 10 月 1 日，温家宝总理签署第 560 号国务院令，《全民健身条例》正式实施。该条例规定，每年 8 月 8 日为全民健身日，同时在第二条款中提出："国家支持、鼓励、推动与人民群众生活水平相适应的体育消费以及体育产业的发展。"明确了体育消费和体育产业的发展属于全民健身活动的重要内容，是推动全民健身活动开展的主要措施。

2010 年 3 月 24 日，国务院办公厅发布《关于加快发展体育产业的指导意见》(简称《意见》)，这是中国首份在国家层面上对中国体育产业进行规划梳理并提出目标任务的政策性指导意见("国家最高级别的红头文件")。《意见》重点阐述了发展体育产业的基本方针，明确了体育产业发展的中长期目标：到 2020 年，培育一批具有国际竞争力的体育骨干企业和企业集团，形成一批有中国特色和国际影响力的体育产品品牌；形成多种所有制并存，各种经济成分竞相参与、共同兴办体育产业的格局；要全面打造实力雄厚、门类齐全、结构合理、具有中国特色和国际竞争力、影响力的体育产业，使体育产业增加值在国内生产总值中所占的比重明显提高，为拉动就业、促进国民经济增长做出更大的贡献。《意见》重点就体育健身市场、竞赛和表演市场、中介市场、体育用品业等六个方面提出了具体任务要求，还提出了推动体育产业发展的投融资政策、税费政策、无形资产的开发保护、市场的规范化管理、产业管理人才培养等七个方面的具体政策和措施。体育从原来的体育部门变成了国家战略性的一个产业。

2011 年 4 月 29 日，国家体育总局依据《国民经济和社会发展第十二个五年规划纲要》和《体育事业"十二五"规划》，制定并印发了《体育产业"十二五"规划》的通知，提出：到"十二五"末期，体育产业增加值超过 4000 亿，占国内生产总值的比重超过 0.7%，优化体育产业结构，提高体育服务业的比重，加快区域体育产业协调发展的发展目标。以投融资、税费优惠、规范职业体育发展等作为主要措施，明确了进一步优化体育产业结构、加快区域体育产业协调发展、促进体育产业与相关产业的互动发展的主要任务。明确政府工作重点、引导市场主体行为，是未来五年我国经济社会发展的宏伟蓝图，是全国各族人民共同的行动纲领，是政府履行经济调节、市场监管、社会管理和公共服务职责的重要依据。

2011 年 3 月 16 日，《中华人民共和国国民经济和社会发展第十二个五年(2011～2015 年)规划纲要》提出：坚持把经济结构战略性调整作为加快转变经济发展方式的主攻方向的基本要求。在第四篇《营造环境》推动服务业大发展第十六章大力发展生活性服务业第四节以"全面发展体育事业和体育产业"为题，提出了发展健身休闲体育，开发体育竞赛和表演市场，发展体育用品、体育中介和场馆运营等服务，促进体育事业和体育产业协调发展。把推动服务业大发展作为产业结构优化升级的战略重点，营造有利于服务业发展的政策和体制环境，拓展新领域，发展新业态，培育新热点，推进服务业规模化、品牌化、网络化经营，不断提高服务业比重和水平。

2011 年 11 月 22 日，国家体育总局发布《国家体育产业基地管理办法（试行）》，对于国家级体育产业基地的类型、申报条件、申报程序、评审程序、基地建设、管理与考核作出了具体要求。此后，已先后包括浙江、江苏、福建、河北、上海、北京、山东、广东、河南、山西、黑龙江、安徽、四川、青海、陕西、云南、广西、湖南 18 省市政府制定了《加快发展体育产业的实施意见》，江苏、安徽、福建、上海 4 省市制定了《体育产业"十二五"规划》，北京、山东、江苏、浙江、广西 5 省市制定了《体育产业发展引导资金的使用办法》，河北、山东、江苏、浙江、四川 5 省制定了《体育产业基地管理办法》，可见体育产业政策体系日趋完善。这有利于创新体育产业发展模式，全面带动了体育产业跨越式发展。北京奥运会的成功举办，国人体育意识空前高涨，更是极大地带动了体育健身娱乐业、竞赛表演业、体育培训业的发展，同时也能带动体育旅游、体育保险、体育媒体等行业的发展，从而优化了体育产业结构。

第五阶段：2014 年至今（国家战略地位的确定）。

2014 年 10 月 20 日，国务院发布《关于加快发展体育产业促进体育消费的若干意见》（以下简称《意见》），将全民健身上升为国家战略，旨在进一步加快发展体育产业，促进体育消费。各省市政府也在积极出台贯彻落实该意见的实施方案，可以说我国的体育产业迎来一个崭新的时代，这将大大推进体育产业的市场化进程。

三、混合作用

伯纳德·孟德威尔第一个突破"自然秩序"和"人工秩序"划分的希腊二分法，提出了既是"自然的"又是"人工的"第三种秩序。之所以是"人工的"，因为它是人类行为的结果；之所以说它是"自然的"，因为它不是任何代理人设计出来的，而是个体有意行为的无意结果。关于产业结构演进的自组织机制，经济学家们早已经意识到。如亚当·斯密的"看不见的手"就是对自发机制的一种刻画，而哈耶克的自发社会秩序思想也表明他认为人类社会是一个自组织的过程。但是，同样一个普遍的现象是各种他组织的存在，正如哈杰森所指出的，绝对的自发过程需要一种现代社会罕见的自我无意识，而自我意识一旦存在，"几乎任何一类社会现象，任何一类决策都将服从于精心设计的、有意识的或'有计划的'干预"。就连哈耶克本人也不否认他组织的存在，它只是强调社会秩序可能会，而且经常会自发地产生。[①]

显然，无论是自组织还是他组织，都是组织，二者客观实际都是统一的，都是系统形成的方式，是对一定外界环境下系统状态发生变化这样一类现象的两种不同描述方法，其区别只在于组织力或组织指令来自于体系内部，还是体系外部。当然，一个系统必然与外界联系，每个系统的演化也都是在一定外界环境中进行的，仅从系统组织起来的原因是外界提供的还是内部产生的，来确定系统是他组织还是自组织是不够的。可以说，内因决定了系统演化（发生质变）所得到组织的形式、状态的性质特点等，外因决定系统组织进程能否实现。哲学上将此说法规范为："外因是事物变化的条件，内因是事物变化的根据。"在体育产业结构的形成与演变中，两种机制各有优劣。政府宏观调控的优点在于能够克服市场机制对资源配置的不合理性，从全局把握产业结构的演进方向；缺点在于政府无法及时根据市场信息做出反应，并且，由于政策措施的制定实施存在时滞，难以在短期内取得良好的经济效果；加之，政府对经济的过度干预会导致价格失灵，破坏市场机制作用，不利于市场的健康发展。市场机制主导的优点在于能够通过其内在的供求机制、价格机制和竞争机制自发调节，使生产要素合理流动，有效解决经济中的资源配置问题；缺点在于市场机制作用有效发挥的前提，是在完全竞争和信息完全等条件的基础之上，但现实生活中这两个条件无法实现。[②]

因此，体育产业结构的形成与演进，既是自组织机制作用的结果，是他组织控制的结果，也是自组织和他组织混合作用的过程。为了更有效地调节体育产业结构，使之运行得更有效率，区分体育产业结构演进的自组织和他组织机制，常规控制和非常规控制的不同特点与不同作用是极其重要的。单纯地依靠政府宏观调控或单纯依靠市场机制都无法实现产业结构的优化升级，需要将两者结合在一起共同作用，一方面需要市场机制从微观上对产业结构进行间接调整，以克服和弥补行政调控作用的不足，另一方面需要政府运用宏观经济调控手段对产业结构进行直接调控，以克服和弥补市场机制的不足，共同促进产业结构的优化升级。

第二节　体育产业结构演进的趋势

考察和把握体育产业结构演进的一般规律是研究产业结构问题的首要问题。如前所述，关于产业结构研究总是同经济发展、经济增长相对应而不断变动的，这种变动主要表现为产业结构由低级向高级演进的高度化和产业结构横向

① 参见钟勇：《产业结构演进机理研究》，中国人民大学博士学位论文，2004年。

② 参见段文博：《资源约束下的日本产业结构演进研究》，吉林大学博士学位论文，2009年。

演变的合理化。配第—克拉克定理和库兹涅茨法则都从实证的角度揭示了产业结构变动的规律性，即随着一国经济发展水平的逐步提高，产业结构的变化一般要依次经历"一二三""二一三""二三一""三二一"四个阶段。根据人均 GDP 标准，从统计的时间序列看，各种商品和居民消费行为的内在相适应性，对此进行综合分析可以反映出居民消费在一定阶段的变化特征和趋势。居民的消费理念、消费方式、消费品市场供求关系都将发生转变，消费结构将由生存型向享受型过渡。[①] 体育产业是为满足人们的体育消费需求而存在的，虽说也向市场提供实物产品，但其本体产业是向市场提供各种体育服务产品，属于第三产业的第三层次"提高科学文化水平和居民素质服务"的部门。从这一视角来看，随着经济发展和人们收入水平的提高，体育产业在国民经济和第三产业中的地位和作用会日益突出。表 3-1 描述了美国体育产业随经济发展[②]，其日益发展的趋势。

表 3-1　　美国体育产业结构演进历程

项目	1986 年	1988 年	1995 年	1999 年
GDSP(亿美元)	472	631	1519.64	2125.3
GDSP/GDP(%)	1	1.3	2	2.4

除此之外，体育产业结构自身演进也将呈现出以下趋势：

一、软化

随着经济发展，体育产业结构将呈现软化的发展趋势。早期体育产业是以提供实物产品为主的，体育服务产品的比例很小，产业软化率(服务产品与实物产品之比)很低。随着经济的发展，人们收入水平提高，闲暇增多，在人们进入追求生活质量阶段以后，需求层次升级，体育产业开始长足发展。从西方发达国家情况来看，这一阶段大致是从 20 世纪六七十年代开始的，在这一阶段，体育本体产业(健身娱乐业、竞赛表演业)迅速发展，并由此衍生大量体育相关产业，如体育经纪业、体育传媒业、体育广告业、体育彩票业、体育赞助业、体育保险业、体育旅游业等。体育服务业在整个体育产业中的地位不断上升，而体育用品业在体育产业中的地位则相对下降。[③] 表 3-2 数据表明，近年来体育服务业增加值在体育产业中所占比重逐年呈上升的趋势。

① 参见梅洪常：《消费增长与结构优化》，经济管理出版社 2007 年版，第 207 页。

② 参见赵清波：《发达国家体育产业发展的特点及模式带来的启示》，《北京体育大学学报》2004 年 10 期。

③ 参见吴超林、杨晓生：《体育产业经济学》，高等教育出版社 2004 年版，第 86 页。

表 3-2 我国 2006～2012 年体育服务业、用品业建筑业增加值所占比重(%)

	2006	2007	2008	2009	2010	2011	2012
体育服务业	17.11	16.73	17.70	19.50	19.47	20.57	21.01
体育用品业	79.52	79.74	79.11	76.29	76.23	74.82	74.83
体育建筑业	3.40	3.53	3.19	4.22	4.30	4.61	4.16

数据来源：黄海燕：《我国体育产业结构评价与优化研究》,《武汉体育学院学报》2014 年 4 期。

二、合理化

体育产业结构的合理化将是体育产业结构演进的一个重要趋势。在资源既定的情况下，体育产业各内部构成之间能够实现资源的最优配置，并能协调发展，从而取得的良好结构效益和产业结构优化过程。从静态看，资源在各部门间的配置合理，并保持一定数量比例关系；从动态看，能够根据需求结构变动状态调整资源配置；从效果看，各类体育产品的总供给与总需求实现动态平衡。

三、高度化

体育产业结构的高度化将是体育产业结构演进的另一个重要趋势。高新技术产业成为引领产业结构高度化的重要力量。21 世纪将是发展知识产业的世纪，技术密集型和知识密集型产业将得到蓬勃发展，劳动密集型产业所占比重将趋于下降。柔性生产将逐渐替代批量生产，体育科技进步将成为体育产业结构升级的核心技术，运动健身产业化、体育赛事商业化将成为体育产业结构高度化的重要载体。

四、高效化

体育产业结构高效化，要求各产业和产业结构整体都有较高的经济效益。体育产业结构的高效化是各区域、体育产业的各内部构成之间都能够较有效地利用各种资源，较大程度上实现成本最小化、利润最大化和社会效益最大化。各内部构成的体育产业有机整体所具有的经济效益，较大程度上超过各内部构成的经济效益的简单加和，产生较高的结构效益。

五、区域结构协调化

这是指地区层次的产业结构既实现合理化、高效化和高度化，不同地区能够更好地整合区域资源禀赋，充分区域的资源比较优势，又能充分兼顾全国体育产业结构优化对地区产业结构的要求，特别是能够发挥地区优势，实现空间布局的科学化。

本章小结

只要在足够大的时间尺度上,任何系统都处于或快或慢的演化之中,都是演化系统,体育产业结构也在不断地演化。本章基于系统科学的自组织与他组织理论,分析了体育产业结构演进的组织机制。认为体育产业结构具备了自组织演化的条件:开放性——体育产业结构演进的前提条件;远离平衡态——体育产业结构演进的直接诱因;非线性作用——体育产业结构自组织演进的内在依据。提出体育产业主导产业是体育产业结构自组织演进的序参量。

从他组织的视角来看,体育产业结构的演进也是一个控制的过程,是国家从整个国民经济发展的目标出发,为总体上及时、有效地协调体育产业结构,通过采取强有力的措施,积极调整体育产业结构,追求结构和组织优化的增长控制。

实践中,体育产业结构的形成与演进,既是自组织机制作用的结果,也是他组织控制的结果,是自组织和他组织混合作用的过程。单纯地依靠政府宏观调控或单纯依靠市场机制都无法实现体育产业结构的优化升级,需要将两者结合在一起共同作用。一方面积极发挥市场机制的微观调节作用,另一方面运用政府宏观经济调控手段,弥补市场机制的不足,共同促进体育产业结构的优化升级。

随着经济的不断发展,体育产业结构演进将呈现出体育产业结构软化、合理化、高度化、高效化和区域产业结构协调化的趋势。

第四章　体育产业结构失衡的表现及成因

自改革开放以来，经过三十余年的探索，我国体育产业从无到有，逐步兴起，规模不断扩大，初步形成了以体育健身服务业、体育竞赛表演业和体育用品业等为主要内容的体育市场框架体系。体育产业结构调整与升级的步伐明显加快，体育产业结构有了较大的改观，已成为国民经济新的增长点。但由于历史、体制、政策等诸多因素的制约，我国体育产业结构仍不尽合理，主要表现为核心产业滞后、区域结构趋同、关联效应不强、有效供需不足、产业附加值低、区域布局失衡、体育用品层次与标准化程度低等问题。[①] 国家体育总局 2010 年 4 月公布的全国体育及相关产业统计公报显示：2008 年，全国体育及相关产业实现增加值 1554.97 亿元，占当年 GDP 的 0.52%。但与发达国家比较，总体水平仍然不高，发展不平衡，结构还不完善，核心产业滞后于相关产业的发展。结构不合理已成为制约我国体育产业发展的桎梏，分析体育产业结构演进中存在的问题及其原因是正确制定调整、优化我国体育产业结构对策的前提。

第一节　体育产业结构失衡的表现

体育产业结构失衡是指在体育经济活动中各组成部分之间形成的质的联系和量的比例关系的不协调程度加剧，并阻碍了体育经济活动的正常运行和可持续发展。

体育产业作为第三产业的第三层次，因历史、体制、政策等诸因素的影响而发展不完善，在我国宏观经济中所占的比例较低，总体发展落后，对国民经济的贡献率不大。2003 年 5 月 14 日，国家统计局印发了《三次产业规划规定》，对我国经济行业分类进行了重新调整。修订后的三次产业划分将体育产业与文化和娱乐业一起组成文化、体育和娱乐业，列为第三产业。美国经济学家钱纳里在

---

① 参见孙冰川：《优化我国体育产业结构的政府行为分析》，四川大学硕士学位论文，2006 年。

《发展模型:1950～1970》一书中,分析了 101 个国家在经济增长过程中共同经历的经济结构转变的全过程,构造了结构转变的发展模型。根据其发展模型,比较发现我国包含体育产业的第三产业在 GDP 中的比例明显低于标准结构(见表 4-1),且体育产业实现产值增加值为 3000 亿元人民币,占 GDP 的 1%左右。[①]与发达国家甚至发展中国家比较,体育产业产值对国民经济贡献率不高。

表 4-1 人均 GDP1000 美元时标准的产业结构与中国产业结构比较

项目	标准结构(人均 GDP1000 美元)	中国(2003 年人均 GDP1090 美元)
一次产业	18.6	15.4
二次产业	31.4	51.1
三次产业	50.0	34.5
合计	100	100

数据来源:Chenery and Sycqquin(1975), *Patterns of Development*, *1950-1970*, Oxford University Press;及《中国统计年鉴》。

注:标准结构中的美元为 1964 年币值的美元。

一、核心产业滞后

体育产业是一个由核心层、外围层及其他体育活动组成的有机整体,其中核心产业的发展是整个体育产业的火车头,带动相关产业与外围产业的发展。但目前,我国体育产业核心产业发展没有形成支柱性优势,反而远远落后于相关产业的发展。体育用品制造业优势明显,体育竞技表演业和健身娱乐业弱小。国家体育总局 2010 年 4 月公布的全国体育及相关产业统计公报显示:2008 年,全国体育及相关产业实现增加值 1554.97 亿元,占当年 GDP 的 0.52%,表 4-2、表 4-3 较为直观地反映了体育产业内部层次结构的不协调。与西方体育产业发达国家本体产业的主导地位的情况形成鲜明对比,表 4-4 是我国体育产业发达的北京与美国的体育本体产业、相关产业在体育产业产值中的比例的比较,图 4-1 反映了广州市体育产业的构成比例,可以看出我国体育产业内部结构的不合理及与发达国家的差距。

---

① 参见刘鹏:《国运盛体育兴》,《求是》2008 年 12 期。

表 4-2　　　　2006～2008 年体育产业的产值构成

<table>
<tr><th>层次</th><th>类别</th><th>2006 年</th><th>合计(%)</th><th>2007 年</th><th>合计(%)</th><th>2008 年</th><th>合计(%)</th></tr>
<tr><td rowspan="4">核心层</td><td>体育组织管理活动</td><td>74.80</td><td rowspan="4">144.66
14.72</td><td>89.36</td><td rowspan="4">179.1
14.16</td><td>117.56</td><td rowspan="4">235.53
15.15</td></tr>
<tr><td>体育场馆管理活动</td><td>18.24</td><td>23.04</td><td>30</td></tr>
<tr><td>体育健身休闲活动</td><td>46.98</td><td>58.79</td><td>74.49</td></tr>
<tr><td>体育培训活动</td><td>4.64</td><td>7.91</td><td>13.48</td></tr>
<tr><td rowspan="2">外围层</td><td>体育中介活动</td><td>2.02</td><td rowspan="2">23.49
2.39</td><td>3.00</td><td rowspan="2">32.63
2.58</td><td>4.46</td><td rowspan="2">39.73
2.56</td></tr>
<tr><td>体育彩票</td><td>21.47</td><td>29.63</td><td>35.27</td></tr>
<tr><td rowspan="3">相关层</td><td>体育用品、服装鞋帽制造</td><td>705.12</td><td rowspan="3">814.74
82.89</td><td>898.10</td><td rowspan="3">957.93
75.71</td><td>1088.31</td><td rowspan="3">1279.91
82.30</td></tr>
<tr><td>体育用品、服装鞋帽销售</td><td>76.45</td><td>15.20</td><td>141.79</td></tr>
<tr><td>体育场馆建筑</td><td>33.17</td><td>44.63</td><td>49.61</td></tr>
<tr><td></td><td>总计</td><td>982.89</td><td></td><td>1265.23</td><td></td><td>1554.97</td><td></td></tr>
</table>

注:本文将体育培训活动纳入体育产业核心层范畴。

表 4-3　　　我国部分省市体育服务业与体育用品业发展水平的比较

省份	年份	体育用品业增加值(亿元)	体育服务业增加值(亿元)	体育用品业与体育服务业之比
北京市	2003	25.60	19.60	1.31
浙江省	2001	47.37	8.28	5.72
广东省	2002	52.28	15.62	3.34
辽宁省	2001	30.43	8.97	3.39
天津市	2002	2.54	2.14	1.19
安徽省	2001	8.14	4.92	1.65

数据来源:鲍明晓:《中国体育产业发展报告》,人民体育出版社 2006 年版,第 118 页。

注:天津和安徽的数据不是增加值,而是营业收入。

表 4-4　　美国 1998 年与北京市 2001 年体育产值情况比较

项目	美国 1998 年体育产值情况表		北京市 2001 年体育产值情况表	
	经营收入/亿美元	比例(%)	经营收入/亿元	比例(%)
健身娱乐业	227.89	36.12	23	21.62
竞赛表演业	32.4	5.13	—	—
体育用品业	190	30.11	58.9	55.36
体育彩票销售	—	—	15	14.10
其他收入	180.71	28.64	9.5	8.93
合计	631	100	106.4	100

数据来源:美国数据引自张岳崎:《中外第三产业要览》中国计划出版社 1993 年版;北京市数据引自北京统计信息网。

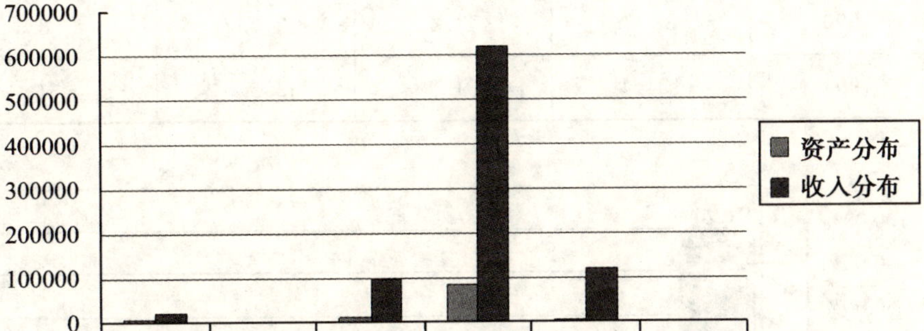

	体育健身娱乐	体育竞技表演	体育用品零售	体育用品制造	体育用品批发	体育旅游
资产分布	8582	22	12539	86314	7121	46
收入分布	23467	350	95780	621256	120819	963

图 4-1　广州体育产业资产和收入分布

数据来源:《广州市体育产业调查报告》(2005 年)。

体育消费结构也可反映我国体育产业内部层次结构低。体育消费包括参与型消费、观赏型消费和实物型消费。我国居民的参与型和观赏型消费明显低于体育实物消费。这也进一步反映了我国体育产业组织结构的不合理,体育产业核心产业滞后于外围及相关产业的发展。对比其他发达国家的体育消费结构,我国还存在很大的差距,还需加快与国际体育消费市场的接轨。美国早在 1988 年体育产业产值已达 631 亿美元,其中体育健身娱乐消费收入达 353.29 亿美元(含观赏消费),体育劳务收入占当年体育产业总值 55.98%。体育用品收入 190

亿美元，体育实物消费占当年体育产业总值 30.1％。德国 1990 年体育健身服务消费达 62％，而体育用品消费只有 38％的比例。意大利 1993 年仅体育观赏消费支出就达 7300 亿里拉。日本体育服务产业（体育服务、门票收入）1994 年的增加值占总产值的 55％，且在不断地增长（见表 4-5）。而我国发达地区与欠发达地区的劳务性体育消费与实务型消费比分别为：40％/60％和 20％/80％。从国家体育总局对 2007 年中国城乡居民参加体育锻炼现状调查结果来看，居民体育消费结构失衡，体育实物消费占的比重过大（见图 4-2）。

表 4-5 **日本体育产业发展情况** 单位：亿美元

年度	体育用品	体育服装	体育服务	门票收入
1982	58.6	32.3	100.8	5.3
1986	59.4	31.8	137.8	6.5
1990	88.6	41.4	213.2	8.1
1994	124.1	51.3	252.6	10.4

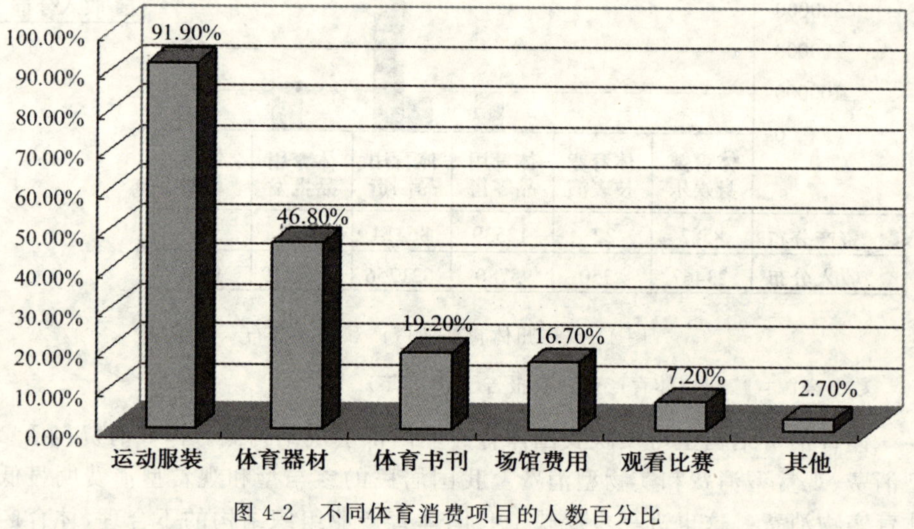

图 4-2 不同体育消费项目的人数百分比

数据来源：《中国城乡居民参加体育锻炼现状调查公告》（2007 年）。

体育产业结构演进的路径依赖严重。我国的体育产业产生于大一统的计划经济体制下，这种制度安排的路径依赖，就是把体育看作是意识形态的范畴，而不重视体育产业作为生产力的一种形态，具有创造巨大经济效益的功能。由于长期路径依赖的制约，使我国传统体育产业结构比重过大，产业结构布局不合理，结构性矛盾突出。统计资料还显示，从我国体育产业结构的分层看，体育产业的“核心层”与“外围层”结构失调。体育产业发展的结构性矛盾不仅阻碍着我国市场经济体制改革，而且落后于国际体育产业结构优化升级的发展趋势。体育产业结构演进必须克服对原有体制的路径依赖。

二、区域结构趋同

产业结构趋同是指发展水平不同且资源与要素禀赋差异大的各区域趋于形成大致相同的产业结构、各区域优势产业不突出、区域分工不明确的现象。体育产业地区结构趋同，区域间未能根据区域优势发展自己的优势产业，行业内部分布高度集中，体育企业缺乏规模效益，造成过度竞争。体育产业“小、同、散”的现象突出，结构层次较低，整体素质不高。主要表现在地区间的产业同构现象严重，导致了资源、资金利用率低下，使产业结构优化升级没有足够的技术和物质基础。从地区经济结构来看，目前中部与东部的产业结构相似率为93.5%，西部与中部的相似率为97.7%。①

不同区域间的产业结构差异大，表明地域分工水平高，地区经济互补性越强，区际联系越密切。体育产业结构趋同是指经济发展过程中区域间产业结构所呈现的某种共同倾向，即具有不同资源禀赋的各区域形成相同或大体相同的产业结构格局。产业结构相似系数是测度产业趋同程度最常用的方法之一。产业结构相似系数计算公式如下：

$$Sij = \frac{\sum_{k=1}^{n} X_{ik} X_{jk}}{\left(\sum_{k=1}^{n} X_{ik}^2 \sum_{k=1}^{n} X_{jk}^2\right)^{\frac{1}{2}}} (0 \leqslant Sij \leqslant 1)$$

式中：X_{ik}、X_{jk}——k 指标在 i 地区和 j 地区产业结构中所占的比重；

S_{ij}——i 地区和 j 地区产业结构的相似系数。

S_{ij} 值为从0到1，系数越大，表明两地区产业结构越相似。S_{ij} 为1表示两地产业结构完全趋同；S_{ij} 为0则表示两地产业结构完全不趋同。根据结构相似系数计算方法，对国家统计局、国家体育总局开展体育及相关产业专项调查是抽选的15省市体育产业结构相似系数进行计算，计算结果见表4-6。从中可以发现，相似系数超过0.8的省市达到了27个。

① 参见孔令丞：《论中国产业结构优化升级》，中国人民大学博士学位论文，2003年。

表 4-6　　15 省市体育产业结构相似系数

	山西	黑龙江	上海	江苏	浙江	安徽	福建	河南	湖北	广东	重庆	四川	云南	甘肃	青海
山西		0.88	—	0.66	0.60	0.95	0.53	0.70	0.82	0.70	0.93	0.89	0.64	—	0.89
黑龙江			—	0.25	0.19	0.73	0.11	0.51	0.56	0.31	0.73	0.94	0.77	—	0.71
上海				—	—	—	—	—	—	—	—	—	—	—	—
江苏					0.99	0.83	0.98	0.73	0.89	0.997	0.79	0.40	0.18	—	0.77
浙江						0.78	0.996	0.73	0.88	0.99	0.74	0.35	0.19	—	0.76
安徽							0.73	0.81	0.90	0.86	0.96	0.80	0.48	—	0.93
福建								0.70	0.85	0.97	0.69	0.27	0.12	—	0.71
河南									0.84	0.75	0.65	0.72	0.47	—	0.93
湖北										0.90	0.89	0.65	0.55	—	0.94
广东											0.81	0.45	0.24	—	0.81
重庆												0.71	0.49	—	0.86
四川													0.78	—	0.84
云南														—	0.64
甘肃														—	—
青海														—	

趋同的经济结构造成地区间相互攀比，追求自成体系，势必会造成资源浪费、过量供给以及产业间恶性竞争，且呈现出愈演愈烈的局势，地区间相互合作、相互支持、相互提升资源配置效率的能力差。目前，仍有许多省、市在制定经济发展规划时，盲目追求外延性扩张，选择完全雷同的产业结构。各省市在体育产业发展规划中，也都把体育健身娱乐业和竞赛表演业作为未来重点发展产业。如国家体育总局在“十一五”体育产业规划中提出了七项发展目标，即建成一个体育产业体系，形成一种体育产业格局，提高体育产业增加值比重，增加人均体育消费，促进产业结构优化，增加就业人口和成为经济新增长点。在地方政府制定体育产业发展规划时，忽视了当地的发展现状及当地的资源禀赋，照搬了国家规划中的内容。河北和内蒙古对七项内容全部认同，连同表述文字也完全相同。[①] 忽视了各地经济、文化、社会及自然条件等因素的影响，不仅导致某些产业部门形成分散化、小型化和低效益的局面。而且，结构趋同还使产品市场供给

① 参见董新光:《地方与国家体育产业“十一五”规划目标的一致性问题分析》,《体育文化导刊》2008 年 2 期。

迅速达到饱和，导致生产能力在短期产生过剩。单拿竞赛表演业一项来说，近几年，国内城市出现了一股热衷于争办体育赛事的现象，并且有进一步扩大和升级之势。然而，很多城市在举办体育赛事时存在明显的盲目性，忽视了各地经济、文化、社会及自然条件等因素的影响，不仅没有形成差别化的分工体系，而且丧失了自身的比较优势，造成地区间的趋同。这些城市为举办体育赛事投入了大量的人力、物力、财力，但最终却并不一定能够达到预期的效果。

三、关联效应不强

体育产业在优化产业结构、促进经济发展中被予以厚望，是因为体育产业是具有较强关联性的产业。产业关联是指，常用投入产出表反映了社会再生产过程中各部门之间的技术经济联系，并通过一系列的系数值反映了产业之间的关联关系。关联关系协调化，要求产业间要有较高的社会化分工协作水平，规模经济效益姑息凸显。中国产业间的关联效应较低，已经严重地影响了产业结构升级。联系效应亦称"关联效应"或"连带效应"，是指某一产业投入产出关系的变动对其他产业投入产出水平的波及和影响。例如，有 A、B、C 三个产业部门，当 B 产业扩张时，一方面诱发把 B 产业的产品作为中间产品的 C 产业的扩张；另一方面又诱发向 B 产业提供中间产品的 A 产业的扩张。这可分别称为前后"联系效应"，反映联系效应高低的指标叫"联系系数"。前项联系系数指一个产业向其他产业提供的中间产品占该产业需求的比重。后项联系系数指一个产业所使用的由其他产业提供的中间产品与该产业产出的比重。两者均可根据投入产出表编制计算出来。在投入产出表中，用 x_{ij} 表示产业 j 对产业 i 的中间需求，即产业 j 在经济活动中消耗掉的产业 i 的产品数量。从投入角度讲，表示产业 i 对产业 j 的中间投入。直接消耗系数 $a_{ij}=\frac{x_{ij}}{x_j}$ 表示产业 j 在生产单位产品中消耗产业 i 的数量。直接消耗系数反映了产业之间最基本的经济联系。在产业结构中，各产业的联系系数是不一样的，如果某一产业的前后联系系数都比较大，则表明该产业与其他产业联系密切，具有较大的带动力和感应力，优先发展这些产业有利于促进产业结构优化。在国民经济投入产出完全消耗系数表中，没有单列"体育产业"部门与国民经济其他部门的投入产出关系，体育产业涵括在"其他服务业"中，计算了其他服务业与国民经济其他部门的关联程度[①]（见表 4-7）。

① 参见曹可强：《体育产业概论》，复旦大学出版社 2004 年版，第 125～126 页。

表 4-7 其他服务业与国民经济其他部门的投入产出完全消耗系数表

	食品制造业	机械设备制造业	建筑业	商业餐饮业
其他服务业	0.013619	0.0116239	0.0189549	0.0110264
	公共事业及居民服务	金融保险业	邮电运输业	其他服务业
其他服务业	0.0164116	0.0112732	0.0125182	0.0307001

凌静借助投入产出模型分析了体育产业与其他产业的关联效应,得出结论:体育产业最终产品(增加值)增长 1 亿元将会带动国民经济总产出增加 2.03 亿元。但是体育产业的影响力系数为 0.98,它对国民经济发展的影响力基本上处在国民经济部门的平均水平。[①] 在美国经济结构现存的 42 个部门中,体育产业的产业关联强度被列为第八位,体育行业与经济、文化、艺术、旅游、信息、服装器材生产等行业交叉,拉动了国民经济增长。

中国目前的体育产业之间的相互依存、相互促进和相互补充的联系不紧密,体育产业内部各构成之间的关联度还比较低,各组成部分之间缺乏有机联系和协同合力。体育产业关联度低的一个显著表现,就是体育产业在项目建设上搞重复投资和一拥而上,造成资源浪费严重、竞争力低下。同时,体育产业各部门相互利用的产品较少,联系相当松散,一些部门近乎封闭发展。如国内的各项俱乐部联赛,仅带动体育广告业、体育信息业等几个部门的发展,对体育保险业、健身娱乐业等效应不大。而国外的一些著名赛事,如 NBA 篮球联赛、意甲联赛等,都大大带动了健身娱乐业、体育广告业、体育用品制造业、体育保险业等部门的发展,其关联水平较高。[②]

四、有效供需不足

我国体育产业结构中存在的问题表明,最主要的原因是体育产业内在的、自源性的发展动力不足,即群众体育意识的薄弱,导致居民体育消费需求不旺盛,使体育核心产业过小,无力带动整个体育产业的健康发展。[③] 我国体育经济的发展现在进入"后短缺"时期,其主要矛盾已由全面的供给短缺转向了有效消费需求不足和供给结构失调并存。体育市场中的有效供给不足或是供给结构失调导致了体育产品的供给质量不高,造成结构性积压严重,反过来也造成了有效消费需求不足。根据国家体育总局 1998 年公布的《中国社会体育现状调查报告》

① 参见凌静:《新疆体育产业关联和产业波及效应分析》,《体育科学》2007 年 27 期。

② 参见徐亚清:《我国体育产业结构现状及调整对策》,《山东师范大学学报》(自然科学版)2005 年 6 期。

③ 参见陈艳林:《后奥运时期我国体育产业结构优化的思考》,《武汉体育学院学报》2009 年 5 期。

显示，我国目前体育人口数量约为全国总数的 31.4%，与发达国家相比有很大差距，如美国体育人口约占美国人口的 70%。我国城乡居民以家庭为单位，全年体育消费在 100～200 元的占 27.8%，200 元以上的占 13.9%，100 元以下的则占 82.3%，而美国人均体育消费为 1200 美元。有效消费需求不足已成为制约我国体育产业发展的主要因素。消费需求受收入水平高低的制约，在一个国家里国民收入中的多大比重用于积累、多大比重用于消费，在总体上影响到国民的消费规模和消费水平。目前，中国的投资率比发达国家平均水平高近 20 个百分点，消费率却低近 20 个百分点。由低收入决定的低消费严重影响了经济的持续增长。

体育产业发展过程中同时还存在有效供给不足，体育物质产品和体育服务产品结构单一，种类太少，难以满足不同消费群体多元化的消费需求。近年来，竞赛表演市场，也因观众欣赏水平的提高及供给质量的不高，观众的数量在不断减少，与联赛初期及当前国际市场上顶级赛事的火爆，形成了鲜明对比。"有效供需失衡"实质上是体育产业结构高度化与产业升级滞后于消费和发展要求的集中体现。

五、产业附加值低

宏基(Acer)集团的创始人施振荣用"微笑曲线"图 4-3 来描述现代制造业的价值链，即在一条微笑型的曲线上，曲线的两端朝上，则价值链两端的附加价值和盈利率高，而中端的附加值和盈利率低。①

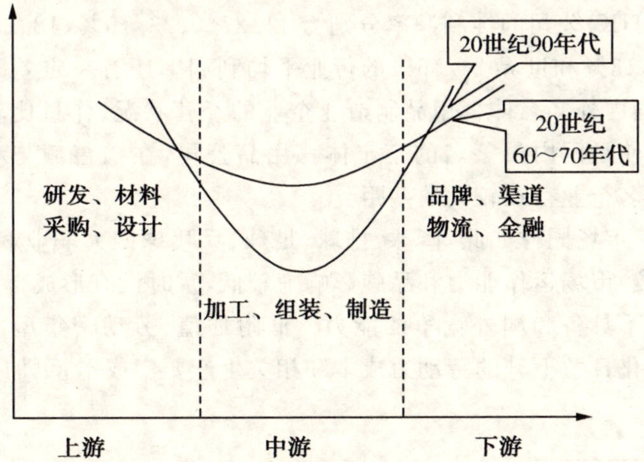

图 4-3 微笑曲线

① 参见施振荣：《再造宏基：开创、成长与挑战》，(台北)天下远见出版公司 2004 年版。

在这个曲线中，一头是研发、设计包括制定技术标准等；另一头是品牌、销售和服务，中间是加工生产。产业链两头利润率很高，中间段的加工生产利润很低。因此，在现代社会，技术是企业竞争力和国家综合实力的核心内容，而技术标准则是全球技术创新的制高点。中国正处于工业化中期阶段，拥有自主知识产权的技术很少，还没有形成独立的制造业核心技术体系，也就很难实现这些技术向体育产业领域的扩散。据统计，在全球最有价值的100个品牌中，美国占了58个，德国占9个，亚洲占8个，日本占6个，韩国占2个，中国一个都没有。中国体育产业处于价值链的低端位置，相对于国外发达国家的体育品牌。我国的体育品牌少，而且没有一个国际品牌，高层次的少，低层次的多，产品附加值低，长期以来处于来料加工的状态，为国际品牌“打工”、做国际体育品牌“小伙计”的尴尬局面。[①]

目前，美国体育用品品牌占据了全球40%的体育用品品牌领域，欧洲约占33%，日本和东南亚占22%，其他地区占5%。[②] 各大品牌逐步进军中国，在资金、技术、设计质量、科技含量、市场推广等方面占据绝对优势的情况下，我国企业没有承接到技术含量高、附加值高的产业链，使得体育产业结构难以实现高度化，也对我国体育品牌造成了极大的压力。这使得中国在垂直型的国际体育产业分工格局中，只能得到较少利益，大部分利益都被发达国家所享有。另据香港股票交易所2009年度上市公司财务报表，国内自主品牌龙头企业李宁(02331.HK)公司、安踏（02020. HK）公司、特步（01368. HK）公司、匹克(01968.HK)公司的纯利润率分别为11.27%、23.15%、18.28%、19.81%，距离美国25.13%和世界24.56%的行业平均利润率还有一定差距。[③] 杨兆春、姚明焰曾对国内外知名体育用品制造业企业的经营状况，作过比较(见表4-8)，可以发现，即使是国内最著名的李宁体育用品公司，在销售额与利润等指标方面，与国外知名企业存在较大的差距。

竞赛表演市场同样如此，篮球、排球、足球、乒乓球四大职业联赛，与欧美的职业联赛比较，市场运作能力和品牌影响力较低，暂时没有形成自己的独有的或拳头产品，还不具备和国外竞争的能力。低附加值、劳动密集型的体育产业结构，也难以消化日益上升的劳动力成本和相关生产要素成本，更加削弱企业的竞争力。

---

① 参见栾开封：《关于成长中的中国体育产业的思考》，人民体育出版社2008年版，第63页。

② 参见阮伟、钟秉枢：《中国体育产业发展报告》，社会科学文献出版社2013年版，第83页。

③ 参见何冰、周良君、陈小英等：《中国体育用品业国际竞争力的理论与实证研究》，《体育科学》2007年27期。

表 4-8　　2003 年国内外体育用品制造业企业销售及经营比较　　(单位:千万元)

公司(国家)	总资产	总负债	销售额	税后总利润
Nike Inc(美)	6713900	2722900	10697000	474000
Adidas Salomon AG(德)	5197727	3444597	7777974	322686
Reebok International td(美)	1989742	956032	3485316	135441
Sports Authority Inc(美)	1339556	900290	1760450	16367
Mizuno Corporation(日)	1150499	561695	1166067	50846
Russell Corporation(美)	1023307	508443	1186263	43039
李宁体育用品有限公司(中)	92760	43842	154189	11180

数据来源:杨兆春,姚明焰:《中外体育产业竞争态势与战略研究》,《中国体育科技》2005 年 4 期。

六、区域发展失衡

由于受经济、社会、资源等因素的制约,我国的社会呈现二元结构,城乡差距、东西差距十分明显。体育产业作为地方经济发展的组成部分,各地区的体育产业规模和发展水平也有很大差异,表现出明显的二元结构。在经济相对发达的东部沿海地区,体育产业相对发达,而在经济相对落后的中西部内陆地区,体育基础设施、竞技体育与大众体育发展水平等方面落后,体育产业尚未形成规模。从表 4-9①、图 4-4 的数据可以看出,我国的体育市场出现了畸形发展的状况,中、西部的产业规模、产业水平、产业质量都远远落后于东部地区,使体育产业的结构性矛盾十分突出。根据不完全的统计,目前广东和福建两省的体育用品企业数量大概超过全国的 2/3。② 体育产业是一个经营大众运动休闲文化的产业,体育的大众化、普及化、生活化、消费化是这一产业生存与发展的重要前提。而前提的缺失必然会造成发展在时间和空间上的不均衡,因此,体育产业在我国表现出的区域发展不平衡,是当前制约体育产业快速发展的一个重要原因。

---

① 参见查大林:《我国西部地区区域体育产业发展重点的战略思考——以云南体育产业发展研究为例》,人民体育出版社 2008 年版。

② 参见李骁天、王莉:《对我国体育用品产业市场结构特征的研究》,《体育科学》2007 年 5 期。

表 4-9　　我国东、中、西部部分省(市)体育产业化水平比较

区域	省(市)	就业人口(万人)	总产值(亿元)	增加值(亿元)	年份	占当地 GDP 比例(%)
东部	广东	54.46	250.13	67.90	2002	0.57
	浙江	20.76	252.37	55.65	2000	0.92
	北京	6.70	128.40	52.90	2002	1.70
中部	辽宁	17.40	146.00	39.40	2001	0.78
	安徽	3.9	13.07	5.33	2001	0.16
西部	云南	0.55	16.88	4.75	2001	0.86
	四川	1.50	6.74	2.87	2001	0.07
	陕西	5.5	41.1	18.65	2002	0.92

数据来源：查大林：《我国西部地区区域体育产业发展重点的战略思考——以云南体育产业发展研究为例》，人民体育出版社 2008 年版。

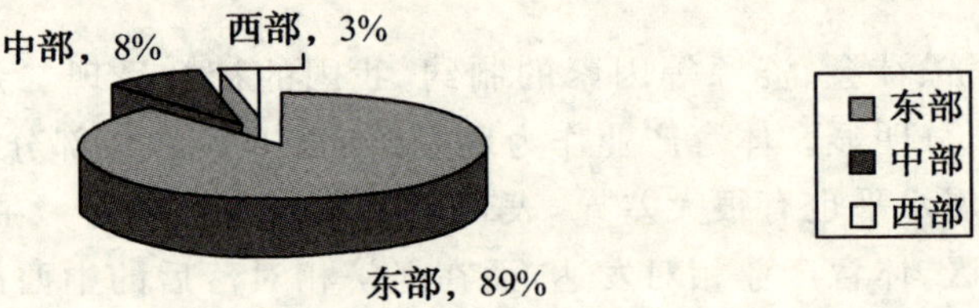

图 4-4　中国体育用品企业区域分布格局圆饼图

七、体育用品层次及标准化程度低

综观我国体育用品行业的发展历程，虽然我国体育用品行业发展起步较晚，但发展速度较快，现在体育用品生产企业多、产值比重大，但大都是生产中低档产品，品种陈旧，市场供大于求，高档产品市场被国外企业占领。① 在目前的体育用品品牌中，美国品牌占了全球 40% 的市场，欧洲约占 30%，日本和东南亚占 22%，其他地区占 5%。福布斯 Fab 的体育领域顶级品牌的价值进行评估后，公布的 2015 年全球最具价值的体育品牌，见表 4-10。

① 参见吴超林、杨晓生：《体育产业经济学》，高等教育出版社 2004 年版，第 101 页。

表 4-10 全球十大最具价值的体育品牌 单位:亿美元

排名	体育品牌	2014 年品牌价值	2015 年品牌价值
1	耐克	190	260
2	娱乐体育节目电视网	165	170
3	阿迪达斯	58	62
4	安德玛	41	50
5	天空体育	45	46
6	大联盟先进媒体公司	5.2	20
7	YES	6.8	13
8	锐步	8.8	8.3
9	新英格兰体育电视网	5.25	7
10	终极格斗锦标赛	4.4	4.6

从体育用品标准化程度看,目前,我国体育用品标准化程度还很低,达到国家标准的产品(GB 国家强制标准或 GB/T 国家推荐的标准)只有 17 个,达到行业标准的产品(QB 轻工业强制标准或 QB/T 轻工业红叶推荐标准)也只有 19 个。目前,国内生产的 360 多种体育器材和设备中,有 29 种被国际体育组织批准为正式比赛使用器材。再如,国内现有的 20000 多条保龄球球道 95%来自美国,意味着外国的产品已占领了我们的体育市场。而在体育用品的环保标准、定价标准以及社会标准方面差距更大,当前国外知名体育用品企业的标准一般都高于行业标准、国家标准,而我国呈现的是倒置的局面。① 正如世界体育用品联合主席所言,中国的运动器材,要比世界发达国家落后二三十年。在很多国际性的重大赛事如奥运会、世界杯足球赛的冠名权、指定性产品等的商业竞争中往往难以占有一席之地。

八、吸纳就业能力有待提高

就业是民生之本,涉及老百姓的切身利益,国家高度重视就业工作,把就业作为经济社会发展的优先目标,实施就业优先战略,采取了积极的就业政策。配第—克拉克定理描述了随着经济的发展,人均国民收入水平的提高,劳动力由集中在第一产业向第二产业,再向第三产业转移的规律。国家体育总局 2010 年 4

① 参见鲍明晓:《中国体育产业发展报告》,人民体育出版社 2006 年版,第 23 页。

月公布的全国体育及相关产业统计公报显示：2006 年，全国体育及相关产业从业人员为 256.30 万人、2007 年为 283.74 万人，测算 2008 年全国体育及相关产业从业人员为 317.09 万人。通过分析，可以发现三年来，体育产业及相关产业的就业人口主要集中在属于第二产业的体育用品、服装鞋帽制造业领域，分别占到76.25%、75.42%、73.84%（如表 4-11 所示），并未充分发挥体育产业作为第三产业能够吸纳更多就业人口的作用。2011 年，欧盟经济体体育产业总产值达到 2427 亿美元，占 GDP 比重 1.8%；体育产业就业人口约 446 万，占就业总人口的 2.12%。

表 4-11　2006 年、2007 年、2008 年体育产业及相关产业从业人员统计

类别	2006 年		2007 年		2008 年	
	从业人员	占比	从业人员	占比	从业人员	占比
体育组织管理活动	18.71	7.30%	18.98	6.69%	20.87	6.58%
体育场馆管理活动	2.58	1.01%	2.41	0.85%	2.62	0.83%
体育健身休闲活动	11.78	4.60%	13.32	4.69%	15.03	4.74%
体育培训活动	1.91	0.75%	2.21	0.78%	3.56	1.12%
体育中介活动	0.87	0.34%	0.96	0.34%	1.35	0.43%
体育彩票	11.11	4.33%	13.37	4.71%	17.64	5.56%
体育用品、服装鞋帽制造	195.44	76.25%	214.00	75.42%	234.13	73.84%
体育用品、服装鞋帽销售	11.13	4.34%	15.20	5.36%	18.54	5.85%
体育场馆建筑	2.77	1.08%	3.29	1.16%	3.35	1.06%
总计	256.30	100%	283.74	100%	317.09	100%

注：本文将体育培训活动纳入体育产业核心层范畴。

第二节　体育产业结构失衡的成因

体育产业结构失衡，严重制约了体育经济效益的提高，人们越来越认识到“提高经济效益，离不开产业结构优化”。体育产业结构作为体育经济发展阶段的外在表现形态，会随着技术进步、消费观念、经济环境和产业政策等的变化而发生相应的变化。在体育经济发展的过程中，引起体育产业结构失衡的因素有很多。在对我国体育产业结构现状进行分析后，探究体育产业结构失衡的原因便成为优化我国体育产业结构的前提，除了体育产业结构调整本身具有长期性、渐进性等特点以外，以下是调整产业结构收效不大的症结所在：

一、有效需求不足

国际经验表明，一个国家人均 GDP 从 1000 美元到 3000 美元这一阶段，消费率和消费结构将出现较大调整，并呈现一定规律性。物质消费品的需求减弱，服务消费品的需求增强。2003 年，中国人均 GDP 突破 1000 美元、2006 年突破 2000 美元、2008 年突破 3000 美元，属于提高人的生活质量服务消费体育消费，却并未出现人们所期待的快速增长态势，主要原因是我国居民体育消费有效需求不足。有效需求是指有消费愿望，又有实际支付能力的需求。而体育市场中的有效需求，除了要有消费愿望、实际的支付能力，还必须具有必要的技能储备(消费能力)以及消费空间。也就是说，一个人的体育消费只有在有钱、有闲、有愿望、有技能、有消费空间五个要素都具备的条件下，才能真正发生或者说才能持续发生；否则，即使发生也只是偶尔的尝试性消费，而不是长期的、固定的、习惯性消费。从我国居民实际情况看，同时具备五要素的人群总量并不大，体育消费的有效需求并没有出现人们所期待的快速增长态势。[①] 根据凯恩斯的绝对收入理论，消费函数公式为：

$$Ct=\alpha+\beta Yt\text{（式中，}\alpha>0,0<\beta<1\text{）}$$

其中 Ct 表示现期消费需求；α 为常数，表示基本消费，即在无收入情况下，为满足生存需要也必须要指出的消费；β 表示边际消费倾向；Yt 表示可支配收入。所以消费水平的高低与收入水平及边际消费倾向呈正相关关系。[②]

(一)收入总体水平不高，差距过大导致 Yt 不高

消费多少的背后是收入水平的高低。目前，我国人均收入仍然处于较低水平，直接制约消费的增长。劳动消费增长主要靠即期消费，但高收入阶层增加收入，并不能有效增加即期消费，这需要增加中低收入阶层(主要的消费群体)的收入，但目前的情况恰恰是中低阶层增加收入面临困难。这种收入差距的扩大化，造成两极分化，使得我国居民不同收入群体的分布呈现“底部大，中、上头小”的金字塔形状，区别于发达国家的菱形图 4-5。到 2002 年，我国已有 1900 多万人生活在最低生活保障线下，弱势群体所占比例相对较大，缺少中产阶层，限制了消费总水平的提高。以经济发展较好的江苏省分析为例，2003 年，最高收入人群与最低收入人群收入增幅相差近 30 个百分点，中等收入人群的收入增幅比平

① 参见刘远祥：《有效需求不足与我国体育产业发展的相关性分析》，《成都体育学院学报》2004 年 3 期。

② N. Gregory Mankiw. Principles of Economics[M]. Beijing：China Machine Press，2003.

均数低 7.8 个百分点。可支配收入不高直接制约了居民的消费。中共十八大报告提出，到 2020 年我国将实现 GDP 和城乡居民人均收入比 2010 年翻一番，国民收入倍增计划的落实，也是社会结构由“金字塔”结构向“橄榄球”结构转型的一项举措。如何培育、扩大中产阶层就业成为当前我国社会结构向合理化发展的一个重要课题。

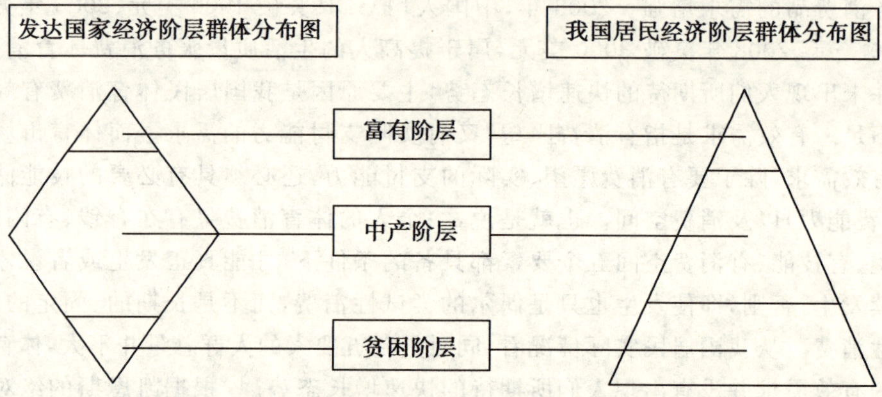

图 4-5　发达国家与我国居民经济阶层群体分布图

(二)β 递减，强化了有效需求不足

β——边际消费倾向，是指增加的收入中有多大比例用于消费，即增加的消费在增长的收入中所占的比例(MPC)。边际消费倾向受居民收入水平、收入结构、生活和消费方式、消费习惯和社会保障等因素的影响。我国近几年来出现了边际消费倾向急剧弱化的现象，其原因除了在于城乡居民收入增长的放慢外，笔者认为主要在于不乐观预期的影响。具体原因如下：

第一，收入预期不明确。收入预期是在居民根据自身掌握的信息和经验对可支配收入的估计和判断。对消费者而言，未来是充满不确定性和风险的，消费者在进行消费决策时不仅要考虑掀起的财产和收入情况，还要考虑未来的收入。由于我国还处于经济体制改革的深化阶段，居民收入水平极不稳定。1995～2003 年，我国城镇居民收入增幅均处于 5%～6%，这与 GDP 增长相比，处于低位徘徊，收入预期降低。① 而居民对未来收入变化的预期就直接影响着边际消费倾向的变化，居民收入预期降低，影响了居民体育消费。

第二，消费预期不明确。这又来源于收入预期和支出预期，居民预期支出的过度增长，阻碍了消费预期。由于包括就业、住房、教育、社会保障、意外事故等多项未来支出预期，使居民账户上的预期支出急剧增大，这种预期导致储蓄倾向

① 参见梅洪常、王田、胡宝娣：《消费增长与结构优化》，经济管理出版社 2007 年版，第 56 页。

上升,消费倾向下降,这也正是我国居民银行储蓄存款逐年递增的一个重要原因。

第三,消费观念滞后,阻碍了有效需求的增长。中华民族几千年的文化,形成了人们"节约""节欲"的传统习惯,反映在消费上就是不能超前消费,一般都是要具备了足够的经济实力后才消费,人们不习惯信贷消费、不敢轻易借钱消费,导致消费信贷不发达,使居民想消费却因暂时支付困难而无法实现需求,从而阻碍了消费需求的增长。

第四,市场秩序和信用环境不佳,在消费欲望和消费欲望实现之间构造了一道屏障,消费不能顺利进行,制约了有效需求的增长。

(三)体育消费意识较差

马斯洛的"人类基本需求递增理论"告诉我们,满足生存需求后的人们势必会追求更全面的发展,体育可以一定程度上满足人们的这种需要。而体育消费是一种观赏或参与型的耗时性的消费活动,除以上谈到的制约有效需求不足的因素外,体育消费还受消费者的消费意愿、运动技能、闲暇时间和消费空间等因素的影响。

消费需求是人们的消费行动以至一切行动的动机和驱动力。体育消费这种行为受个人意识的制约。人的价值取向不同,在一个人看来是有效用的东西,另一个人看来却是没有效用的。不可否认,社会上存在一部分不爱好体育的人士,即使他们具备体育消费的能力,但由于缺乏健身消费意识,他们很少进行体育消费。调查显示,我国最具健身体育消费意识的群体呈倒金字塔分布(图 4-6)。

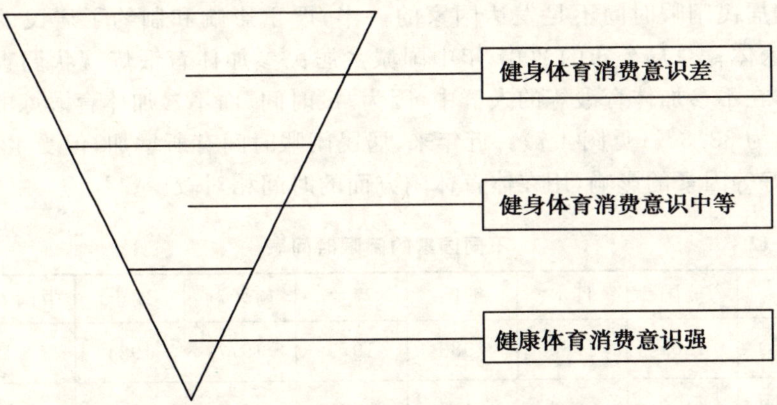

图 4-6 我国居民健身消费意识分布图

(四)缺乏必要技术支撑

必要的动作技术是参加体育活动的前提条件,错误的动作技术不仅不能使参与者完成动作,达到健身、休闲娱乐的功能,可能还会造成不必要的运动损伤。

不能满足人们的需要,就不会使消费者形成长期、稳固的消费习惯。消费者自身缺乏运动技能,制约了其体育消费。这种情况一般会出现在一些中高档的体育消费项目中,如高尔夫、网球、滑雪以及冰上、水上高雅的且益于陶冶情操的项目。随着体育休闲娱乐结构的升级,相当一部分人对这类项目有了消费意愿,但苦于缺乏必要的技能而难于消费或难以持续消费。

经营者的技术支撑跟不上。目前,大部分体育产业的投资者,只把注意力放在了健身中心、设备器材、广告和宣传上了,而关于器材的使用、健身教练的配备、运动处方的制定、理论的支持则不去顾及。他们的经营体系仅是创造一个运动天地与环境吸引你来到俱乐部交了钱就万事大吉了。但是现代人参与体育消费是一种个人投资健康、健美的消费,有着明确的个人目标,一旦他们发现不能满足自身目标,就会选择放弃。这是一个制约我国体育消费无法持续发展的因素。

(五)闲暇时间利用不佳

传统经济学已经把闲暇作为一种特殊性质的物品,认为闲暇商品的成本完全由放弃的劳动所产生的报酬构成。闲暇时间多少以及闲暇时间如何利用,既是一个反映国家和个人经济物质水平的指标,也是一个反映精神文化水平的指标,更是体育消费的必要条件(但不是充分条件)。在收入达到一定水平的条件下(即在满足了基本和必要的消费后,还有剩余),闲暇的增多,将趋向于导致某些服务消费支出的增多。作为参与或观赏型的服务消费,人们的闲暇越多,给人们提供全面发展的机会越多,居民体育消费的机会就愈多。从表 4-12 可以看到,我国居民闲暇时间不足发达国家的一半,严重影响和制约了居民的体育消费。国家体育总局公布的 2007 年中国城乡居民参加体育锻炼现状调查结果也证明了,在不参加体育锻炼的人群中,因为“没时间”而不参加体育锻炼的人数比例最高,为 33.8%(见图 4-7)。近年来,居民闲暇时间有所增加,但受生活习惯、兴趣爱好等因素的影响,用在体育休闲方面的时间相对较少。

表 4-12　　不同国家的闲暇时间表　　(小时/周)

国家	美国	日本	俄国	芬兰	匈牙利	瑞士	中国六城市 *
年份(年)	1981	1985	1985	1979	1977	1984	1998
闲暇时间	41.8	40.3	34.6	38.1	30.4	39	15.8

数据来源:王雪芳:《试论家庭时间使用的文化特征》,《消费经济》1998 年第 2 期。

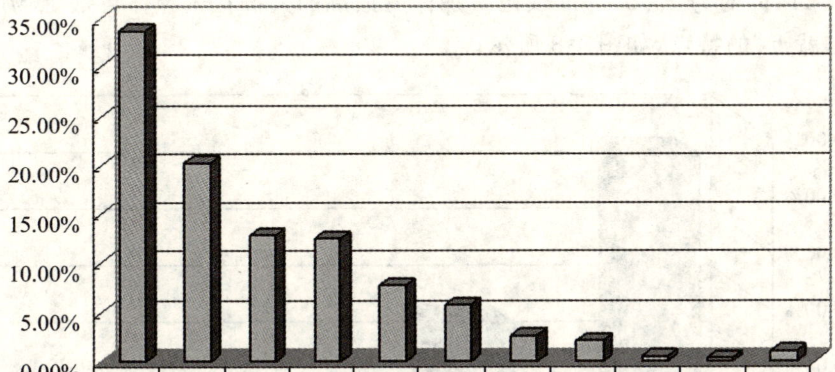

没时间	没兴趣	缺乏场地	没有必要	身体弱	惰性	缺乏组织	经济限制	怕受伤	怕受嘲笑	其他
33.8	20.4	12.9	12.6	7.70	5.90	2.60	2.10	0.60	0.40	1.00

图 4-7 不参加体育锻炼各种原因的人数百分比

数据来源:《中国城乡居民参加体育锻炼现状调查公告》2007 年。

(六)消费空间不足

消费总是在一定的位置和范围中的消费,因此当我们了解消费活动时,总要了解消费获得发生在何处。没有消费空间,何谈消费?如果说运动技能和闲暇时间是体育消费的必要条件,那么场地器材就是体育消费的重要保证。在有钱、有闲、有消费愿望后,没有相应的场地器材,体育活动就无法进行。如一些对场地要求严格的项目篮球、足球、网球等。《第六次全国体育场地普查数据公报》显示:截至 2013 年底,全国共有体育场地 169.46 万个,用地面积为 39.82 亿平方米,建筑面积为 2.59 亿平方米,场地面积为 19.92 亿平方米。按照 2013 年末全国大陆总人口 13.61 亿人计算,平均每万人拥有体育场地 12.45 个,人均体育场地面积 1.46 平方米。与发达国家相比差距较大,即使和巴西、印度等国家相比也处于落后地位。而且这些体育场地还畸形集中于城市,在基层农村地区,公共体育设施几近“一片空白”。[①] 消费空间的分布位置,也影响着体育消费。如果体育场馆远离消费者的工作单位或是家庭住所,势必会增加消费者参与健身消费的时间成本和路途消耗成本。一旦投资成本超过了消费者的投资阈值,消费者就会放弃这种投资,限制了有效消费需求。国家体育总局公布的 2007 年中国城乡居民参加体育锻炼现状调查结果显示:在参加体育锻炼的人群中,有 55% 的人选择离住地或单位在 1000 米以内的锻炼场所进行锻炼,选择距离在1000~

① 参见张贵峰:《什么妨碍了我们休闲质量的提高》,《中国青年报》2006 年 9 月 29 日。

2000 米以内的为 25.5%,反映出参加体育锻炼的人群在选择体育锻炼场所时呈现出“就近”的特点,如图 4-8 所示。

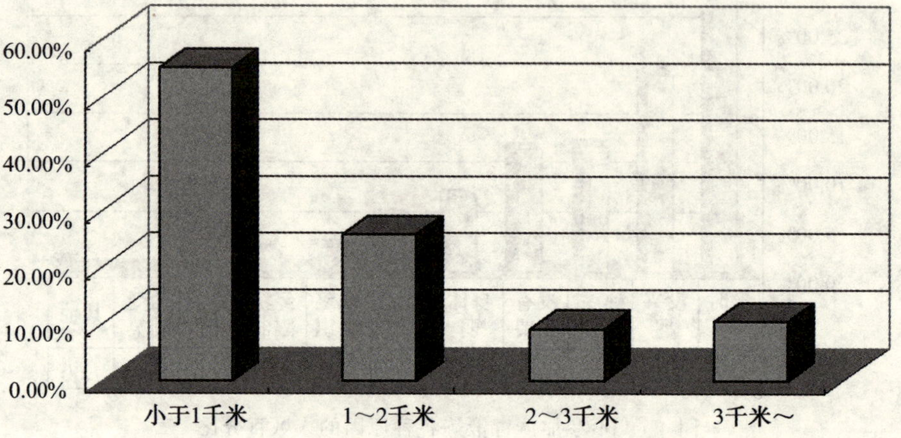

图 4-8　选择不同距离锻炼场所的人数百分比

引自:2007 年中国城乡居民参加体育锻炼现状调查公告

二、管理体制障碍

体育产业之所以迟迟未能得到良好发展,一个重要的原因是来自管理体制上的障碍。北京大学经济学院院长刘伟教授提出,体育要产业化在经济体制上需要两个逻辑:一个事物要产业化,而不是事业化,资源的配置应当市场化。如果他产业化、资源配置的方式市场化、行为主体就要企业化,这三个东西逻辑上是一致的。一个事物要事业化,它的配置方式就不是市场化而是行政化,要求行为单位主体不是企业化,是单位化,这三个东西是捆在一起的,产业化、市场化、企业化是一个逻辑,如果要产业化,就不可能在行政网络里。否则一是长不大,再有就是出现腐败的情况。① 一贯的体育制度非但不能促使体育产业快速发展,而且还对体育产业产生了较大束缚,使得体育产业成为腐败滋生的“温床”。目前,体育腐败主要集中在审批、选派不透明,权力寻租空间大;弄虚作假,亵渎体育精神;赛事经营“猫腻”多,成为利益输送窗口等方面。2009 年末,中国足球职业联赛的“假、赌、黑”不幸被言中。在长期计划经济体制下形成的体育管理体制和运行机制,错误地把体育事业看成是单纯的公益事业,只能由政府来提供和

① 参见刘伟:《宏观经济事态及宏观经济政策》,人民体育出版社 2008 年版。

包办，排斥市场和经营，走了一条与国情国力不相符的发展道路。[①] 这样的体制和机制安排是着眼于以满足政府需求为主而不是满足大众多样化、个性化体育需求的体制。这不利于体育产业的培育和发展。特别是政府在体育领域中体现的行政意志限制了体育产业的发展，这样的体制和机制安排是着眼于以满足政府需求为主而不是满足大众多样化、个性化体育需求的体制。国家把体育作为福利性的社会事业来办，只能由政府来提供和包办，排斥市场和经营，导致体育产品难以进入市场，体育领域生产活动及生产要素处于垄断状态，体育市场的主体难以确定，市场处于封闭状态，因此也形成了具有"刚性"的体育结构，不能及时生产出大众所需的体育产品，造成体育产品供给与需求的矛盾。体育公共产品的供给与维护并未形成良性的互补关系，而是存在着多种形态的扭曲及错位。传统思维的作用下，基础设施行业通常被认为只能由政府机构来提供，在这种情况下，这些行业和部门就往往会通过"游说"而获得"行政性垄断地位"。由于过高的进入门槛，其他的民间经济力量即使有进入的能力，也不会有进入的权利，于是此类公共产品就只能长期处于供给有限、效率较低的状态。这一方面造成了政府单一的供给能力与人民群众不断增长的参与性健身需求矛盾日益突出；另一方面也制约了各类体育市场的培育和发展。政府体育主管部门的职能高度集中，办事过多，管理过少，单项运动协会、群众性体育社团的作用被淡化，社会办体育的热情受抑制。管理体制不顺，经营机制不活，对体育经营单位以单一的行政型管理为主。分散经营，各自为政，追求小而全，缺乏整体观念和规模效益，市场秩序混乱。这样的体制和机制安排是着眼于以满足政府需求为主而不是满足大众多样化、个性化体育需求的体制。这不利于体育产业的培育和发展，更不利于体育产业结构的优化。

三、扶持政策缺乏

经济政策是加快经济发展的根本保证。周叔莲在《中国经济的两个根本转变》代序中指出："以结构优化为例，目前我国产业结构难以优化的根本原因仍然是体制问题，由于多数国有企业还未成为真正的市场主体，同时普遍缺乏活力，市场机制难以发挥作用，宏观调控也往往达不到预期目标，因而资源难以在产业间合理配置。"市场主体的经济行为需要政策规范，生产要素的配置和重组需要政策导向，经营者的投资积极性需要政策调动。宏观上缺乏明确有力的体育产业发展规划和产业政策，即使有了产业发展规划和政策，也缺乏应有的配套政策和实践手段。新中国成立以来，各个时期指导产业发展的政策仅仅停留在粗线

① 参见鲍明晓：《中国体育产业发展报告》，人民体育出版社 2006 年版，第 125 页。

条的口头与原则上，缺少科学的理论依据，没有完整的措施与手段，也没有具体的实施方案和定量要求，有的时期提出的原则与口号还有明显的片面性。由于市场机制很不完善，政府在制定产业政策时主要凭人的主观决断，即使决策者完全立足于社会整体与长远利益，也仍然存在着主观与客观相脱离的可能。在这种情况下，政府的优化选择能力并不可靠，从而导致资源配置不合理和产业结构非良性化和非优化以及调整困难。

体育产业作为朝阳产业需要政策的引导、扶持发展。尤其是在体育产业还未充分形成的情况下，需要政府引导、培育。同教育、文化等产业相比，目前国家缺乏对发展作为朝阳产业本应享受优惠扶持政策的体育产业的各种优惠政策。由于缺乏宽松的经济环境和条件，产业发展初期没有扶持保护政策，启动相当困难，这一发展态势使得投资回报率不高，影响了社会资本的投入。在美、英等体育经济发达国家，政府为扶持本国体育经济的发展，都相应地在政策上做出倾斜。对体育部门举办的体育赛事、体育组织接受的捐赠和体育场馆的经营收入，不同程度地减免税收；企业出资赞助体育比赛，可以记入生产成本或做广告支出；修建体育场馆可以享受土地征用的优惠政策和低息贷款等。而我国在这方面的扶持力度还远远不够，同教育、文化等产业相比，体育产业在政策优惠方面却受到“冷遇”。由于缺乏宽松的经济环境和条件，产业发展初期没有扶持保护政策，启动相当困难，这一发展态势使得投资回报率不高，影响了社会资本的投入。目前，体育企业不仅没有享受优惠政策，而且部分企业还实际上承担着过重的税费。例如，从 2001 年 5 月起，有关部门规定对娱乐业，包括夜总会、歌厅、舞厅、射击、狩猎、跑马、游戏、高尔夫球、保龄球、台球、攀岩、滑水、卡丁车等，一律按照 20%征收营业税。正如张发强所做的比喻那样，过高的税费使得这些项目的经营者不堪重负。一些经营者感叹道：“朝阳产业，步履维艰，亏本经营，守望明天。”在美、英等体育经济发达国家，政府为扶持本国体育经济的发展，都相应地在政策上做出倾斜。对体育部门举办的体育赛事、体育组织接受的捐赠和体育场馆的经营收入，不同程度地减免税收；企业出资赞助体育比赛，可以记入生产成本或做广告支出；修建体育场馆可以享受土地征用的优惠政策和低息贷款等，而我国在这方面的扶持力度还远远不够。

四、政策执行不力

各级政府指定的科学合理的体育产业结构政策没有有力执行，影响到了体育产业结构的优化。体育产业政策执行不力，导致产业政策在优化体育产业结构时效果不佳。已有的体育产业政策或因政策触及执行主体的切身利益而导致执行主体选择性、替换性执行；或因执行需要不同部门之间的协调时，体育部门无法得到其他部门的支持而导致无力执行。选择式执行是指一些地方政府、单位对上级政策指令或命令进行过滤，“断章取义，为我所用”，选择对自身有利的规定执行，形成在执行中见了“黄灯”赶快走、见了“红灯”绕道走的行为模式，导致政策无法得到贯彻落实。替换性执行是当需要执行的政策与负责执行的机关、部门存在利益冲突时，执行机关就有可能制定与上级机关公共政策表面相一致，实质相违背的执行措施，“有利的就执行，不利的就变形”，妨碍了产业政策的正确实施。[①]

五、政府过度干预

我国是直接从封建农耕经济改造建立起社会主义高度集中的计划经济，再转变为建立社会主义市场经济体制，我国的市场机制仍存在诸多不完善。[②] 我国的体育事业在各级政府的大力支持下取得了长足的发展，随着市场经济的发展，体育市场的经营活动必然要遵循市场规律去运作。目前，政府行为在推进体育产业良性发展的同时，也带来了一些负面影响。这表现在，一些大型赛事政府部门仍不愿意放手让社会去办，而是自己出面加以经营，从而影响了社会办体育的积极性，同时又给体育执法带来了一定的困难。政府体育主管部门的职能高度集中，办事过多，管理过少，单项运动协会、群众性体育社团的作用被淡化，社会办体育的热情受抑制。这样的体制和机制安排是着眼于以满足政府需求为主而不是满足大众多样化、个性化体育需求的体制，这不利于体育产业的培育和发展。2004 年，中国足协的过度干预，无视市场规律，按自己的意志盲目行动，已付出惨重的代价，导致投资主体“逼宫”“球队罢赛”。尽管对这场“革命”各方反映不一，但不可否认，这让中国足球联赛走过凄惨的一年。2004 年中超全部 22 轮 132 场比赛，观众人数仅为 145 万人次，场均 1.1 万人，与 2003 年甲 A 联赛相比，下降 42%。大多赞助商提出大幅扣款要求，原本列入预算的 1.3 亿人民币收入，实际收入可能在 7000 万元左右，下降约 46%，已为政府的过度干预敲响了警钟。[③] 中体产业集团有限公司董事长魏纪中先生在接受体育博览记者采访时谈道：“中国体育产业目前面临的最主要问题就是资源垄断。”如体育行政部门对体育市场资源的垄断、对无形资产市场和体育彩票市场的垄断，中央电视台对大型赛事转播权的垄断。这给处于市场转型期的我国并不成熟的体育市场机制雪上加霜，且会导致恶意竞争，像各运动项目管理中心对冠名权的销售等，造成

① 参见张真理：《公共政策制定、执行、协调与信访》，《信访与社会矛盾问题研究》2014 年 3 期。

② 参见徐向艺：《政府干预与市场经济秩序》，山东人民出版社 2005 年版，第 8 页。

③ 参见刘青：《体育行政管理新论》，人民体育出版社 2006 年版，第 198 页。

体育无形资产流失。在国际市场竞争日益激烈的今天，这违背了体育产业市场化、产业化运作的规律。体育产业结构处于严重的失衡状态，处于核心地位的体育赛事还有很大的商业提升空间。从国外的发展经验看，商业化运作都是体育赛事的必然发展路径，体育赛事作为具有观赏价值的服务产品，拥有巨大的无形资产和商业媒介价值。恰是基于这样的原因，国务院总理李克强于2014年9月2日在北京主持召开国务院常务会议。会议部署加快发展体育产业，促进体育消费推动大众健身。要求简政放权、放管结合，取消商业性和群众性体育赛事审批，放宽赛事转播权限制，最大限度地为企业“松绑”。推进职业体育改革，鼓励发展职业联盟，让各种体育资源“活”起来，适应群众多样化、个性化健身需求。

六、无形资产流失

体育无形资产是指存在于体育运动中的、具有体育特质、受特定主体控制、不具有实物形态、能持续地为所有者经营并带来经济效益的资产，其最显著特点是不具有物质形态，包括了各级各类体育竞赛表演活动的举办权和经营权、注册商标特许经营权、吉祥物、广告、明星肖像权、纪念品、赞助和捐赠、电视转播权等。这一市场在我国的开发仍处于低水平，空白地带大量存在。据统计，我国60多万个尚未得到有效开发的体育场馆尚待商家挖掘。① 在开发运作上，与发达国家比存在差距，经营开发渠道单一和短期行为现象严重，导致我国体育无形资产大量流失。体育无形资产的市场开发，对应的经济活动多为处于体育产业核心地位的体育赛事活动，这一资源的流失影响了体育产业服务业的市场规模。

七、商业运作水平不高

人才是发展体育产业的关键，人力资源的数量决定着承接体育产业转移的规模，人力资源的素质决定着体育产业结构层次的高低。长期以来，受计划经济体制模式影响，我国对体育经营管理人才的培养不够重视，能够了解国际体育产业流程、开发体育商机的人才处于紧缺状态，特别是缺乏中高级的体育经营管理人才。各运动项目管理中心（协会）作为体育市场的主力军，参与市场不力。在管理上出现了许多漏洞，导致经营不善，国有资产流失。② 由于受到行政垄断影响，使得投资者积极性不高，而且联赛的质量不佳。而国内企业又存在严重的盲从倾向，当某项体育运动获利较高时，众商家一哄而上，造成了重复建设、规划不合理、盲目攀比等许多不合理现象。同时，由于现有的体育经营者大都是退役的

---

① 参见杨晓生：《体育赞助导论》，高等教育出版社2004年版，第44页。

② 参见张发强：《对我国体育产业化的战略思考》，《体育文史》1997年2期。

运动员、教练员、下岗待业人员，他们一般只熟悉体育工作，却缺乏对市场运作及其规律的了解。而政府在这些方面也缺乏必要的指导和培训。正是因为存在这许多问题，使政府行为的作用在体育领域中没有得到有效的发挥，也扰乱了正常的市场行为，使体育市场定位不准、市场竞争乏力。职业体育经理人在我国体育企业中占的比重还非常低，由过去的知名运动员或球队领队担任俱乐部总经理的现象还相当普遍。这些半路出家的经营管理者，由于受学校课程的影响，缺乏经济、法律等方面的知识，客观上限制了体育产业的发展。① 而专门从事体育的经营者对体育的了解甚少，缺乏横向联系，导致我国体育产业商业化水平低，这也成为制约我国体育产业发展的瓶颈和障碍。我国体育产业欲出现繁荣景象，应大力提高其商业化运作水平。

八、投融资机制不完善

筹集资金，已成为我国体育事业实现可持续发展的当务之急。然而由于我国投资机制的缺乏和投资政策的错位等原因，使我国资本市场的运作不尽如人意，企业难以筹集发展所需的资金，投资机制单一。在投资机制上，我国由于金融工具单一，投资者面临的实际上是两个极端：投资于银行，收益太低；投资于证券，风险太大，股市的“圈钱”更是让人不寒而栗。可供选择的渠道太少，而相权衡取其储蓄实在无奈，这也是我国近年来银行储蓄存款增多的一个重要原因（表 4-13）。

表 4-13　　居民年底银行存款余额统计表　　（单位：万亿元）

年份	2004	2005	2006	2007	2008	2009	2010	2011	2012	2013	2014
存款余额	11.96	14.11	16.16	17.25	21.79	26.08	30.33	34.36	39.96	44.76	50.30

由于投资机制单一，一些本来可以通过市场化经营的具有稳定投资回报的领域，被当作公益型、福利型的事业来办，从而形成了政府无力兴办体育和社会想办体育产业却办不成的尴尬局面。这种投资错位政策虽然短期内对拉动国家经济增长起到了一定作用，但却带来了两大问题：其一，短期的挤出效应，抑制了社会投资的积极性，造成社会投资的断层；其二，长期的国债风险加大，不利于国家经济的持续发展。然而在如何实现起飞问题上，罗斯托认为，大多数发展中国家经济发展的主要阻力是资本形成问题。在他提出的三个先决条件中，第一个条件就是要将净投资率提高到 10%以上。国家体育总局科研所的鲍明晓研究表明，我国的体育产业正处在起飞阶段（图 4-9）。目前，我国体育产业的资本积

① 参见林卫国：《中国足球产业结构与发展对策》，人民体育出版社 2007 年版，第 32 页。

累还难以达到罗斯托提出的条件。投融资机制不完善是制约我国体育经济合理发展的一大制约因素。

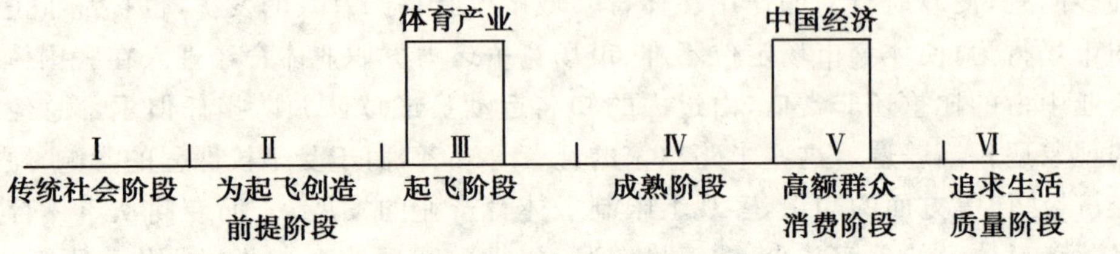

图 4-9　罗斯托的起飞理论

可见，中国体育产业结构演进并不是一个单纯的结构转化问题，而是与市场体制和政治体制改革等转型问题紧密相连的特殊的发展问题，中国体育产业结构的不合理，实质上是一个“体制转轨中的发展问题”。在转轨时期，无论是市场体系、政府职能或者是发展战略等方面都存在着不利于分工演进的制度问题，成为中国体育产业结构转型的深层次的隐患。

本章小结

本章基于相关文献的二次分析、专家访谈、调查的基础上，归纳总结了我国体育产业结构演进中存在的主要问题：核心产业滞后、区域结构趋同、关联效应不强、有效供需不足、产业附加值低、区域布局失衡、体育用品标准化程度低。其成因是：有效需求不足、管理体制障碍、扶持政策缺乏、政府过度干预、无行资产流失、商业运作水平不高、投融资机制不完善。重点分析了制约居民体育消费有效需求不足的原因。这是扩大体育消费需求，科学制定体育产业结构调整、优化对策的前提。

第五章　体育产业结构优化的目标和原则

体育产业结构优化是体育经济乃至国民经济发展的本质要求。但体育产业结构优化是一个相对的概念，它不是指体育产业结构水平的绝对高低，而是在实现体育经济效益最优的目标下，根据某地区的地理环境、资源条件、经济发展阶段、科学技术水平、人口规模等特点，通过体育产业结构的调整，使之达到与上述条件相适应的各产业协调发展的状况。[①] 体育产业结构优化不是一个静态的过程，而是一个动态的发展过程。

第一节　体育产业结构优化的内涵

体育产业结构优化是指在保证资源配置最优化和实现体育经济效益最大化的前提下，通过对体育产业结构调整，使各构成部分协调发展，并满足社会不断增长的需求的过程。一般来讲，产业结构优化包括两个方面的内容：产业结构合理化与产业结构高度化。体育产业结构优化实质是推动体育产业结构合理化和高级化的过程。

一、合理化

在理论研究中，产业结构合理化的思想最早体现在古典经济学中，其理论核心是强调产业之间必须保持按比例协调发展的关系。产业结构合理化是经济增长的客观要求。在社会化大生产条件下，各产业之间通过“前瞻效应”“回顾效应”和“旁侧效应”形成一种互为联结的关系。在一定的技术和资源条件下，资源配置结构及由此形成的产业结构在很大程度上决定了资源的产出效益。合理的产业结构不仅会使资源得到优化配置，使每种投入的资源获得良好的产出效益，而且还能使全部产业获得结构效益。这是指在不改变现有技术水平和资源投入

① 参见杨建文：《产业经济学》，学林出版社 2004 年版，第 175 页。

总量的情况下，单纯因为产业结构比以前更为合理，即资源配置更优而带来的那部分经济增长。另外，在一定技术水平下，部门间联系是经济增长的客观基础，而要实现这种部门间联系，则是各产业在经济增长中协调发展的结果。目前，中国学术界存在着产业结构合理化的各种不同定义，归纳起来，产业结构合理化的定义大致有以下几类：

1.结构协调论，把产业间协调置于产业结构合理化的中心位置，把产业结构合理化解释为通过产业结构调整，使各产业协调发展，并满足社会不断增长的需求的过程。

2.结构功能论，强调产业结构的功能作用，并以结构功能的强弱为出发点考察产业结构合理化，把产业结构合理化定义为各产业间存在着较高的聚合质量，把产业结构合理化的过程看作是不断改善结构效益的产业结构优化过程。

3.结构动态均衡论，重视产业素质与结构的均衡性，并从动态的角度考察产业结构合理化，就是要促进产业结构的动态均衡和产业素质的提高。

4.资源配置论，把产业结构视为某种资源转换器，并从资源在产业间的配置结构及利用的角度考察产业结构合理化，把产业结构合理化解释为在一定的经济发展的阶段上，根据消费需求和资源条件，理顺结构，实现资源在产业间的合理配置和有效利用等四类。[①]

体育产业结构合理化是体育产业结构由不合理走向合理的过程，具体是指在一定社会经济发展战略目标要求下，在资源既定的情况下，体育产业内各部门能够实现资源的最优配置，并能协调发展，从而取得的良好结构效益和产业结构优化过程。从静态看，资源在各部门间的配置合理，并保持一定数量比例关系；从动态看，能够根据需求结构变动状态调整资源配置；从效果看，各类体育产品能够顺利完成市场实现，总供给与总需求实现动态平衡。主要内容应该包括：

1.各部门之间的产出能力趋向协调；

2.各部门之间的相对地位趋向协调；

3.各部门之间的联系方式趋向协调；

4.各区域之间的产业布局趋向协调。

体育产业结构合理化要解决的主要问题包括：如何促进体育产业市场的供给结构和需求的相互适应性，各产业部门之间发展的协调问题，促进体育产业结构的动态平衡以及不同地区间产业布局的合理化。

---

① 参见原毅军、董琨：《产业结构的变动与优化：理论解释和定量分析》，大连理工大学出版社 2008 年版，第 14 页。

二、高度化

所谓产业结构的高度化是指产业结构从低度水平向高度水平的发展过程，实质是随着科技发展、分工的深化，产业结构不断向高附加值化、高技术化、高集约化演进，从而更充分更有效地利用资源，更好地满足经济发展需要的一种趋势。产业结构高度化也是一个相对的概念，总是相对于一定的社会经济发展水平和阶段而言，因而高度化是一个永不停息的过程。在这个过程中，体育产业结构成了资源转换器，在一定的资源和技术条件下，通过体育产业结构的不断高度化，使体育资源得到最有效的利用，更好地满足市场与社会体育需求。

从高度化的基本含义看，体育产业结构高度化主要包括四方面的内容：

1. 产业高附加值化，即产品价值中所含剩余价值比例大，具有较高的绝对剩余价值率和超额利润，是技术密集程度不断提高的过程。

2. 产业高技术化，即在体育产业各部门中广泛采用先进技术，从业者的劳动素质和管理者的管理水平不断上升，不断实现组织管理创新，产业的运行效率和产出能力不断提高，体育产业不断壮大。

3. 产业高集约化，即产业组织合理化，市场竞争由分散的小规模竞争向以联合、集中性的大规模竞争发展，规模经济的利用程度大大提高，有较高的规模经济效益。

4. 产业高加工化，即加工深度化，体育产业内企业间的联系日益密切，专业分工深化，在资源结构上，由劳动密集型占优势向资金密集型、技术密集型占优势的方向发展，由制造初级产品的产业占优势逐步向制造中间产品、最终产品占优势的方向发展。

体育产业结构高度化尽管是一个相对的概念，但也不是在体育产业结构演进的任何阶段都可以存在的。体育产业结构高度化的基本内容表明，一个国家体育产业结构的高度化，只有当其科学技术水平较高，经济发展达到较高阶段，基础设施较完善，原材料工业较发达，才可能实现。体育产业结构高度化既是经济发展的结果，又是体育经济进一步发展的条件。其实质就是随体育科技发展和社会分工深化，体育产业结构不断向深加工和高附加值化、高集约化、高加工化发展，从而更有效的利用资源。

体育产业结构高度化必须以产业结构合理化为基础，脱离合理化的高度化只能是一种“虚高度化”。产业结构合理化是一个不断调整的过程，这一过程使结构效益不断提高，进而推进产业结构向高度化发展。合理化和高度化互相渗透、交互作用，从而构成体育产业结构优化的两个基点，二者密切相关，共同构成了产业结构优化的动态过程。体育产业结构合理化，是反映产业结构量上的客观要求，体现为体育产业结构要与某一地区社会经济发展水平相适应，是产业结构的静态优化；体育产业结构高度化，反映产业结构质上的客观要求，体现为体育产业结构的发展，符合世界产业发展的潮流，是体育产业结构的动态优化。只有体育产业结构的优化，才能促进体育经济持续、快速、协调地发展。

第二节　体育产业结构优化的目标

体育产业结构调整既是经济增长过程中各行业间结构变动的内在需要，也是保持经济持续增长的客观要求。产业结构的这种结构性变动，包含产业结构的优化和升级，体现为产业间比例关系的合理化、产业结构的高效化和高级化，以及适度的产业组织规模和增长速度。如果说，考察体育产业结构是否合理是对体育产业结构的静态分析，那么体育产业结构优化就是从动态角度研究和揭示体育产业结构问题。产业结构理论认为，产业结构优化是推动产业结构合理化和高度化发展的要求。因此，体育产业结构的合理化及高度化，既是体育产业结构演进的趋势，又是体育产业结构优化的主要目标。优化体育产业结构既是体育经济增长过程中各部门间结构变动的内在需要，也是保持体育经济持续增长的客观要求。早在 1995 年制定的《体育产业发展纲要》中提出了“争取用 15 年左右时间，逐步建成适合社会主义市场经济体制、符合现代体育运动规律、门类齐全、结构合理、规范发展的体育产业体系”的体育产业发展目标。体育产业“十一五”规划又进一步提出：“初步建成与大众消费水平相适应，以体育服务业为重点，多业并举、门类齐全、结构合理、规范发展的体育产业体系，形成多种所有制并存、全社会共同参与、共同兴办的格局。体育产业增加值在国内生产总值中所占的比重明显提高，城镇居民人均体育消费显著增加，充分发挥体育产业在拉动消费、优化产业结构、扩大就业中的作用，把体育产业培育成国民经济新的增长点。”体育产业结构优化的目标是在保证各类资源配置最优化和宏观经济效益最大化的前提下，实现体育经济的健康、协调、持续发展。

基于社会可持续发展视角的体育产业结构优化的内涵是体育产业结构经过不断地调整和变革，逐渐趋近协调性状态，促使体育产业可持续发展能力持续增强的一个过程。它不仅强调了结构优化对体育产业发展的增长作用和质量改进，更着重于结构优化的目标是促进体育经济的持续、健康发展。体育产业结构优化的目标主要可以概括为产业结构合理化并在此基础上实现产业结构的高级化，实现产业结构优化和升级，促进体育经济的可持续发展，具体应实现以下主要目标：[①]

一、体育产业可持续发展

马克思的再生产理论表明，社会再生产过程是价值补偿和实物补偿的统一，要使社会再生产得以顺利进行，就必须使国民经济各部门之间保持一个比较合理的比例。[②] 体育产业也是这样，要持续发展，各组织结构之间就要保持一个比较合理的比例。任何组织的过度超前的“单兵突进”都不利于体育经济的健康发展(如体育用品制造业)，某些重要组织的严重滞后也会构成体育经济整体发展的“瓶颈”(如健身娱乐业与竞赛表演业)，从而制约体育经济的发展。要使体育经济发展的潜力得到更大范围的发挥，就必须使产业内部的各组织结构保持合理化，形成协调发展的格局。

二、结构合理化和高度化

产业结构的优化是一个动态的过程，在不同的发展阶段和时点上优化的内容不同，但主要包括产业结构的合理化和高度化两个方面的内容。[③] 体育产业结构的合理化是指体育产业内部保持符合产业发展规律和内在联系的比例，保证各部门的协调发展。体育产业结构高度化是指在产业技术创新的基础上发挥主导产业作用，不断提高产业素质，实现由低级向高级的产业演进。目前，我国体育产业结构的现状如得不到改善，体育经济的变化将只能体现在经济增量上，绝不可能出现结构性增长及经济质量的提高，更不会出现大规模高效增长；相反，则会由于产业结构的严重扭曲与失衡而不能承受体育经济快速发展的压力导致“瓶颈”作用范围的扩大，体育经济将会走向严重的衰退。

三、具备核心竞争力

当今世界各国综合国力的竞争是高科技的竞争，更是围绕知识创新、技术创新、科技转化开展的。只有掌握一些尖端技术，在国际上形成科研优势，经济发展才会领先。中国的竞技体育已跻身世界三甲，继雅典奥运会中国代表团取得第二名的好成绩后，更是在北京奥运会上取得金牌总数第一名的历史最好成绩。

---

① 参见孙冰川：《优化体育产业结构的政府行为分析》，四川大学硕士学位论文，2006 年。

② 参见苑广睿：《促进产业结构调整的财政政策》，中国财政经济出版社 2004 年版，第 30 页。

③ 参见蒋昭侠：《产业结构问题研究》，中国经济出版社 2004 年版，第 135～149 页。

我们要抓住机遇,大力发展科学研究,并建立起科技成果向生产力快速转化的有效机制,争取在体育产业资源以及体育产业体系、战略、政策、制度和创新机制等关键领域建立起自己持久的竞争优势,不断提高产业结构的素质,不断向深加工和高附加值化发展,带动整个体育产业结构升级、优化,实现增长,为体育经济发展创造条件。因此,我国体育产业结构调整不应该是一般意义上的适应调整,而应该是高科技带动的、对经济的全局和长远发展具有重大影响的战略性调整;不应该是局部的、临时的调整,而应该是以提高我国体育产业的整体素质和竞争力、实现可持续协调发展为目标的全面调整。①

四、供需动态平衡

凯恩斯经济理论是针对发达国家长时间处于经济危机难以自拔的"拯救"方案,该方案的核心就是政府通过财政、货币政策干预经济活动,以解决有效需求不足的问题。在发达国家已见成效,提高消费水平成为推动产业结构演变的重要因素。在人均 GDP1000~3000 美元阶段,居民消费结构将会发生变化:物质生存型消费的比重逐步下降,发展服务型享受型消费比重不断上升。我国人均 GDP 已于 2003 年、2006 年、2009 年分别达到 1000 美元、2000 美元和 3000 美元。为顺应居民消费结构的变动趋势,这就要求全社会的体育产品供给能力具有一定的弹性,要丰富体育服务产品的供给,以适应这种消费结构的变化。体育消费有效需求不足的一个主要原因就是体育产品的供给结构未能响应居民体育消费意愿的变化并及时进行调整,未能把居民潜在的体育消费欲望转化为现实消费需求。应该针对新的体育消费热点,促进体育产业供需结构趋向协调,形成动态互动效应。

五、区域协调发展

全国产业结构的调整、优化要落实到一定区域空间,与地区产业结构的调整和优化协调起来。要充分发挥不同区域的比较优势和竞争优势,根据各自的特点和资源聚集优势,在合理化的基础上推进体育产业结构高度化,充分发掘民族体育特点和中西部资源禀赋优势及其他资源优势,适度规模地推进体育产业的发展,扶持中西部地区体育产业基地建设,实现不同区域体育产业的协调化发展。国家也该主动协调各个地区体育流动资源的配置以及产业结构优化调整中的利益分化,保证整个国家体育产业结构优化目标的实现。

① 参见刘亚青:《我国体育产业结构现状及调整对策》,《山东师范大学学报》2005 年 6 期。

第三节 体育产业结构优化的原则

体育产业结构的这种由不合理向相对合理、由较低级形态向较高级形态发展的演变规律，为体育产业结构优化升级提供了科学、合理的选择路径。优化体育产业结构必须以体育产业结构演进规律为基准。任何背离演进规律的产业结构优化升级，虽然可能具有一时的短期效益，但长期来看无疑会产生结构逆转现象，严重影响体育经济的发展。调整结构是优化资源配置和促进生产力发展的必然要求，是一个不断变化的动态过程。推动结构优化升级，既要注重增量调整，也要注重存量调整；既要注重外延扩大，也要注重内涵提升；既要做好"加法"，也要做好"减法"；既要抓好当前，也要谋好长远。[①] 优化体育产业结构，同时还需要遵循以下原则：

一、整体性

产业系统中的整体性原则，要求体现系统整体功能大于部分功能的简单相加。体育产业系统是产业内各种要素之间相互依存、相互关联、相互制约、相互影响而组成的具有特定功能的聚合体。体育产业的发展不是孤立的，重点促进关联强度大的产业的发展，可以带动相关产业的发展。体育产业结构优化的整体性原则，要求体现体育产业系统的整体功能大于部分功能的简单相加，必须有效配置各类资源，促进体育产业各内部构成之间的协调发展，产生系统聚合效应。既要适应市场的需求，又要注意各内部构成之间的相互衔接，密切配合，协调发展，以发挥出体育产业结构的整体协调功能。

二、层次性

结构层级的不同，表明在整个系统中的地位、作用不同，但彼此之间又都有内在联系。体育产业结构是多种因素共同作用的结果，其形成受到诸多因素的制约。因此，在不同的发展阶段，会出现不同的层次。体育产业结构层级体系的划分，可以从不同侧面揭示体育产业结构系统特征，有助于我们更深入地了解和研究体育产业结构的现状和发展变化的趋势。在调整优化体育产业结构的过程中，不仅要把握好处于系统较高层的要素构成，更重要的是利用好较高层要素对较低层级要素组合的决定功能。

---

① 参见韩长赋：《调整经济结构转变发展方式》，《求是》2008 年 12 期。

三、动态性

体育产业结构的优化是一个动态过程。体育产业结构优化是一个相对的概念，它不是指体育产业结构水平的绝对高低，而是在实现体育经济效益最优的目标下，根据某地区的地理环境、资源条件、经济发展阶段、科学技术水平、人口规模等特点，通过体育产业结构的调整，使之达到与上述条件相适应的各产业协调发展的状况。

四、开放性

开放，是体育产业结构演进的前提条件。所谓系统的开放性特征，是指一个远离平衡状态的开放系统，在它同外界进行能量的交换过程中，会引起系统内部要素结构的变化，并导致要素间的关联关系重新组合。系统要素的这种变动程度是不对等的，某要素的变动，可以决定系统行为的某一参变量变化达到一定“阀值”(即临界值)而发生突变，使整个系统就由原来的较无序状态(或叫低级状态)，走向新的有序状态(或叫高级状态)。这种新的有序结构(即耗散结构)一旦形成，还需要增加同外界物质和能量的交换才能维持，并逐步形成一种排除外界干扰的“抗干扰力”，从而保持一定的稳定性。

五、效益性

市场经济的发展，对资源配置的基础性作用愈来愈明显。它不但要求资源获得最佳的配置、最优的组合利用，还要求产业结构处于最佳效益的发展状态。因而体育产业结构的调整要以资源最佳配置、最佳结构效益为原则，加强政策扶持与引导，坚持经济效益和社会效益并重。优化体育产业结构必须坚持为经济社会发展服务，向群众提供健康有益的体育服务产品，满足各类群体多元化的体育需求。

本章小结

本章主要分析了体育产业结构优化的内涵、目标和原则。体育产业结构优化的实质是推动体育产业结构合理化和高度化的过程，且二者互相渗透、交互作用，从而构成体育产业结构优化的两个基点，共同构成了产业结构优化的动态过程。体育产业结构优化的最终目标是在保证各类体育资源配置最优化和宏观经济效益最大化的前提下，实现体育经济的健康、协调、持续发展。优化体育产业结构必须以体育产业结构演进规律为基准，制定调整体育产业结构的优化对策需要遵循整体性、层次性、动态性、开放性、效益性等原则。

第六章　体育产业结构优化的路径抉择

针对我国体育产业结构存在的问题及发展趋势，我国体育产业结构必须进行调整，以实现体育产业结构的优化升级，促进体育产业的可持续发展。

第一节　体育产业结构优化的可选路径

每个系统的演化都是在一定外界环境中进行的，仅通过系统组织起来的原因是外界提供的还是内部产生的来确定系统是他组织还是自组织，是不够的。可以说，内因决定了系统演化所得到组织的形式、状态的性质特点等，外因决定系统组织进程能否实现。哲学上将此说法规范为，“外因是事物不断变化的条件，内因是事物变化的根据”。

经济系统中的自稳机制主要体现为经济系统具有一定的稳定性，即具有在一定范围内消除波动回到平衡态的功能，这种稳定作用主要是通过类似亚当·斯密所描述的“看不见的手”来实现的，即是竞争和价格信号功能以及利益最大化原则共同作用的结果。经济系统具有自组织特征，当存在市场失效和系统环境发生较大变化时，需要政府通过货币、财政以及产业政策加以干预，校正市场机制，从而使系统达到有序和演进。可以说，市场和政府是内生于经济系统的两种控制手段，产业结构的调整也就在一定程度上映射出两条途径。①

体育产业结构优化究竟是企业行为还是政府行为，究竟是应以市场安排为主还是应以政府安排为主？从历史进程和实践经验来看，对市场或政府的不同选择实际上贯穿市场经济成长的始终。学界也一直存在着两种根本对立的观点：以斯密为代表主张市场自由主义和以凯恩斯为代表赞成政府干预、反对完全自由放任的市场经济。

① 参见王青：《产业结构在经济系统演进过程中所依赖的两条路径》，《社会科学辑刊》2002年3期。

一、市场行为

市场作为现代社会经济运行的基础调解者，依靠价格机制对资源进行配置，强调市场主体的自由竞争。体育产业结构优化通过市场供求和价格机制来实现，在体育产品市场与生产要素市场上通过竞争和供求关系配置资源，促进有竞争力产业的发展，不带任何主观随意性却能最好地实现人们的经济意志和愿望，可降低交易成本，提高经济运作效率。在这一优化过程中，体育产业结构变动的信号是市场价格，决策机制是无数的经济主体的分散决策，动力机制是经济主体对增加利润或避免损失的追求，实现机制是自愿的横向转移。[①] 张五常在《经济解释》一书中认为，市场行为的优势在于：第一，市场容许专业化生产，基于市价信息进行工作，远胜于政府分配工作；第二，市价是唯一没有租值耗散的浪费的竞争准则；第三，以市价决定优胜者，是鼓励产出最有效的制度。[②]

二、政府行为

政府作为社会经济运行的宏观调控者，通过国家计划来实现体育产品和资源供给和需求的平衡。政府作为“看得见的手”通过经济杠杆、产业政策对经济活动进行干预，对体育产业的发展施加影响，实现资源配置。这一优化过程是政府根据现有产业结构状况和对产业结构变动的预测，从经济发展的总目标出发，通过纵向等级层次向经济主体发出计划指令，以调整部门间的供求格局。从全国大背景下确定体育产业发展的方向、重点、规模和速度，对全国体育产业的分工配置勾画出一个大体的轮廓。诺贝尔经济学奖得主斯蒂格利茨在《政府为什么干预经济：政府在市场经济中的角色》一书中分析了政府宏观调控的优势：第一，政府是对全体成员具有普遍性的组织；第二，政府拥有其他经济组织所不具备的强制力，没有政府干预，就不可能实现有效的市场配置。

第二节 体育产业结构优化的抉择依据

现实情况总是相当复杂的，独尊一种理论观点往往不利于实际问题的解决。实践经验表明，在转型经济时期，中国产业结构形成与发展既离不开市场机制的积极作用，也离不开政府的合理干预。

① 参见周振华：《产业结构优化论》，上海人民出版社 2014 年版，第 167 页。

② 参见皮建才：《政府与市场的权衡：一个比较分析》，《财经科学》2008 年 1 期。

一、市场失灵与政府失灵

体育产业作为新兴产业，在其发展过程中自然把市场和政府都纳入进来，我们通过考察市场与政府关系的变迁轨迹，不难发现，市场不是万能的，存在着自身无法克服的种种缺陷；同样政府本身的行为也有其内在的局限。体育产业结构的演进中也存在市场失灵和政府失灵。

在市场机制完善的发达国家的现实经济中，由于市场存在信息性失灵、垄断性失灵、外部性失灵、公共性失灵等“市场失灵”问题，尚需政府行为对资源进行配置。我国是直接从封建农耕经济改造建立起社会主义高度集中的计划经济，再转变为建立社会主义市场经济体制。在这种特殊的转型下，我国的市场机制还不完善。纵观我国体育产业市场化、产业化的运作历程，尽管取得了世人瞩目的成绩，但产业组织间发展的不协调也显现出来，体育产业核心产业的发展滞后于体育相关及外围产业的发展，群众体育的发展滞后于竞技体育发展。正是因为市场机制的不完善，使得市场许多应有的功能发挥不出来，造成更大范围和更高程度的市场失灵。[①] 近年来，政府之所以以直接投资或是政府购买公共服务的形式，加大体育基本公共服务体系建设力度，恰恰体现了部分体育产品的公共物品属性。老百姓的基本体育服务需求，仅仅靠市场机制，无法满足，会使该类公共物品的提供量低于与资源最优配置状态相适应的供给量，这一部分应由政府提供。

政府失灵指的是政府以“市场失灵”为理由对经济进行干预的结果，劣于让市场本身解决问题的结果。在西方国家兴起的公共选择理论，专门分析市场国家中的政府决策问题，政府的宏观调控是建立在经济系统外部的控制参量好坏的基础上的。而外部控制参量的好坏完全是人为的，即完全取决于一个政府的好坏。政府宏观调控的好坏取决于两个基本条件：第一个条件被称为“全息性”条件，即国家掌握了全社会的全部经济活动信息；第二个条件被称为“全盖性”条件，即国家可以完全代表全体人民的利益。其实，计划所依赖的这两个基本条件都是无法达到的。[②]

仅仅指出存在“市场失灵”问题，并不是推行产业政策的充足理由，还必须考虑推行产业政策可能导致的“政府失灵”问题。市场失灵与政府失灵的存在使得政府调控与市场机制之间的博弈成为可能（图 6-1）。[③] 政府与市场的博弈关系

---

① 参见刘远祥、孙冰川：《优化我国体育产业结构的政府行为分析》，《成都体育学院学报》2008 年 4 期。

② 参见吴彤：《市场与计划：自组织与他组织》，《内蒙古大学学报》1995 年 3 期。

③ 参见解学芳：《政府与市场博弈下的网络文化产业管理》，《中共天津市委党校学报》2007 年 2 期。

已显现于体育产业发展的各个过程。以博弈论的视野探求政府与市场的运作机制，对优化体育产业结构有着重要的现实意义。

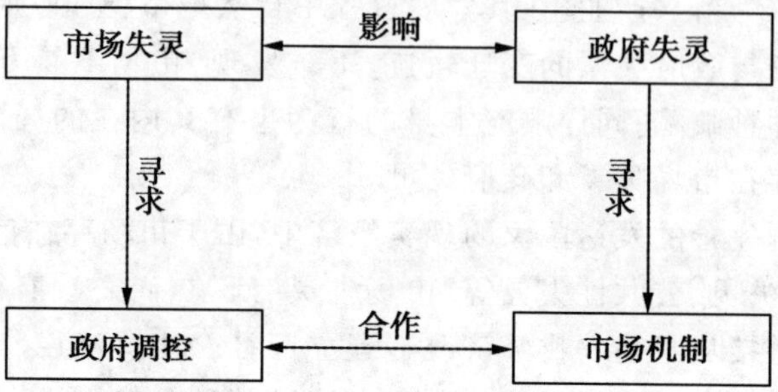

图 6-1　政府与市场行为间的博弈

二、市场行为与政府行为的博弈

博弈论是研究在即相互制约又相互依存的情况中，各个行为主体理性行为规律的学问。各行为主体相互影响，或竞争或合作，没有一方能独立地决定最终结果，能完全控制局势的发展。

(一)博弈的要素

对某一具体的博弈问题，要完整地描述它，需要规定下列三个要素：

第一，博弈的参加者。博弈的参加者是指参加博弈的直接当事人。完整地描述一个博弈问题需要确定参加博弈的局中人，局中人在博弈中是理性的，在选择自己所要采取的行动时，是以自己所获效用最大化或收益最大化为准则的。在体育产业结构调整中，博弈的参加者分别是政府和企业。

第二，博弈方的行动策略。所谓博弈方可采取的行动，是指局中人在博弈中所有可能选择行为的集合。在体育产业结构优化中，政府与市场之间的博弈，取决于双方力量的强弱对比[①]，从而组成下面四种不同的模式(表 6-1)。所谓“强、弱”政府行为是指政府通过制度安排干预体育经济的一种能力；“强、弱”市场行为是指是否是具有化解本身问题的能力。

第三，博弈方的得益。对应于各个局中人的每一组可能的决策选择，博弈都有一个结果来表示各个局中人在该策略组合下的所得和所失。得益是参与博弈的各个局中人真正关心的东西。完整地描述一个博弈问题时，必须对得益作出规定。

① 参见刘祖云:《政府与市场的关系:双重博弈与伙伴相依》,《江海学刊》2006 年 2 期。

表 6-1 政府与市场博弈的四种组合模式

政府行为		
市场行为	强—强	强—弱
弱—强	弱—弱	

(二)博弈过程的动态分析

按照历史发展的顺序,分析新中国成立后我国体育产业结构优化中政府与市场两种力量的对此,以此来审视我国政府与市场之间博弈的基本趋势。将二者之间的博弈过程大致分为四个阶段:

第一阶段:政府统包统管阶段。从 1949 年到 1978 年党的十一届三中全会这段时间,可以归之为我国政府对体育的统包统管阶段。在这个时期,我国借鉴苏联的经济体制模式,建立并实行了高度集中的计划经济体制,一切事业由国家包办,在这种体制下,国家给予体育单位全额拨款,负责体育事业基本建设的投资方向和布局,负责体育场馆、设施的建设等,包揽了体育事业各个方面的工作。这一时期,政府与市场博弈的特点表现为:政府的强势地位与市场的弱势地位之间的对比处于严重的不平衡阶段。这种模式尽管存在政府包得过多、体育被统得过死、社会办体育的机制无法形成,限制了体育的经济功能的发挥与拓展,以及体育发展活力和后劲不足等一些弊端,但不可否认,这种模式在一定历史时期,对我国体育事业的发展起到了积极作用,它在体现政府意志、完成国家任务,以及在较短的时间内实现我国体育事业迅速发展方面也有显著的优势。①

第二阶段:市场初现端倪阶段。从 1979 年到 1992 年,在这个时期,体育事业在党的正确方针的指导下,提出了以发展竞技体育为先导、带动体育事业全面发展的战略思想,在保证国家对竞技体育发展的前提下,把群众体育交由社会承担,弥补了国家投资不足,积极鼓励和扶持体育事业单位利用业务优势,广开财源,组织收入,增强自身的造血功能,体育部门开始涉足市场,开展多种经营。这一时期,政府与市场博弈的特点表现为:市场力量稍微加强,政府仍处于强势地位,并未从根本上改变"过分集中于体委系统办体育"这一矛盾。这种模式在一定程度上缓解了体育事业发展资金不足的压力,但对于体育的经济功能的认识还比较肤浅,尚处于探索和起步阶段。其自身的积累和发展能力不足,致使群众体育的发展得不到有效的资金保证,导致群众体育滞后于竞技体育的发展。

第三阶段:确定体育市场化阶段。从 1993 年到 2006 年,我国开始进入了社

① 参见隋路:《中国体育经济政策研究》,人民出版社 2007 年版,第 57~80 页。

会主义市场经济体制建设时期，对体育事业进行了根本性改革。1993 年制定了《关于深化体育改革的意见》，提出了要改革现有的体育体制和运行机制，逐步实现两个根本转变的总体目标：要实现由计划经济体制下的体育体制向与社会主义市场经济体制相适应的体育体制的转变；改变在计划经济体制下单纯依赖国家和主要依靠行政手段办体育的高度集中的体育体制，建立与社会主义市场经济体制相适应，符合现代体育运动规律，国家调控，依托社会，自我发展，充满生机与活力的体育体制和良性循环的运行机制，形成国家办与社会办相结合、集中与分散相结合的格局。1996 年，全国人大八届四次会议通过的《国民经济和社会发展"九五"计划和 2010 年远景目标纲要》进一步明确了"改革体育管理体制，有条件的运动项目要推行协会制和俱乐部制，形成国家与社会共同兴办体育事业的格局，走社会化、产业化的道路"，确定了体育产业发展的政策性导向，从此，我国体育走上了社会化、产业化的道路。这一时期，政府与市场博弈的特点表现为：政府力量由强到弱，市场力量由弱到强，似乎达到了均衡、实现了互补。这种模式，依托社会主义市场经济，走体育市场化的道路，大力发展体育产业，充分挖掘体育的经济功能，增强体育部门的造血功能。但由于我国体育产业化刚刚起步，尚未形成完整的政策体系，没有对国家和市场的规范和界限进行合理划分，致使国家和市场的作用都没有得到充分有效的发挥。政府的工作旨在满足人们日益增长的各类体育需求，但结果却是消费方面的牺牲、延迟和短缺；市场机制下，虽然受到利润驱动的市场力量旨在提供市场缺乏的体育产品和服务，以获得垄断利润，但结果却常常还是形成了购买力不足、经济增长过剩和普遍的乏力，出现了有效需求与有效供给不足并存的局面。

第四阶段：2006～2014 年。全国人大十届三次会议通过了《国民经济和社会发展第十一个五年规划纲要》，这是指导我国未来五年经济社会发展的重要纲领性文件。《规划纲要》第十七章第六节以"发展体育事业和体育产业"为标题，对未来五年体育事业和体育产业的发展蓝图进行了规划。在国家的发展规划中首次把"体育事业"和"体育产业"作为两个独立的概念并行提出来。这是一个重大突破，也给体育事业和体育产业的更大发展提供了重要机遇，政府与市场间的博弈也真正展开。2008 年 6 月 18 日，国家统计局和国家体育总局正式颁布了《体育及相关产业分类(试行)》，是迄今为止我国体育产业首个具有约束力的国家统计标准，这也标志着我国体育产业体系的形成和逐步走向完善。

第五阶段：2014 至今，2014 年 10 月 20 日，国务院发布了《关于加快发展体育产业促进体育消费的若干意见》(以下简称《意见》)，将全民健身上升为国家战略，旨在进一步加快发展体育产业，促进体育消费。各省市政府也在积极出台贯彻落实该意见的实施方案，可以说我国的体育产业迎来了一个崭新的时代，这将大大推进体育产业的市场化进程。

综上所述，可以看出，在我国体育产业发展的过程中，是国家对“政府失灵”这一事实的认识与肯定，触发了市场力量的崛起，二者的博弈才真正展开。从趋势来看，未来在我国体育产业结构优化中起重要作用的应该是政府和市场这两只手的共同作用，而不可能是一方获胜的博弈结局。因此，一个“强政府—强市场”的组合模式，是促进当前体育产业结构优化的最优模式。

第三节 体育产业结构优化的调整策略

2014 年，全民健身和体育产业提升为国家战略后，我国体育产业进入了一个新的发展时期，政府和市场必然面临新的抉择和重构，那么如何优化我国体育产业结构，实现体育经济腾飞，促进体育事业发展呢？矛盾的各方既互相排斥，又互相依存。这是大自然和人类社会中普遍存在的常态，独自占优是特例和偶然，因而普遍联系与合作才是支撑宇宙运行的根本法则。政府和市场也是如此，为了体育产业结构的优化，政府必须发挥重要作用，但是政府不要过度干预，一个什么都包办的政府和一个什么都不管的政府同样都是不好的，两者必须达到一种平衡。[①] 在体育产业结构优化升级过程中，我们要充分发挥政府和市场的作用，以市场作为基础性调节，以政府作为宏观管理的手段，就能够更加有效地推动体育产业结构优化升级。

一、市场行为与政府行为的耦合

鉴于以上分析，我们可以看出，在政府与市场间的选择并不是一种非此即彼的纯粹选择。正如美国著名经济学家斯蒂格利茨所说：“不要把市场和政府对峙起来，而应该是二者之间保持恰到好处的平衡。”政府与市场在体育产业结构优化中的互补不会自动实现的，而是要借助于政府力量实现，只有这样才能利用对方的力量克服自身存在的缺陷，只有两者耦合，才能产生最佳的经济效果（图 6-1）。在充分发挥市场激励约束机制和市场配置资源的基础性作用的同时，我们更要强调政府在某些领域的合理介入甚至强化。2006 年，《体育事业“十一五”规划》，也旗帜鲜明地指出：“明确政府在发展体育事业中的基本责任，强化政府的政策规划和公共服务职能，充分调动社会各界兴办体育事业的积极性”，“强化体育行政部门制定发展规划、加强宏观调控、完善规章制度、提供公共服务、维护行业秩序的职能”。

---

① 参见杜人淮：《论政府与市场关系及其作用的边界》，《现代经济探讨》2006 年 4 期。

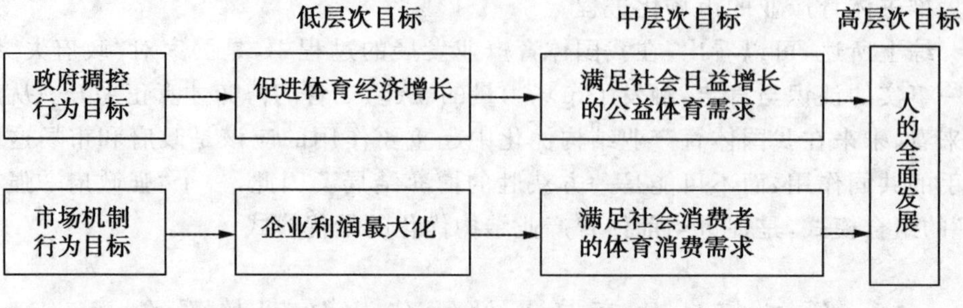

图 6-2　两大主体行为目标的耦合机制

完善体育产业结构演进升级的体制条件。首先应建立一个完善的市场运行机制,主要要求资源能充分得到流动,市场供求信号是真实和完备的。

(一)资源的充分流动

产业结构合理演化是通过社会资源的配置或再配置来完成的。市场协调方式的变换算子——价格机制要求社会资源能根据供求关系,不断地从资源配置紧缺的产业流向资源配置相对过剩的产业,任何制约或阻碍资源流动的制度,都将影响到社会资源的优化配置,从而影响到产业结构的演进过程。

(二)真实的市场供求信号

真实的市场供求信号,恰如给控制协调系统的控制器增加了制导装置,使其所决定的变换算子更符合现实。而当市场供求信号失真时,企业或产业部门依据其做出的资源决策将发生偏差。如在泡沫经济时期,"繁荣"造就了虚假的需求,而这一"需求"又引导企业投资。随着泡沫的破灭,企业的投资转换为过剩的生产能力,导致了社会资源的极大浪费。

同时,是完善的市场机制的建立有赖于一个有效的政府,有效的政府所制定规则应是公平和公正的,是不应受到政府自身利益影响的。政府应成为一个权威性的产业发展规划制定和协调控制的机构。这一"权威性"应靠规划本身的正确和科学性。

此外,产业部门、企业应有充分的自主地位,即应保证企业拥有完整的自主权,企业可根据自身的利益,在价格机制的引导下,决定投资的方向,给企业充分的投资自主权,也是保证产业结构演化升级的重要前提。①

二、市场既排斥政府,又需要政府规范

在市场经济条件下,体育产业经营的企业作为自主经营、自负盈亏、自我发

① 参见蒋昭侠:《产业结构演进机理与实证分析》,《经济管理》2004 年 13 期。

展、自我约束的独立的利益主体，按照其内在的市场逻辑运行，能够实现体育产业的快速发展，在本质上是排斥政府的。然而，霍奇逊认为："一个纯粹的市场体系是行不通的，必定渗透着国家的规章条例和干预，市场通过制度网发挥作用。"目前，我国市场机制还未发育成熟，许多应由市场解决的事情，体育市场还解决不了：

其一，体育市场存在违规经营问题，中体产业集团有限公司董事长魏纪中先生在接受体育博览记者采访时谈道："中国体育产业目前面临的最主要问题就是资源垄断"，从而导致恶意竞争，像各运动项目管理中心对联赛冠名权的销售等，给处于市场转型期的我国并不成熟的市场机制雪上加霜。

其二，某些体育产品的公共产品属性决定了体育市场既要讲经济效益，又要讲社会效益，不能以牺牲社会效益为代价单纯追求经济效益；也决定了市场机制在调节产品的供给和需求时并不完全有效，单纯依靠市场的调节是远远不够的。

其三，体育从诞生起便与科技联系在一起，在近几年来的竞争中，则尤为突出。"科技奥运"理念的提出与实施，也是顺应时代发展的潮流。科技在场馆建设、运动器材、训练方法等众多领域的决定性作用已取得共识。然而在市场经济中，企业虽是主体，但企业生产和经营的目的是追求利润最大化，而不会去承担那些耗资大、风险高、见效慢的重大科技问题研究。目前，中国体育企业的现状还不允许企业拿出钱、企业也不会拿出钱来攻关科技，这只能由政府埋单。可见，一只手不能包治百病，政府的调控成为市场的必要补充。

三、政府既干预市场，又需要放开市场

政府干预可以弥补市场失灵，促进体育产业结构的优化和升级。但政府过多、过细的干预会束缚体育产业经营者的手脚，阻碍体育市场的培育和发展。如果政府进行直接干预过多，将产生政府失灵的问题。在我国，由于政府性的惯性，仍存在将政府干预扩大化，甚至将政策干预演变为行政垄断和地方保护，从而损害市场配置效率的现象。

诸如我国的职业联赛，2004 年中超联赛的罢赛，就是因为产权收益分配不均所引发。项目运动协会作为联赛所有权代表的委托人取得固定收益并且不承担经营不善的风险，相关俱乐部和赛区作为联赛劳动者却承担经营风险，这不符合市场经济的规则，违背了"谁投资、谁受益"的市场规律，制约了我国职业联赛的开展。

政府的盲目过度干涉，会扭曲市场机制、盲目重复建设和发展的不可持续性等问题。政府在投资建设体育场馆，有时因为信息不充分就会不可避免地对发展态势做出错误的判断，出现了体育场馆绝对数量不足却又相对闲置浪费的局面。

再者，我国体育产业的税收，以保龄球市场为例，20%的税收不仅没有起到应有的调节和引导作用，反而直接影响了该行业的发展。可见，政府失灵的现实使得政府必须做出经验总结，在这些方面要激活市场，诉求市场活力来推动体育产业的有序竞争和结构优化。

有效的政府和较为完善的市场机制是体育产业发展中"两只手"的博弈。政府作为"看得见的手"对体育产业的发展施加影响，而市场作为"看不见的手"通过体育产品和生产要素的交易活动完善市场机制，形成一种动态平衡的关系，最终达到和谐平衡的价值取向。

第四节　体育产业结构优化的对策建议

对中国体育经济而言，加快体育产业结构优化升级的步伐，应对体育产业核心资源进行整合，充分发挥产业带动效应和后发优势，走跨越式发展的道路。通过多方综合措施，全面实现体育产业结构优化升级。

一、廓清体育事业与体育产业的关系

《国民经济和社会发展第十二个五年规划纲要》第十篇第四十四章首次以"繁荣发展文化事业和文化产业"为题，提出："坚持一手抓公益性文化事业、一手抓经营性文化产业，始终把社会效益放在首位，实现经济效益和社会效益有机统一。"这明确了文化事业、文化产业的内涵及外延，对于繁荣文化事业、促进文化产业的协调发展指明了方向和发展路径。当前包括理论界的部分学者在内，尤其是一些体育部门的领导，混淆了体育产业与体育事业的概念。基于此，体育产业结构的优化，首先应该廓清二者的区别与联系，认清体育产业和体育事业在生产目的、服务对象、资本来源、机构性质、运营机制、调控方式等方面的差异，既不因发展体育产业而导致体育事业发展的庸俗化，也不因为发展体育事业而阻碍体育产业的市场化。体育产业的发展实践证明，体育不仅可以为国争光、为民服务，还能为国增利，因此，应该廓清体育事业和体育产业，充分认识发展体育产业在优化经济结构、引导居民消费、促进经济发展的重要作用。

二、审慎选择体育产业主导产业

主导产业是指在经济发展增长过程中起主要的、先导作用的产业部门，在一定的经济发展阶段，对产业结构和经济发展起着导向性和带动性作用，能够迅速和有效地吸收创新成果，对其他产业的发展有着广泛的影响，并具有广阔的市场

前景，能满足不断增长的市场需求并由此获得较高和持续发展的产业。[①] 体育产业结构系统是一个动态不断演变的系统，体育产业主导产业是体育产业系统内各组成部门之间协同作用的结果，体育产业主导产业与非主导产业交互作用和发展形成了有序的体育产业系统结构。产业结构的优化与升级主要是由支柱产业和主导产业的更替推动的，少数主导经济的产业部门是经济发展的主要推动力。主导产业对产业结构的影响，是通过其关联效应和扩散效应实现的。赫希曼在《经济发展战略》一书中提出产业结构的优化首先体现在体育主导产业的选择合理，且与其他产业相互促进、相互影响、相互依赖、相互制约，协调发展。主导产业的确定和变更与产业间的比较优势密切相关，并对经济增长起着决定性作用。

罗斯托在其著作《从起飞进入自我持续成长》和《经济成长的阶段：非共产党宣言》中提出了“起飞”和“主导部门”的概念，并分析了发展的阶段性特征和主导部门在起飞及阶段性经济成长中的重要作用、主导部门的特征等观点。罗斯托认为，不同的部门在不同的发展阶段，其外部效应是存在显著差别的。当某项技术被发明并被应用到生产中，由于这种新的技术会使劳动生产率大大提高，或者其产品大受欢迎，从而极大地提高了这个企业的收益率。采用这种新技术的部门和企业越来越多，于是以这种技术作为载体的产业部门迅速发展壮大，成为新的优势部门，最终在全社会处于主导地位，部门之间优势地位完成更迭，产业结构水平自然就提高了。罗斯托则认为，经济增长是一个部门化的过程，并把建立主导产业部门，使之发展为国民经济的主体作为经济起飞阶段的重要标志。

罗斯托认为，主导产业具有三个重要特征：第一，主导产业实质就是引入了新的生产函数（即熊彼特的所谓内部因素的“创新”，使“产业突破”）；第二，增长率明显快于整个经济增长率；第三，具有广泛地采取多种手段带动或启动其他产业增长的功能。这三个方面是一个有机整体，缺少其中一个，就不称其为主导产业。同时指出，主导产业的有序更替过程，实质上就是产业结构不断升级的过程。这在经济非平衡发展过程中的主导产业选择具有重要的意义。

筱元三代平针对日本的经济发展状态，在此基础上提出了适应日本主导产业选择的“筱元两基准理论”，即主导产业的选择要遵循“生产率上升基准”和“需求收入弹性基准”。随后日本的某些经济学家又增加了“过密环境基准”“丰富劳动内容基准”等，在日本产业政策中得以应用，对经济发展起到了重要的推动作用。中国学者周振华在此基础上，考虑中国经济发展特点，又提出了“增长后劲基准”“市场需求基准”“短缺替代弹性基准”和“瓶颈制约基准”。之后，其他学者

① 参见杨公朴、夏大慰：《产业经济学教程》，上海财经大学出版社2003年版。

又在此基础上提出了产业关联度基准、资源有效配置基准、经济利益比较基准，在一定程度上丰富了主导产业选择理论。美国经济学家赫尔曼利用外部经济学理论提出了“产业关联效应”理论，认为现代经济各部门间都存在前向、后向联系，并由这种联系形成一连串不均衡的连锁反应。在任何一个时期，各行业部门均存在相互作用的关系。

体育产业是一个由核心层、外围层及其他体育活动组成的有机整体，其中核心产业的发展是整个体育产业的火车头，带动相关产业与外围产业的发展。体育产业的主导产业应该具备以下特征：

1.具有较强的扩散效应。按照罗斯托的解释，扩散效应应有三种形式：回顾效应，能够拉动其他经体育经济活动的发展；前瞻效应，能够推动其他体育经济活动的发展；旁侧效应，能够影响其他产业的发展。

2.具有较强的结构转换效应。不同的经济发展阶段，对应着不同的主导产业群，在经济成长从低级向高级演变的过程中，主导产业也会一次相应的变化，从而推动产业结构的转换。

3.具有较强的技术进步效应。主导产业能够迅速吸收先进的科学技术成果，获得产业的扩展和提供更多的产出。

在制定体育产业政策时，通过政府选择引导、市场运作、科学规划，审慎选择体育产业主导产业，将竞赛表演业、健身娱乐业、体育培训业作为体育产业的主导产业，加大政策扶持力度，重点扶持，加速发展。体育产业结构进行优化，使竞赛表演业、健身娱乐业和体育培训业之间互为发展基础、相互依托，构成体育产业的核心主导产业。通过发展，这些产业可以起到对体育用品制造业、销售业、场馆设计、建设、保洁的拉动作用，进而发挥体育主导产业的回顾效应；可以起到对体育组织、场馆经营、体育中介、体育传媒、广告、彩票业的推动作用，进而发挥体育主导产业的前瞻效应；可以影响周边会展、餐饮、通信、旅游、房产等行业的发展，进而发挥体育主导产业的旁侧效应。扩大体育产业的关联效应，从而优化原有产业结构，促进体育经济增长。体育健身娱乐、体育竞赛表演、体育技能培训作为体育产业的主导产业，不仅具有较强的扩散效应，还会相互依托、相互促进，具有较强的结构转换效应。人们健身意识、健身观念增强，产生参与体育的需求，通过体育技能培训习得参与体育活动的技能，促进体育健身娱乐业的发展。对于体育运动的参与，促使个体产生了对于自己从事的运动项目高水平赛事的关注，进而促进了体育竞赛表演业的发展。同理，人们对于不同运动项目高水平赛事的关注，催生了个体参与该运动的诉求。该项运动项目的技能学习变成为了参与该项运动的前提，从而进而推动了体育技能培训业、体育健身娱乐业的发展(图 6-3)。

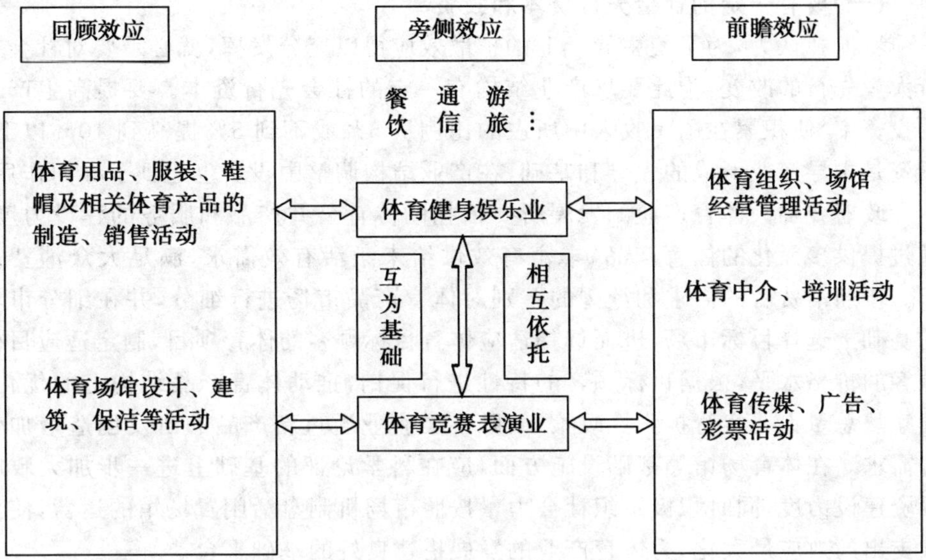

图 6-3 体育产业主导产业的扩散效应

体育健身娱乐业、竞赛表演业和体育技能培训业作为体育产业的核心“引擎”产业，具有拉动体育产业行业关联链式反应的龙头作用。

该行业发展会强有力地刺激中间需求扩张，如大型赛事的组织和举办，还能够极大地推进城市基础设施建设，扩展城市的整体功能，带动体育传媒业、体育经纪业、体育无形资产的开发和发展，并能有效地影响和强化人们的体育价值观念，促进体育传媒、体育经纪等行业的发展，使产业间的关联效应放大，从而优化原有产业结构，促进体育经济增长。

三、夯实体育主导产业运行基础

罗斯托认为，主导产业战略的成功，不仅取决于主导产业的正确选择，同时也取决于政策的实施与运行过程。主导产业的运行，需要一些必备的基础条件。[①] 对于体育产业而言，要想体育竞赛表演业、健身娱乐业、体育培训业作为体育产业的主导产业能够真正发挥“引擎”作用，实现对其他产业的扩散效应，从而达到优化体育产业结构，促进体育经济的增长的目的，也必须完善其运行基础，需要一系列的配套措施来促进体育产业主导产业的形成和发展。

① 参见[美]W. W. 罗斯托著，贺力平译：《从起飞进入持续增长的经济学》，四川人民出版社 1988 年版，第 32 页。

(一)要有一定的社会先行资本和投资率

罗斯托认为,为了使主导产业的扩散效应得以充分发挥,就必须要对社会进行大量先行的改变,为此要求产业结构有一定的社会先行资本。要提高生产性的投资率,使积累在国民收入中所占的比例从5%或不到5%提高到10%以上。投资是主导产业形成的先导和基础,在产业结构调整中投资也起到了导向作用。

政府要加大体育产业的发展所要依托的体育公共产品和服务的建设力度,通过提供多元化的体育产品,丰富有效供给来激活有效需求,满足大众消费需求。按照消费者的需求和欲望的差别对体育产品市场进行细分,并在细分市场的基础上选择目标市场,进而选择适应体育目标顾客的体育项目,制定适应目标顾客的价格水平,根据目标顾客的特性进行促销,推动体育产品结构上的优化。国家从总量上要实行扩张性政策,鼓励各类企业通过新产品的研发创造增加体育需求。在体育场馆等基础设施方面,应在科学论证的基础上进一步加大政府投资建设力度,同时积极组织社会力量按照市场机制盘活闲置场馆的运营,使公共支出的效应最大化,为体育产业的发展搭建良好的基础平台。

(二)要有相对充足的市场需求

充足的市场需求是主导产业顺利地成长和发展的基础。因此,体育产业结构的优化,要从扩大体育消费入手,要把扩大体育消费作为拉动体育经济增长的动力。应大力调整体育发展战略,协调竞技运动与群众体育的关系,给群众体育以更多的资金支持和政策扶持,积极引导健康的体育生活方式;大力发展适合群众消费水平的准经营性体育项目,包括公共场地、企事业单位、学校体育设施向社会有偿开放,建设各种低成本的健身俱乐部、体育指导中心、社区体育指导站等。

第一,开发各类体育市场,要在识别潜在消费需要的基础上,通过培育、引导、造势等手段,注重开发以下各相关的体育健身娱乐市场:一是中老年的“银发健身市场”,如气功养身、康复咨询、运动处方等保健型、康复型体育健身娱乐产品。二是日益受到男女青壮年青睐的“青春美容健身娱乐市场”,如以减肥、健美、形体训练为主要内容的参与型体育健身娱乐产品。三是满足现代都市居民回归大自然、欢度闲暇迫切愿望的趣味性、休闲性较强的娱乐性体育健身娱乐市场。四是为高收入阶层人士休闲、健身、娱乐、公关及商务活动提供服务的“多功能高档体育健身娱乐市场”,如高尔夫、网球、保龄球俱乐部等等。五是青少年群体需求旺盛的体育培训市场,如羽毛球、游泳、轮滑、击剑、跆拳道等项目。六是各类竞赛表演市场,进一步挖掘赛事经济、“球迷经济”,将潜在消费者满足需要的愿望引向某种特定的体育产品,形成对该种体育产品的需求。

第二,适应各类体育市场,要求业界内人士将总体市场按照消费者的需求和欲望的差别进行细分,并在细分市场的基础上选择目标市场,进而选择适应体育目标顾客的体育项目，制定适应目标顾客的价格水平，根据目标顾客的特性进行促销。

第三，要重视引导居民消费观念的转变，正确引导人们的经济预期，提高边际消费倾向通过深化改革，减少未来的不确定性，规避风险，鼓励边际消费倾向的提高，就能进一步扩大即期消费。体育消费基本不属于千元级消费，更不是万元级消费，关键要引导居民体育消费意愿。要在引导居民"花钱买健康"的基础上，确立一个新主题，倡导四个新观念，即以"体育，让生活更美好"为主题，倡导健身就是素质、健身就是品位、健身就是发展机会、健身就是生活质量的新观念，树立体育消费健康、快乐、时尚的新形象。引导居民体育消费观念，激发居民体育消费意识。通过扩大最终消费需求，带动中间需求，有效促进体育主导产业的发展。

（三）要有相应的创新策略

罗斯托强调，必须有最低限度的一群企业家的出现……这些企业家的根本特点在于他们乐于并有能力采取新的生产函数。① 温家宝总理在《政府工作报告》中也指出了，要加快产业结构的优化升级，重点是依靠科技进步，围绕提高自主创新能力，推动结构调整。② 技术进步作为推动体育产业结构优化升级的主要推动力，可以为克服产业结构性矛盾提供有力的技术保障，促进体育产业结构向合理化、高度化方向发展。目前，需要进一步增加研究开发投入总量，改善研发支出结构，提高研发资金的使用效率。我们要制定明确的扶持政策，推进品牌战略的实施，鼓励和引导大型体育企业增加研发投入，开展技术创新、产品创新和营销手段创新，提高中国体育用品业的自主创新能力，积极推动我国大量从事简单加工装配的企业努力向施振荣所说的"微笑曲线"的上下游延伸。尽量拉长价值链，开发研发设计产品、品牌销售、供应链管理、售后服务等业务，以提高产品的附加价值和盈利水平。加强体育用品标准体系建设，推进产品质量监管和认证工作，提高国际市场竞争力，打造体育用品世界品牌。同时加大人才培养。体育产业人力资本的存量尤其是质量的多少，将决定我国体育产业的发展，应重视体育产业经营管理人才的培养，培养适应我国体育产业化发展需要的主要从事体育市场经营管理工作的高层次专门人才。

（四）要进行配套制度改革

如前所述，中国体育产业结构的形成，很大程度上是受到了我国经济体制的影响。要真正做到经济增长方式的转变，产业结构的优化，最重要的是要建立一

---

① 参见[美]W. W. 罗斯托著，贺力平译：《从起飞进入持续增长的经济学》，四川人民出版社 1988 年版，第 43 页。

② 参见江小涓：《产业结构优化升级：新阶段和新任务》，《财贸经济》2005 年 4 期。

个能够有效支持这种转变的制度基础。这已成为实现产业结构优化升级的关键因素，也是发展中国家能否实现后发优势的先决条件。这必然要求我们加快完善社会主义市场经济体制，尤其要加快政府职能转变，建立有限和有效政府。结构能否优化，最终取决于政府方面能否取得成功。[①] 从宏观入手，进一步发挥市场在体育资源配置中的主导作用，转变政府对体育产业的管理方式，改进宏观调控手段，减少体育行政部门对具体产业开发和市场经营活动的直接干预，防止和消除对体育市场资源的限制和垄断。政府要进一步强化体育产业发展战略规划，制定引导和鼓励体育产业发展的政策法规，促进体育产业的培育和发展，必须担负起推动体育产业引入竞争机制、激励机制和成本意识，重点培育和提升健身休闲服务业、竞赛表演业等核心产业，发挥其延伸和拉动作用，带动相关产业发展。同时通过发展体育培训、体育中介、体育用品和体育建筑等关联产业，建立以需求为导向、以市场为龙头、以效益为主线的产业分布结构，形成门类齐全、布局合理的发展格局。这就要求政府要着力建立市场支撑体系，既要建立市场经济要求的各种相应的管理和交易规则，推动体育产业体制改革试点，按照政企分开、政事分开、企业与事业分开、营利性与非营利性分开的原则，加快适宜市场运作的体育领域的产业化进程，完善体育产业结构。

熊比特认为，技术变革是经济进步的重要动力。而道格拉斯·诺斯则认为，制度变革是经济快速发展的动力，实质上技术变革只有在制度变革的前提下才能突飞猛进。[②] 体育产业结构的偏差与其自身的特殊发展规律有关，同时也与我国的产业政策有关。要减少这种偏差，就必须有相应的产业政策来支撑。筱元三代平结合李斯特的“幼小产业保护论”和李嘉图的“比较成本说”，创造性地提出了产业发展的“动态比较成本说”，认为一国中具有潜力的幼小产业经过保护，可以成长为具有国际竞争力的支柱产业，并从理论上论证了后进国的幼小产业，可以通过国家政策的扶持而得到发展，以加快产业结构优化升级。典型的例子就是日本的汽车制造业，在国家扶植幼小产业政策保护下，经过短短二十几年的发展，使日本一跃成为汽车第一出口大国，并带动了一系列相关产业的发展。

体育产业作为新兴幼稚性的朝阳产业，在我国市场经济体制还不健全、国际市场竞争激烈的情况下，发展中面临着很多问题。体育产业的发展及结构优化更加需要政府的保护和扶持，但又需减少对体育产业发展不必要的行政干预。对于体育产业主导产业的发展给予政策和资金的支持，对需要优先发展或重点发展的领域提供一些政策和税收优惠；加大科技投入力度，提高科技成果的适应性。北京

---

① 参见吴敬琏：《中国模式抉择》，上海远东出版社 2005 年版，第 145 页。

② 参见魏国江：《价值链分工与我国产业结构优化研究》，福建师范大学博士学位论文，2008 年。

奥运的成功举办，充分体现了“科技奥运”的理念，仍需进一步完善技术创新体系，培育自主知识产权核心技术和自主品牌，着力提升体育产业自主发展的能力；加强对体育产品尤其是体育无形资产的规范和引导，以实现体育产业结构的调整。

四、统筹优化区域体育产业结构

(一)区域经济发展的相关理论

学术界关于区域经济发展理论，主要包括均衡发展理论、非均衡发展理论和非均衡协调发展理论。客观评述不同区域经济发展理论，是正确制定我国区域体育产业结构优化政策的前提。

第一，均衡发展理论。纳克斯、罗森斯坦-罗丹等提出了“平衡增长理论”。该理论主张各地区、各产业应基本保持同步发展，通过平衡部署生产力，实现区域经济的平衡发展。该理论认为，发展中国家如果投资不足就会陷入贫穷滋生贫穷的恶性循环，只有对社会各个部门同时进行大量投资，才能跃出恶性循环的怪圈，为此国家要不惜对国内国外举债来实现各部门的平衡增长。[①] 均衡发展理论注重于促进社会公平、缩小地区间的发展差距和维护社会稳定，在经济发展到一定阶段的时候有利于区域和产业协调发展。该理论的优势在于注重社会公平、缩小地区间发展差距和维护社会稳定。但其局限性也较明显：第一，不发达地区通常不具备平衡发展的条件。第二，注重地区间公平和产业平衡，忽视了效率。

依据均衡发展理论，体育产业的区域发展应该在政府部门的直接干预下，使各地区的体育产业的发展应平行推行，力求缩小各地区间的差异，实现各地区间体育产业的均衡发展。但该理论不适用于我国体育产业的发展，首先由于中国的大国特征，不同地区的体育产业部门实现齐头并进的平衡增长模式，对中国这种大国经济而言，无疑是不切合实际的。其次，该理论并不能实现体育经济的均衡发展，新中国成立后一直到 1978 年改革开放前夕，我国区域经济大发展战略都以均衡发展为主线。实践也证明了，这种战略进一步扩大了东部与内地的经济差异。[②]

第二，非均衡发展理论。赫希曼、金德尔伯格、罗斯托、佩鲁等人则认为：发展中国家资金紧张，无法实现全部部门齐头并进发展，因此提出了区域经济发展的非均衡增长理论，即国家要实现经济增长，就要将资金主要投在产业关联系数大的部门，通过产业关联效应实现个别主要的经济部门对其他经济部门的带动

---

① 参见张敦富、覃成林：《中国区域经济差异与协调发展》，中国轻工业出版社 2001 年版，第 125 页。

② 参见孙霞：《产业集群与区域经济非均衡协调发展》，华中科技大学博士学位论文，2009 年。

作用，使经济增长呈现出各部门以不同速度发展的序列型增长。这个过程的关键在于选择有发展潜力的城市或中心城市为突破口，密集投资，使之具有迅速增长与扩散能力，并通过极化效应和扩散效应的交替作用来促进区域的经济增长。该理论认为，经济空间并不是均衡的，增长不是在所有部门同步进行，而是以强度的不同首先在一些部门快速增长，并形成极化的过程，然后通过不同渠道向外扩散，由此对整个经济产生不同的终极影响。增长极理论主张政府干预，集中投资，重点建设，适用范围较广。增长极的极化效应主要表现为资金、人才、技术等生产要素向极点聚集；扩散效应主要表现为生产要素向外围转移。该理论的优势是发展重点明确，序列性强，在较短的时间内能实现某一区域的快速增长，同时对其他地区形成拉动作用，着重解决效率问题。其局限性主要表现在：增长极的培育和成长需要过程，在起始阶段，极化效应很强，周边地区生产要素流向增长极，影响周边地区发展。

依据非均衡发展理论，体育产业的区域发展是按一定的顺序、集中力量首先发展一部分地区，以带动其他地区的发展。十一届三中全会后，我国进入了非均衡战略指导时期，极大地提高了东部地区的发展水平，增强了经济实力。但是对经济增长的结果进行研究却发现，这一政策并没有达到预期的带动周边落后地区特别是中西部地区的经济和社会发展的目的。胡鞍钢(2007)等曾经对这一时期各省市人类发展指数进行了分析，从而得出了中国地区发展中的“一个国家，四个世界”的结论。经济发展过程中的扩散效应的作用明显小于回波效应，市场经济的力量似乎是加大了发达地区与落后地区间的差距而不是缩小它。①

第三，非均衡协调发展理论。20 世纪 90 年代初期，作为一种新的战略思想和概念，区域经济协调发展被正式提出。非均衡协调发展是指各区域之间在经济交往关系上日益密切、相互依赖的程度日益加深，发展上更多地呈现一种关联互动的状态，从而使得各区域经济能持续发展的过程。②

非均衡协调发展理论，不是对均衡发展理论和非均衡发展理论的根本否定，而是集中了均衡发展理论和非均衡发展理论的优势，对于现阶段优化我国不同区域体育产业结构具有较强的指导意义。该理论认为，不同区域体育产业发展的关系是相互依存的，在保证体育产业在各区域都能得到发展的前提下共同发展，实现整体繁荣；保证非均衡发展的过程中不断促进协调发展，在实现动态协调发展的过程中继续推进非均衡发展。

① 参见孙霞：《产业集群与区域经济非均衡协调发展》，华中科技大学博士学位论文，2009 年。

② 参见张敦富，覃成林：《中国区域经济差异与协调发展》，中国轻工业出版社 2001 年版，第 46～116、125 页。

(二)区域体育产业结构优化

非均衡协调发展理论力图体现“公平的市场竞争,公平的发展机会,公平的享有发展成果”这样一种全新的区域发展观,它可以说是区域经济发展理论的一种创新,将为制定区域体育经济发展政策奠定科学的理论基础。① 根据非均衡协调发展理论,在优化、调整我国体育产业区域结构时,应该注意以下几点:

第一,充分发挥“两只手”的作用,把市场调节机制和政府调控结合起来。体育产业结构的优化是建立各行为主体的独立的、博弈的行为基础上的经济范畴,区域产业结构的优化同样要求充分发挥“两只手”的作用,把市场调节机制和政府宏观调控有效结合起来。在自觉利用价值规律的基础上,制定和完善相应的产业政策和措施,使我国不同区域体育产业结构朝着协调、优化的方向发展。

第二,建立和健全统一开放竞争有序的区域市场体系。中国现存极不合理的区域差距和城乡差距,很大程度上是由各种分割统一市场、抑制要素自由流动的体制障碍造成的。因此,要继续解放思想,深化体制改革,制定切实有效的区域发展政策,进一步打破区域间的分割状态,消除地区壁垒,通过完善全国大市场的调节机制,使生产要素根据市场信号,并遵循效率最大化原则,在不同区域间的自由流动和有效配置,加快整体布局的战略性调整。只有这样,各地区才能从全国统一市场获得更大的规模收益,以提高区域发展的协调性。

第三,充分利用不同区域各自的特点和优势,最大限度地发挥区域间互补的整体优势和综合比较优势。我国是一个发展中大国,地域辽阔,不仅地理和自然条件差异很大,而且经济基础和体育发展水平也各有不同。这就要求我们要立足实际,制定合理的区域体育产业结构调整规划,既要充分发挥不同区域的比较优势,又要努力创造竞争优势。根据不同区域各自的特点和资源聚集优势,充分发掘民族体育特点和中西部资源禀赋优势及其他资源优势,选择适合体育优势产业作为首先发展的产业部门,并带动其他体育产业的发展,打造体育产业的特有品牌,形成优势互补、各具特色优势的区域体育经济,增强市场竞争实力。以西部体育旅游业为发展亮点,因地制宜,依托优势,适度规模的推进体育产业的发展。扶持中西部地区体育产业基地建设,并充分利用中西部地区现有的体育资源,合理规划产业布局,形成竞争合力,促进体育产业的健康发展,逐步缩小不同区域间的差异,促进我国体育产业的协调发展。

---

① 参见茶洪旺:《区域经济发展的第三种理论:非均衡协调发展》,《学术月刊》2008年10期。

本章小结

本章首先对优化体育产业结构的政府行为与市场行为进行了博弈分析，认为在我国体育产业发展的过程中，是国家对"政府失灵"这一事实的认识与肯定，触发了市场力量的崛起，二者的博弈才真正展开。从趋势来看，未来在我国体育产业结构优化中起重要作用的应该是政府和市场这两只手的共同作用，而不可能是一方获胜的博弈结局。因此，一个"强政府—强市场"的组合模式，是促进当前体育产业结构优化的最优模式。政府作为"看得见的手"对体育产业的发展施加影响，而市场作为"看不见的手"通过体育产品和生产要素的交易活动完善市场机制，只有两者的耦合才能产生最佳的经济效果，形成一种动态平衡的关系，才能最终达到和谐平衡的价值取向。

借助罗斯托的主导产业理论，分析了我国体育结构优化是体育产业主导产业与非主导产业发展更替推动的，认为我国体育产业结构的优化应围绕体育健身娱乐业与体育竞赛表演业两条产业链并行展开，并且提出：要从有一定的社会先行资本和投资率、要有相对充足的市场需求、要有相应的创新策略和要进行配套制度改革四个方面加强完善体育产业主导产业的运行基础。

在综合比较分析来了均衡发展理论、非均衡发展理论和非均衡协调发展理论三种区域经济发展理论的优势、劣势和适用条件后，认为非均衡协调发展理论更适合作为我们制定区域体育经济发展政策的理论基础。提出在制定区域体育产业结构调整政策时，应注意：充分发挥"两只手"的作用，把市场调节机制和政府行为结合起来；建立和健全统一开放竞争有序的区域市场体系；充分利用不同区域各自的特点和优势，最大限度地发挥区域间互补的整体优势和综合比较优势。

第七章　优化体育产业结构的政策分析

在经济思想的演进历史中，始终存在着自由放任主义和国家干预主意两种思潮。在实际中，正如萨缪尔森所证实：即使是资本主义的市场经济，也没有达到过完全放任自由的境地。产业政策的兴起和存续是弥补市场缺陷、保护有效产业、完善资源配置的需要。

第一节　政府行为调整产业机构的理论基础

——体育产业政策构建的基石

一、弥补市场失灵——需要产业政策的有效矫正

现代西方经济学诞生以来，自由与保护之争就成为不同经济流派之间永恒的争论话题，而产业政策就成为政府为实现一定的政策目标而用来干预国家经济的重要手段。斯蒂格里茨批评了新自由主义对于完全市场机制的假设，他指出：新自由主义认为市场是完全的，然而在多数发展中国家，却存在市场失灵与不完全。既然市场自身不能满足发展的需要，就必须寻求政府通过一些合理处理政府与市场关系的促进发展的政策来实施干预。莱尔承认：市场力量是强大的，但它也并不是完全的，用于保证市场更有效运作的制度常常是弱的，甚至是缺失的，因此必须利用政府来提升市场产出。诺贝尔经济学奖得主斯蒂格利茨在《政府为什么干预经济：政府在市场经济中的角色》一书中分析了政府宏观调控的优势：第一，政府是对全体成员具有普遍性的组织；第二，政府拥有其他经济组织所不具备的强制力，没有政府干预，就不可能实现有效的市场配置。政府作为社会经济运行的宏观调控者，通过国家计划来实现体育产品和资源供给和需求的平衡。政府作为“看得见的手”通过经济杠杆、产业政策对经济活动进行干预，对体育产业的发展施加影响，实现资源配置。这一优化过程是政府根据现有产业结构状况和对产业结构变动的预测，从经济发展的总目标出发，通过纵向等

级层次向经济主体发出计划指令，以调整部门间的供求格局。①

市场机制完善的发达国家的现实经济中，由于市场存在信息性失灵、垄断性失灵、外部性失灵、公共性失灵等"市场失灵"问题，尚需政府行为对资源进行配置。我国是直接从封建农耕经济改造建立起社会主义高度集中的计划经济，再转变为建立社会主义市场经济体制的。在这种特殊的转型下，我国的市场机制还不完善。纵观我国体育产业市场化、产业化的运作历程，尽管取得了世人瞩目的成绩，但产业组织间发展的不协调也显现出来。正是因为市场机制的不完善，使得市场许多应有的功能发挥不出来，造成更大范围和更高程度的市场失灵。②政府可以通过制定和执行体育产业组织政策和结构政策，来减少垄断的危害，促进有效竞争的形成，增加体育公共产品的供给，优化体育产业结构。

二、保护幼小产业——需要产业政策的扶持发展

被誉为"幼小产业理论之父"的德国的经济学家李斯特在《政治经济学的国民体系》一书中明确提出：各国在经济发展的不同时期应当实行不同的关税保护和产业扶持政策，处于工业化后进序列的国家，由于技术水平相对落后、生产效率相对较低、未能形成规模经济等原因，在与其他国家同类产业进行的竞争中处于不利地位，需要政府对相关产业采取贸易保护政策和其他经济政策进行大力扶植，通过国家产业政策的保护和培育，发展新的优势产业。李斯特的保护幼小产业学说认为，应适当采取措施来保护本国具有发展潜力但还比较幼小的产业，以期培植优势产业，使其具备与国外竞争者相抗衡的能力，在其尽快成长起来以后再参与国际公平竞争。李斯特的这一思想是产业政策理论的核心，对以后几乎所有后起国家制定产业政策都产生了深刻影响，至今仍然是许多国家制定产业政策的基本出发点。在绝大多数国家的产业政策中，保护和扶持幼小产业占据着十分重要的地位，并成为后起国家产业结构选择和转换中的中重要理论依据。

我国体育产业20世纪80年代开始起步，经过三十多年的发展，中国体育产业不断壮大，成为中国经济新的增长点。但从总体上看，中国体育产业仍然处在发展的初期，与发达国家的体育产业相比差距甚大，属于典型的"幼小产业"。表现在：体育体制改革滞后，产业总体规模小，产业结构不合理，管理水平不高，市场发育迟缓，科技含量低，国际竞争力弱。国务院办公厅出台《关于加快发展体育产业的指导意见》中提出：各省市制定并出台的《体育产业发展引导资金》用于

① 参见周振华：《产业结构优化论》，上海人民出版社2014年版，第170页。

② 参见刘远祥，孙冰川：《优化我国体育产业结构的政府行为分析》，《成都体育学院学报》2008年4期。

引导资金集中用于扶持符合政府重点支持方向的体育产品、服务、项目和企业，培育具有影响力的体育品牌。

三、主导产业选择——需要政府把握选择

主导产业的选择、培育是实施产业政策的一大战略目标。主导产业往往被誉为经济发展的起爆剂和驱动轮，由此受到经济学家的青睐。经济增长的过程是产业机构不断优化升级的过程，更是主导产业不断更迭变化的过程。而引导主导产业更替，结构调整的主信号仍是政府行为。政府引导可以根据产业结构的演进规律预见性的实现事先调节，避免不必要的资源限制和浪费。通过制定和实施体育产业结构政策，政府可以有效地支持未来主导产业和支柱产业的发展，从而实现体育产业结构的合理化和高度化，实现产业资源的优化配置。

体育产业政策必须根据体育产业内部发展不平衡，主导产业扩散效应不强，支柱产业的支撑作用不突出，瓶颈产业依旧制约体育产业发展的实际情况，通过对体育产业各部门的发展序列的安排和结构政策的制定与实施，使体育产业结构趋于合理化和高级化，促进体育产业发展。

四、赶超理论——需要政府承担更多责任

赶超理论，又称"后发优势论"。该理论认为，一个国家的某些产业某一产业在非常弱小的情况下要想获得超常规发展、赶上发达国家，仅靠市场的"自然力"是不可能的，市场遵循的是强者愈强、弱者愈弱的马太效应。后发展国家可以从发达国家直接取得现成的经济技术，学习发达国家的先进经验，汲取发达国家的经验教训，通过制定产业发展的扶持政策和确定优先发展的产业，在短时期内赶超发达国家。它源于经济学家筱原三代平 1957 年在一篇论文《产业结构和投资配置》中提出的"动态比较费用说"。筱原对产业政策必要性的理论解释是，日本经济在当时之所以落后于欧美发达国家，问题在于产业结构的后进性。在当时，日本具有比较优势的产业，其市场和技术进步的前景都不乐观，且依托这些产业又无法使日本经济赶上欧美发达国家。而且，完全依托市场机制，不可能改变自己的比较优势。因此，需要依托产业政策的力量，使本国的比较优势得以改变，也就是实现所谓"产业结构的高度化"，以便使日本的产业结构趋近于欧美发达国家的产业结构。[①] 我国学者周叔莲将产业政策界定为："当一国产业处于比其他国家产业落后状态或者可能落后于其他国家时，为加强本国产业所采取的各种政策。"日本经济学家并木信义认为，产业政策就是当一国的产业处于比其他

① 参见杨治：《产业政策与结构优化》，新华出版社 1999 年版。

国家落后的状态，或者有可能落后于其他国家时，为了加强本国产业所采取的各种政策。该学说强调产业政策是政府在市场机制基础上更有效地实施“赶超战略”的需要，揭示了“为什么后发国家在实现赶超目标的过程中比发达国家更多地运用产业政策”的奥秘。

发展中国家所面临的发达的外在参照系和贫弱的内在现实，客观地规定了其经济发展具有明显的赶超性质。要想与世界同轨，与世界发展的步调一致，我们的经济发展必须要有“赶超性”。

我国体育产业被誉为朝阳、幼稚产业，是当前我国产业结构调整中要大力发展的行业，是新世纪我国国民经济新的增长点，因此，也是充满希望的弱势产业、幼稚产业，面临着行业起飞所共有的资本注入不足、人才储备不足、经营理念落后、经营方式陈旧等方面的问题。要想超常规发展，与世界接轨，当务之急，则需要政府出台扶持政策，借助政府的强制力量来保护和促进其发展，以提高中国体育产业的国际竞争力。

第二节　体育产业政策运行机制

体育产业政策运行机制是完成整个体育产业政策生命过程的载体，是一个在组织和领导体制的基础上，通过权力的合理划分和有效配置来实现政策的制定、执行、评价和控制的有机整体。以上各环节中，体育产业政策的制定是整个过程的枢纽，体育产业政策的执行是政策目标实现的根本保障，体育产业政策的绩效评价是政策效果检验的基本途径，体育产业政策的控制是完善体育产业政策体系的必要环节。

一、政策制定——体育产业政策运行过程的枢纽

体育产业政策的制定在整个政策过程中居于枢纽的地位，唯有事前进行良好的政策规划与设计，得到一个可以为社会所接受的可行性方案，政策过程才能进展顺利，政策运行才能确保成功。

体育产业政策的制定是政策运行过程的首要环节，也是政策成败的基础。政策制定是政策决策者根据面临的问题，提出解决方案，并使其转化为政策规范的过程。体育产业政策的制定必须遵循科学的程序和运用科学的方法，以保证政策的科学性和合理性。因而合理的体育产业政策制定机制是产业政策实施中的关键环节，而产业政策的合理性，主要取决于产业政策合理性标准的准确界定和科学化的产业政策制定程序。

(一)制定主体

早在1989年3月15日,国务院颁布的《国务院关于当前产业政策要点的决定》中就确定了"产业政策制定权在国务院","各部门和各省、各自治区、直辖市及计划单列省辖市人民政府,应根据国家产业政策,结合本部门、本地区的特点,拟定实施办法,并报国务院备案"。

产业政策法规,按照法规效力层次由高到低,划分为法律法规(包括规定、规程、标准)、条例、政策(包括计划、规划、纲要、方案、程序)、意见(包括报告、决定)、办法(包括通知)五个层次,其法规效力呈现出递减状态。梳理现有相关产业政策及体育产业政策的文本(不完全统计),按照法规效力层及统计了产业政策的颁布单位表7-1。

表7-1 体育产业政策法规及颁布单位统计表

类别	颁布单位						
	中共中央、国务院	办公厅	发改委(含原计委)	体育总局(含原体委)	统计局	地方政府	省市体育局
法律	1			1	1		
条例	1						
政策	6			5	1		27
意见	6	1	1	4		18	9
办法	2	1	2	7	1		32

注:不完全统计

(二)制定程序的科学化

体育产业政策的制定需要基于大量的调查研究,采用科学的方法,在可行性分析、系统论证的基础上,遵循科学的程序制定,并且随着实践的发展而不断修改补充和完善。体育产业政策的制定是一个动态的行为过程。制定程序一般包括确定目标、规划方案、论证评价、政策合法化几个相互关联又相互区别的环节,其中确定政策目标是前提,规划方案是基础,论证评价是关键,合法化是保障。

第一,确定目标。在对问题进行识别基础上,确定产业政策的目标。确定政策目标,即是将来政策方案执行的指导方针,又是政策绩效考评的参照标准。

第二,规划方案。确定了政策目标后,接着进入分析研究并提出解决方案的阶段,这个阶段就是方案规划阶段。规划方案是用来解决政策问题、达成政策目标的手段、措施或办法。依据政策目标设计政策方案是解决政策问题的关键性步骤。问题识别是发现问题“是什么”，目标确定是为了确定“做什么”，方案规划就是解决“怎么做”的问题。

第三，论证评价。政策应该在可行性分析、系统论证的基础上，对政策方案进行价值评估，对将会产生的效果进行预测和分析，对风险的强弱程度、防范性措施的准备程度进行预测评估，来决定方案的取舍。

第四，政策合法化。在程序上，政策合法化是政策方案上升为法律或获得合法地位的过程。它由国家有关政权机关依据法定权限和程序所实施的一系列立法活动与审查活动所构成。合法化是政策获得了法律的保护，具有了约束、强制力和权威性，为政策的执行提供了条件。

（三）体育产业政策的科学性

党的十六大明确提出：“正确决策是各项工作成功的重要前提。要完善深入了解民情、充分反映民意、广泛集中民智、切实珍惜民力的决策机制，推进决策科学化、民主化”。美国政策科学家史密斯明确地将理想化的政策视为影响政策执行的首要因素，政策制定得科学与否是政策有效执行的重要前提，对政策的执行效果至关重要。

科学合理的体育产业政策，是在遵循市场机制的基础上，通过政府的宏观调控加以干预，执行体育产业结构政策时要借助行政手段、法律手段和财政手段等，要以健身娱乐业为主导产业，能够优化体育产业结构，带动体育产业结构的全面升级，从而促进体育产业发展。体育产业政策科学性的标准为以下几点：

第一，能够反映体育产业结构的演进趋势。科学合理的产业政策是能够正确反映产业结构变动趋势的产业政策，因此，能否正确反映产业结构的变动趋势，是判断体育产业政策是否合理的第一个也是最基本的标准。

第二，能够发挥体育产业主导产业的扩散效应。经济增长是产业结构优化升级的过程，产业结构的优化与升级主要是由支柱产业和主导产业的更替推动的，少数主导经济的产业部门是经济发展的主要推动力。主导产业对经济发展的影响，是通过其关联效应和扩散效应来实现的。

体育产业结构系统是一个动态不断演变的系统，体育产业主导产业是体育产业系统内各组成部门之间协同作用的结果，体育产业主导产业与非主导产业交互作用和发展形成了有序的体育产业系统结构。

体育产业主导产业应定位为在体育经济发展增长过程中起主要的、先导作用的产业部门，尤其是那些能够迅速和有效地吸收创新成果，对其他产业的发展有着广泛的影响，能满足不同群体不断增长的体育消费需求并由此获得较高和持续发展的产业。选定的体育产业主导产业应该能够充分发挥其前瞻、回顾和旁侧效应，进而带动体育产业的整体发展。

第三，能否根据外界环境变化适时进行调整。由于现代经济中的信息不完全和不确定性假定及外界环境的不断变化，尽管在制定体育产业政策之前，要对体育产业结构的变动趋势做出预测，而且这种预测也可能在一定程度上与实际趋势相吻合，但这并不排除产生偏差的可能性。[①] 因此，有必要在出现偏差时进行适时调整。能否根据体育产业结构变动的信息及内外环境的变化情况，适时进行必要的调整也是反映体育产业政策合理性的一个重要指标。

第四，政策执行的可行性。政策的执行是否具有现实的可能性，亦即是否具备能够切实地解决这一政策问题的条件。任何一项政策总是要付诸实施的，而要实施就必须得具备实施的现实的条件与可能，否则，因为其实施的条件缺乏，即使是再好的政策执行效果就也不可能令人满意，有时甚至会使政策目标完全落空。

第五，政策内容表述是否明晰。一项政策要能顺利执行，必须具体、明确、规范、严谨、可行。明晰性是政策有效执行的重要前提条件之一。作为人们行为的一种规范，政策必须明确、清晰，决不能模棱两可、含糊不清，否则就会因政策执行者对政策目标和内容的误解或曲解而造成政策执行的阻滞。

二、政策执行——体育产业政策目标实现的根本保障

政策执行是指政策方案经过合法化后，拟订执行细则，确定专职机构，配置必要资源，以适当的管理方法，采取必要的对应行动，使政策方案付诸实施，以达成预定目标的所有相关活动的动态过程。[②] 体育产业政策执行是将政策理想转化为政策现实、政策目标转换为政策效益的唯一途径。政策执行的有效性事关政策的成败，是政策生命中最重要的环节之一。政策执行是达成政策结果的手段之一，是将观念形态的政策目标转换为实际效果的一个动态过程。

史密斯是最早建构影响政策执行因素及其过程模型的学者，他在《政策执行过程》(1973)一文中提出了一个描述政策执行过程的模型。史密斯认为，理想化的政策、执行机构、目标群体、环境因素为政策执行过程中所牵涉的四个重大因素。美国学者艾利森认为，在达到政府政策目标的过程中，方案的功能只占10%，而其余的90%取决于有效的实施。[③] 体育产业政策执行是体育产业政策运行的关键环节，没有有效的政策执行，构思再完美、设计再精致的政策方案也只能是一纸空文。

---

① 参见韩小明：《产业政策的实施机制》，《教育与研究》2001年7期。

② 参见[美]查尔斯·E·林布隆著，朱国斌译：《政策制定过程》，华夏出版社1987年版。

③ 参见[美]陈树裕：《新编政策学概论》，中央党校出版社2005年版。

（一）执行主体

政策执行主体是负责贯彻落实政策的组织或人员，是将政策资源贯彻到政策对象中去的施行者、组织者和责任者。政策执行主体有以下几类：国家行政机关、事业单位、自治组织、公共企业、国家公务员。政策执行主体对政策目标的实现起着关键作用。

客观分析各省市制定的关于加快发展体育产业的实施意见，除了福建、上海、广西外，其余省市在实施意见中对政策执行主体的表述多以"各级政府""各相关单位""各有关部门""各地"或者"体育行政部门"一带而过，有的甚至对政策执行主体只字未提，影响体育产业政策的有效执行。

（二）执行手段

体育产业政策的执行手段是所有执行主体为实现体育产业政策目标而采取的方式、措施，政策执行手段的作用是不言而喻的。产业政策的目标能否实现、在多大程度上实现，全赖于有一套科学合理的政策手段和政策工具去执行。根据政策作用途径和特点的不同，产业政策手段可以分为三种：行政手段、法律手段和经济手段。

第一，行政手段。体育产业政策中的行政手段是指政府凭借政权力量，依靠从上到下的行政组织制定、颁布、运用政策、指令、计划的方法，贯彻产业政策措施，实现产业政策目标。其种类包括：行政命令手段、行政引导手段、行政信息手段、行政咨询服务手段。

行政手段具有权威性、强制性、垂直性、具体性、非经济利益性的特点。在产业政策实施过程中行政手段是不可少的，但其缺点也是明显的。行政性手段的缺陷之一是因国家五级行政架构设置，行政性手段强烈依赖地方政府的执行，加大了政策执行成本，过多地方行政干预，会带来一系列的弊端，使市场机制扭曲，严重影响市场机制运行，滋生地方保护主义，不利于资源优化配置和企业素质的提高，也容易使国家产业政策目标落空。

第二，法律手段。法律手段是指依靠国家法权力量，通过经济立法、司法和守法来调整产业中的经济关系，维护市场秩序，促进产业发展。政府通过法律部门司法权力的执行保证产业发展环境的优化、产业间和产业内部关系的协调，保证产业政策得以完整地贯彻实施。法律手段是国家扶持、促进体育产业发展、优化体育产业结构的重要途径。

法律是政策的最高形式，是政策的固定化和制度化。法律是一种具有普遍约束力的规范化调整手段，它与经济手段相比更具有权威性、普遍制约性。要指出的是，目前中国整个体育产业领域无一部专门、系统、权威的部门法律，只有一部《体育法》，这是不能满足体育产业发展需要的。

第三，经济手段经济手段是体育产业政策主体根据客观经济规律，运用价格、信贷、利率、税收、工资、奖罚等经济杠杆和方式，通过调整经济利益关系而落实产业政策的方法。[①]

近几年来，《体育产业发展引导资金办理办法》的制定出台，各级政府设立了转向引导，加大了对体育产业发展的财政投入，但存在以下突出问题：一是扶持力度还不够，"撒芝麻盐式"的每个项目给予 30 万～50 万元的资助，是杯水车薪；二是投入方式和投入结构不尽合理，多以直接资助的方式进行项目的支持，影响了发挥引导资金的撬动社会资金效应的发挥；三是在引导资金的扶持方向、扶持方式还有进一步完善。

（三）执行方式

产业政策执行方式，是通过税收、补贴、信贷等财政金融手段，间接影响生产者或消费者行为的方式。从政策传导方式可以区分为间接的和直接的两类，如行政手段的直接方式包括了：配额制、审批制、政府直接投资经营等方式；间接方式主要通过行政指导、信息服务、税收减免、融资支持、财政补贴等方式影响生产者或消费者行为。

（四）执行过程

体育产业政策执行是一个动态过程，它是政策执行者通过建立组织机构，运用各种政策资源、采取解释、宣传、实验、实施、协调与监控等各种行动，将政策观念形成的内容转化为实际效果，从而实现既定政策目标的活动过程。

三、绩效评价——体育产业政策效果检验的基本途径

体育产业政策绩效评价是在全面掌握信息的前提下，依据一定标准对某项产业政策效果、政策效益、政策效应进行度量、分析和评价。体育产业政策绩效评价是体育产业政策实施过程的必要环节和必然延伸，介于政策执行和政策调整之间的重要环节。政策实施活动是否有效、实施的结果是否实现了预期目标、有哪些经验、教训，这些问题的回答和解决，有赖于认真而全面的检查和考评。

在政策执行完毕以后，需要对政策方案及其执行绩效进行科学、客观、系统、全面的评价。只有通过政策绩效评价，人们才能对产业政策过程进行全面的考察和分析，总结得失与教训，为以后的政策制定与执行提供良好的基础。

（一）体育产业政策绩效评价的意义

对政策做出实事求是的评价，对于科学地总结和分析政策实践中的经验教训，是政策运行机制完善化和科学化的根本途径，对有效地发挥政策的功能与作

① 参见杨吉华：《文化产业政策研究》，中共中央党校博士论文，2007 年。

用，具有十分重要的意义。

第一，体育产业政策绩效评价是宏观、公正评价体育产业政策效果的基本途径。

第二，体育产业政策绩效评价是及时纠正产业政策偏差、合理调整产业政策目标和手段的前提。

第三，体育产业政策绩效评价是产业政策走向决策民主化和科学化的必由之路。

（二）体育产业结构绩效评价的指标

产业政策的绩效是产业政策合理性与产业政策执行方式有效性的综合表现，因此，评价产业政策的绩效，实际上是通过产业政策的实施结果，判断产业政策的合理性程度和产业政策执行方式的有效性程度。

对产业政策的绩效评价，是在它与市场机制自发作用的比较基础上形成的。除在体育产业政策科学性标准的基础上，至少还需要考虑三个方面的内容：

第一，产业政策目标实现程度。

第二，产业政策目标实现速度。

第三，产业政策目标实现成本。

在产业政策目标基本合理的前提下，这一产业政策目标是否实现及其实现程度；二是这一产业政策目标的实现速度，即产业政策的时间效益；三是实现产业政策目标的代价，包括经济、政治、社会诸方面的代价，通过对实施某一政策所涉及的各种成本和收益进行全面的综合性比较，来判断该政策效果的优劣。其中前两个方面是实施产业政策的收益分析，后一个方面是实施产业政策的成本分析。

四、政策控制——体育产业政策体系完善的必要环节

政策控制是政策制定者依据政策评价的结论反馈的信息，对政策方案、方案与目标之间的关系等进行不断的修正、补充和发展，以便达到预期政策效果的一种政策行为。政策的控制机制是整个政策运行过程中的重要一环，是承接现有政策和开启新政策的阶段。政策控制实质上是政策制定过程的延续，是上一个政策运行过程的结束，也是下一个政策运行过程的开始。政策控制是政策运行中的一个重要环节，是为使政策达到预期目标而对政策执行的整个过程及其各要素进行监督和纠偏的过程。江小涓在《论我国产业结构政策的实效和调整机制的转变》一文中指出，产业结构政策之所以不能实现所定目标主要有原因就包括事态有了新的变化而政策本身的未能及时调整或变动。

(一)政策监督

政策监督是为了保证政策的贯彻实施而对产业政策的执行过程进行监督的过程,其目的在于保证政策的顺利有效运行,提高政策的执行质量,促进政策目标的实现。根据执行时间先后,可以分为执行前监督,执行中监督,执行后监督。

第一,执行前监督,即对政策的科学性、合理性、可行性的监督。

第二,执行中监督,即对政策执行情况的监督。

第三,执行后监督,即对政策执行结果的监督。

这三个步骤是相互衔接、密不可分的整体,任何一个步骤出了问题,都将直接影响对政策执行的有效控制。

(二)政策纠偏

产业政策之所以要在其运行过程中分门别类地不断调整,是由经济运行的客观原因和主观原因造成的。在原有政策已经实施了一段时间,不仅投入了一定人力、物力和财力资源,而且随着政策的实施和资源的消耗,产业政策主体认识的深化和客观事物的发展变化,产业政策的纠偏要以这种已经变化了的主客观条件为起点,重新审查目标,修正规划方案。

体育产业政策纠偏是通过体育产业政策实施中的反馈信息,及时纠正政策在实施过程中所出现的偏差,并合理调整产业政策目标和手段,以便实现政策收益的最大化,减少政策失误的损失。

任何政策执行过程都存在诸多不确定性,出现许多新问题。通过产业政策的控制,应及时采取措施进行调整,减少不确定性。

第三节　体育产业政策实践中存在的问题

实践证明,产业政策本身也有优劣之分,并非所有的产业政策都能够获得预期效果。一项正确的产业政策可以产生积极效果,促进产业资源的有效配置,而一项违背经济规律的产业政策可能造成消极的后果,甚至阻碍产业的正常发展。①

我国的体育产业政策对促进我国体育产业的发展、优化体育产业结构起到了一定的作用,政策取得了积极的市场效果。但总的来看,我国体育产业政策一直与体育事业政策如影随形。从我国产业政策的实效看,产业政策目标和实际效果之间存在着明显偏差,产业结构层次低、地区产业结构雷同的问题并未从根本上解决。

---

① 参见苏东水:《产业经济学》,高等教育出版社 2010 年版,第 265～266 页。

一、政策目标模糊

美国著名管理学家德鲁克说："政策执行的第一项严重的错误就在于政策制定者制定了超越性的政策目标。"政策目标既是政策方案的出发点，又是政策指向的目标，政策目标不具体、空泛、含糊，就使得政策执行机关和人员不能明确领会其含义，使人无所适从，或者各自按照自己的理解去执行，这种弊端特别容易让一些人"钻空子、搞对策"。大部分政策将发展目标描述为：培育一批产业园区、形成一批重点企业、建立结构合理的产业体系、增加值明显提高等，缺少量化的指标。

二、政策内容不够明晰

政策的明晰性是政策有效执行的重要前提条件之一。作为人们行为的一种规范，政策必须明确、清晰，决不能模棱两可、含糊不清，不能产生理解方面的歧义，否则就会因政策执行者对政策目标和内容的误解或曲解而造成政策执行的阻滞。政策的明晰性之所以对政策的有效执行具有重要的影响，不仅是由于政策的明晰性决定着政策在执行过程中的可操作性，而且更因为模棱两可、含糊不清的政策往往给政策执行中的投机取巧者留下了钻空子的余地。美国学者霍尔珀林在研究美国总统外交政策的执行时发现，导致政策执行失败的三个基本原因之一，就是政策执行人员无法准确地了解上级领导或决策人员所要求他们做的事情；更因为政策执行人员所得到的政策指令往往是含糊笼统的，很容易引起人们的误解，从而导致政策执行的失败。①

一项政策要能顺利执行，必须具体、明确、规范、严谨、可行。现实中，有的政策往往模棱两可、含糊不清，引起政策界限不清，导致执行者随意变通。产业政策的明晰性对于政策实施的重要影响还表现在它直接决定了产业政策在实施过程中的可操作性。诸如有关单位、有关部门指向性不具体。

由于其内容规定得不够具体明确，在一些关键性问题上没有制定出切实可行的具体操作措施，结果使政策根本无法有效实施。

三、政策内容趋同

现阶段我国出台的体育产业政策中普遍存在不同地区的体育产业按照统一模式制定，缺乏地区特色和民族特色等问题。

---

① M. N. Halperin, "Implementing Presidential Foreign Policy Decision: Limitaions and Resistance," in J. E. Anderson(ed), *Casesin Public Policy-making*, N. Y: Praeger Publishers, 1976, pp. 212-222.

如国家体育总局在“十一五”体育产业规划中提出了七项发展目标，即建成一个体育产业体系、形成一种体育产业格局、提高体育产业增加值比重、增加人均体育消费、促进产业结构优化、增加就业人口和成为经济新增长点。在地方政府制定体育产业发展规划时，忽视了当地的发展现状及当地的资源禀赋，照办了国家规划中的内容。河北和内蒙古对七项内容全部认同，连同表述文字也完全相同。[①]

四、政策体系不够健全

美国著名政策科学家萨巴蒂尔和马子马尼安强调说：“执行机关内部以及执行机关之间的整合是政策有效执行的必要前提之一。”政策执行需要不同执行机构和执行人员的共同参与和密切配合，需要调动并利用人力、财力、时间、信息、权威等多种资源，需要综合使用行政、法律、经济等各种手段。不同部门之间的协调贯穿于政策执行的全过程。[②] 不同部门间的协调性差（我国政府部门众多、机构繁杂、职责不清、多头领导等情况依然存在），各部门制定政策缺乏协调性，许多政策是政出多门，莫衷一是，政策相互抵触时有发生，导致政策执行困难，群众意见很大。协调性无法保证，在面对众多相互冲突的政策时，就出现了谁权力大先执行谁的政策的情况。在政策实施过程中，必须重视政策群的集合效应，实现政策配套、多管齐下、协同用力。中国以往的有些政策实施多是从单体政策出发，头痛医头、脚痛医脚，局部没解决好，整体也遇到了问题。[③]

政策是一个相互配合、相互协调的大系统，政策的完整性要求各个部门之间、各项政策之间、新老政策之间、宏观微观政策之间衔接统一，配套协调，而我们现实的有些政策却往往是单项政策出台得多，以政策群出现得少，没有形成科学合理的政策体系，这一方面给政策执行带来了困难，同时也给执行者寻找“对策”打开了方便之门。

五、政策法律效力层次低

法律手段在政策执行手段中是一种最具有普遍约束力的规范化调整手段，它与经济手段相比更具有权威性、普遍制约性。新中国成立以来，我国为体育事业的发展制定了《体育法》，但整个体育产业领域无一部专门、系统、权威的部门

---

① 参见董新光：《地方与国家体育产业“十一五”规划目标的一致性问题分析》，《体育文化导刊》2008 年 2 期。

② 参见张真理：《公共政策制定、执行、协调与信访》，《信访与社会矛盾问题研究》2014 年 3 期。

③ 参见周柏春：《影响公共政策失效的因素及其矫正》，《理论导刊》2009 年 12 期。

法律，现有政策大多停留在行政性规定和管理条例等层次上。除《关于加快发展体育产业发展的指导意见》外，我国还没有出台一部完整的指导整个体育产业发展的全国性的体育产业政策，缺少法律层面的在全国具有普适性的体育产业法规，也影响了相关体育产业结构政策的有效实施。

六、选择性、替换性执行

选择式执行是指一些地方政府、单位对上级政策指令或命令进行过滤，“断章取义，为我所用”，选择对自身有利的规定执行，形成在执行中见了“黄灯”赶快走，见了“红灯”绕道走的行为模式，导致政策无法得到贯彻落实。替换性执行是当需要执行的政策与负责执行的机关、部门存在利益冲突时，执行机关就有可能制定与上级机关公共政策表面相一致、实质相违背的执行措施，“有利的就执行，不利的就变形”，妨碍了公共政策的正确实施。①

第四节　体育产业政策执行效果不佳的原因

一、政府失灵

诺斯曾指出，“国家的存在是经济增长的关键，然而国家又是人为经济衰退的根源”；“没有国家办不成的事，但有了国家却会有许多麻烦”。这一悖论在产业政策实践中的突出表现就是：政府是产业政策制定和实施过程的主导者和无可争辩的、最为关键的主体，是产业政策合理制定和顺利实施的要保障。然而政府有时也是导致产业政策失效的根源，政府行为对产业政策的成败起着关键性的作用。诺斯悖论的存在印证了公共选择理论的观点：市场会失灵，政府也会失败。在力图弥补市场失灵的过程中，政府采取的各种手段、在实施过程中出现的各种事与愿违的问题和结果如干预不足或干预过度等，最终却不可避免地导致经济效率和社会福利的损失。如近年来，有些政府为了形象工程，未在科学论证的基础上，耗巨资举办各类大型国际赛事，投入了大量的人力、物力、财力。但由于市场开发不足，需要政府包办，赛后场馆闲置浪费，造成财政负担。

二、问题识别不清

识别体育产业发展中存在的结构问题是制定体育产业政策的逻辑起点。科学规划的前提是对当前体育产业“家底”有准确的把握，而目前一些地方对体育

① 参见张真理：《公共政策制定、执行、协调与信访》，《信访与社会矛盾问题研究》2014 年 3 期。

产业缺乏明确的定义和分类，也未开展体育产业统计工作，缺乏规划决策的依据。应把体育产业纳入国民经济统计范畴，以便为决策提供真实的参考。

政府在体育产业市场化进程中的地位和作用缺乏深入的研究，不知道起点，如何规划终点。这种现象导致体育产业优惠扶持政策形式化，直接影响了体育产业的政策导向效果。

三、缺乏监控机制

任何政策执行过程都存在诸多不确定性，出现许多新问题。通过监控手段能及时采取措施进行调整，减少不确定性。现阶段，我国政策监督机制还很不完善，尤其在政策执行过程中，缺乏明确的监督和检查标准，缺乏正式的反馈渠道，并且监督带有很大的随意性。由于我国政策执行监督体制不健全，会直接导致政策“执行前缺乏预见，执行中缺乏约束，执行后纠偏不力”。①

政府官员是行政人，同时也是“经济人”，多以实现个人利益最优为根本价值取向。在实践中，政策的实施和评估经常由相同的主体来进行，也就是政府官员。他们一边行动一边观察，一边观察一边行动。当公共政策已使或将使其既得利益受到威胁时，政府官员便会千方百计地抵制政策。② 现有的政策中，往往在政策的选择上是对某一个具体政策进行筛选而最终确定的，而并非是对某些相对独立的多种政策相对比较进行选择的。政策一旦确定，很少有机会再分析政策的作用效力，采取相应的调整政策，加强政策的作用效力。这样最终会导致政策失灵的结果，难以发挥应有的效力。

四、部门间的协调不畅

在我国，由于政策制定主体比较多，各政策制定主体本身又都是独立的利益主体。特别是现阶段，我国正处在新旧体制的转轨时期，在政策制定方面的协调机制尚不健全，所以政策之间相互抵触、彼此冲突的情况时有发生，有不少政策因其相互间的不协调而造成其效果部分抵消的情况。③

体育产业政策的实施需要不同执行机构和执行人员的共同参与和密切配合，涉及财政、收税、土地、金融、旅游等多个部门的协同，需要调动并利用人力、财力、物力、时间、信息、权威等多种资源，需要综合使用行政、法律、经济等各种手段。但由于各部门之间缺乏有效沟通，由于不同的政策执行机构具有不同的

---

① 王玉明：《公共政策执行失控：探因与防治》，《岭南学刊》1999 年 4 期。

② 参见[美]埃利诺·奥斯特罗姆著，余逊达，陈旭东译：《公共事务的治理之道》三联书店 2000 年版。

③ 参见丁煌：《政策制定的科学性与政策执行的有效性》，《南京社会科学》2002 年 1 期。

职责范围和管理权限，所以不同的政策执行人员在知识、经验、智力、关念、利益、性格和观察问题的角度存在差异，在政策执行过程中难免出现意见分歧、利益矛盾和冲突摩擦，体育行政部门无力控制其他相关部门而得不到相关部门的配合，往往给政策执行带来种种障碍。[①] 体育主管部门执行产业政策时，也因得不到保证产业政策实施的必要权利，行政执行系统没有项目审批权，缺乏对违反产业政策的行为进行处罚的有效手段，而影响体育产业政策实施。

五、五级行政架构设置加大了政策实施成本

我国现实体制环境下，各级政府是产业政策实施的关键主体。我国目前实行的是中央、省（直辖市、自治区）、市、县（区）和乡（镇）五级政府的行政架构设置，层次过多，运行效率降低，体制成本加大。就体育产业政策的实施而言，行政架构层次过多一方面加大了政策实施成本，另一方面经过各级地方政府基于自身利益的层层“过滤”，极易导致政策扭曲。自上而下的等级链条式的信息传递渠道使基层信息无法及时准确地向上层反馈，从而产生信息扭曲和执行偏离。

第五节　优化体育产业机构的政策建议

一、完善体育产业法律法规，提高体育产业政策的法律效应

按照李克强总理在国务院常务会议上的部署，在国务院《加快发展体育产业促进体育消费的若干意见》、国家体育总局《体育产业“十二五”规划》的基础上，尽快制定并出台发展体育产业的专项法律法规，提高体育产业政策的法律效应，为体育产业发展提供良好的法律环境。针对体育产业发展中的结构桎梏和市场经济体制中的市场失灵现象，完善体育产业政策体系，培育体育市场、引导居民体育消费，促进体育产业结构优化。充分发挥政府的主导和市场的主体作用，从政府主办向政府主导、部门协同、全社会共同参与转变。发展主体从政府管办向强化政府公共服务职能、充分发挥体育社会组织的微观主体作用和市场配置资源的基础作用相结合转变，政府要从机构资源配置者和行业建设者的角色中逐渐淡出。将全民健身上升为国家战略，把体育产业作为绿色产业、朝阳产业培育扶持，破除行业壁垒、扫清政策障碍，形成有利于体育产业快速发展的政策体系。

---

① 参见陈庆云：《公共政策分析》，北京大学出版社 2011 年版，第 187 页。

二、健全体育产业政策实施机制

美国学者艾利森认为，在达到政府政策目标的过程中，方案的功能只占10％，而其余的90％取决于有效的实施。[①] 政策执行是达成政策结果的手段之一，是将观念形态的政策目标转换为实际效果的一个动态过程。应当针对体育产业政策实施中存在的问题有针对性的建立健全体育产业政策的实施保障机制。

(1)建立信息传递保障机制。通过建立体育产业政策信息传递保障机制以防止信息传导失真和提高信息反馈效率。

(2)建立不同部门间的协作机制。体育产业政策的实施需要不同执行机构和执行人员的共同参与和密切配合，在涉及财政、收税、土地、金融、旅游等多个部门的协同时，各部门应围绕产业政策联合行动，群策群力，保障政策的有效及时实施。

(3)制定具体的实施办法。根据体育产业政策，各个部门、各个地区都要进一步制定产业具体的实施办法，制定进一步细化的子目标，从而对体育产业的内部构成、技术水平、区域布局、产业组织做出明确规定，为体育产业结构优化营造良好的空间和环境。

(4)成立联席工作组，协调不同部门间的合作。体育产业政策的实施需要不同执行机构和执行人员的共同参与和密切配合，在涉及财政、收税、土地、金融、旅游等多个部门的协同时，由体育部门牵头成立联席工作组，联合行动，群策群力，保障政策的有效及时实施。

三、明晰主体产权，培育市场主体

促进消费持续快速增长是贯彻落实国家扩大内需战略、加快经济发展方式转变、推动产业结构转型升级的重要内容。体育消费属于需求价格弹性价高的消费类型，当体育产品的价格变化时，体育产品的市场需求量也发生明显变化。要使体育消费成为新的经济增长点，就要充分考虑影响居民体育消费的因素，以宣传为先导，优化体育消费环境，增强居民健身消费意识，营造重视体育、支持体育、参与体育的社会氛围，激发群众参与体育活动热情及社会力量参与体育的积极性。坚持政府引导、市场运作，科学规划、合理布局，积极培育多元化市场主体，吸引社会资本参与，培育中介组织、社团组织、健全公益性社会组织。充分发挥企业作为发展体育产业最重要的主体作用，积极培育产权明晰、权责明确、自主经营、自负盈亏的企业，政府提供保障。

---

① 参见陈树裕：《新编政策学概论》，中央党校出版社2005年版。

四、建立体育产业政策监督机制

完善以国家权力机关为监督主体的产业政策监督保障机制，发挥以各级政府在产业政策监督保障机制的作用。明确监管主体及其管理职能和各类执行主体的权利义务，进一步明确行政执法级别管辖制度，对未能及时、有效执行产业政策的主体进行通报批评或问责，以保证体育产业政策的顺利有效运行，提高政策的执行质量，促进政策目标的实现。执行前，采取预见的措施，保障政策实施；执行中，对于政策是否及时地贯彻落实、是否有效地执行的过程进行监控，及时把握产业政策实施过程中出现的问题，对于出现的问题及时纠偏；执行后，对政策执行结果进行监督，消除负面影响和出现的问题。完善体育产业政策监督机制，充分优化体育产业结构，促进体育产业的发展。

五、夯实发展基础，引导社会力量参办体育

以建立公共服务体育体系为主线，夯实基础，加强体育基础设施建设和管理，努力实现人均体育场地面积达到 2 平方米的发展目标。积极转变现有场馆的运营模式，退租还体，加大场馆的开放力度，实现场馆公共资源的有效供给。积极培育运动项目协会、俱乐部、体育社团等社会组织，努力发挥各类社会组织在体育发展中的桥梁和纽带作用。加强社会体育指导员、全民健身宣讲志愿服务队伍建设，为广大群众参与体育提供科学健身指导，丰富多样化的体育产品和服务供给，满足群众多元化的体育健身、消费需求。

引导社会力量参办体育，以体育产业的投融资理念和模式的突破来促进发展机制的转变，完善政府投入与社会投入相结合、内资与外资相结合、多渠道与多元化的投融资机制。建立体育市场的投融资机制，转变政府投融资主体的角色，让政府从投融资主体转变为宏观调控，行使规划、引导和监督职能。加大投融资支持力度，拓宽体育产业发展资金来源渠道，加大引导资金的力度，充分发挥引导资金“四两拨千斤”的撬动作用，引导、示范、扶持体育社会力量参办主体的发展。

本章小结

在对体育产业政策发展历程分析的基础上，从体育产业政策的制定、执行、绩效评价、政策控制，本研究分析了体育产业政策的运行机制，指出了产业政策实践中存在的问题，提出了优化体育产业结构的政策建议。

第八章　体育产业结构评价指标体系的构建及应用

第一节　现有体育产业结构评价指标的局限性

我们已经认识到体育产业促进社会经济发展的巨大作用，然而在 2008 年以前，我国统计制度中没有一套针对体育产业产值的统计指标体系，学者们多年来一直采用产值构成来衡量和表现体育产业结构的数量和质量关系。体育产业发展的程度，进步的效果难以进行直接、有效的衡量和计算。我们是从宏观上定性的分析体育产业结构和发展状况，至多对个别数量指标进行比较，没有一种确定的方法，定量地分析体育产业的发展状况，也没有一种适当的方法和其他省市进行横向比较，即根据当年的现行价格，分别求出体育产业诸行业的产值指标和总额指标，然后求出各行业的产值指标占总额指标的比重。它具有一定的局限性，主要表现在以下几方面。

一、单一的产值构成指标不能充分反映体育产业结构的现状

仅仅计算单一的产值构成指标不能反映出复杂的体育产业结构现状，也不能满足研究和评价体育产业结构的要求。因为研究和评价体育产业结构，除了要考察诸行业的数量关系，更重要的是要研究各层次间纵、横向的相互联系和依存关系，以此来揭示体育产业结构的合理程度。而且，体育产业结构本身是纷繁复杂的社会经济系统的子系统，它涉及众多方面的内容，仅用一个指标是远远不能反映其全貌和实质的。

二、单一的产值指标不能充分反映体育产业结构的变动情况

产值构成指标本身也缺乏科学性，它不能真实地反映体育产业结构变动的实际情况。这表现在两个方面：一方面用现价计算产值构成受价格等因素的影

响较大，价格的调整会引起结构表述的明显变化。这样，按不同价格计算的产值结构就不具有可比性。仅从数值比重上的变化来说明体育产业结构调整的幅度和水平是不全面的；另一方面，我国目前还没有科学计算体育产业产值的方法和统计指标。

三、单一的产值指标不能充分鉴别体育产业结构的合理程度

因为同样的产值构成不是在所有地区都反映了同一的合理性。各行业部门之间产值分布的均衡与否不能绝对地反映体育产业结构的合理与否。仅以产值构成指标来衡量和表现产业结构，往往会使人认为，只要产业结构发生了有利于提高总产值的变化，便是合理的结构调整。这样与总产值没有直接关系的生态目标在一定程度上被忽视了，因而不能对产业结构的调整起积极的引导作用，① 并且，仅凭产值构成指标不利于对不同地区间的体育产业结构进行比较。

第二节　体育产业结构评价指标体系构建的目标

体育产业结构评价指标体系的建立应从体育产业结构研究的目的出发，用系统的观点来设计，必须能够切实、全面、灵敏地反映体育产业结构的现状和变化过程，能够反映体育产业结构调整的合理化程度，体现出体育产业结构研究的目的。

体育产业结构合理化主要是指组成体育产业的各行业之间协调能力的加强和关联水平的提高，各类体育资源在不同行业的配置合理，各类体育产品的供给结构和需求结构相适应。推进体育产业结构合理化，要求根据现阶段经济发展的水平和条件，对不合理的产业结构进行调整，使各类体育资源在不同行业间得到合理配置和有效利用。只有达到体育产业结构合理化的要求，强调产业间的协调，才能提高其结构的聚合质量，从而提高体育产业结构的整体效果。在经济效果上不断增益的合理的体育产业结构具体的体现为：合乎体育经济活动最终目标的要求，各类体育资源的合理利用，各组成部门之间的协调发展，供求关系的平衡，与外部环境相适应，不断提高产业结构的素质，不断向深加工和高附加值化发展，也就是达到经济效益、社会效益和生态效益的统一。这些是体育产业结构研究的主要内容，也是建立和健全体育产业结构评价指标体系的基本出发点。

---

① 参见钱扬：《农村产业结构的评价指标体系》，《数量经济技术经济研究》1987 年 3 期。

第三节 体育产业结构评价指标体系构建的原则

对于体育产业结构的评价，可以说是一个系统工程，为保证指标体系能够真实、准确地对评价对象做出合理的评价，在构建指标体系时须遵循以下原则：

一、科学性原则

指标的选择以产业经济理论为基础，指标权重的确定、计算以定量分析方法为依据，通过多指标的筛选与合成，以较少的综合性指标，规范、准确地反映体育产业结构的现状。

二、可比性原则

体育产业结构优化升级是一个超越区域界限的问题，因此指标体系应该要注意时间、地点和适应范围的可对比性，以便于纵横对比，区别不同区域的体育产业结构状况。[①]

三、系统性原则

评价指标体系应尽可能全面、完整地展示体育产业发展的全貌，保证评价结果的全面性和可信度，要防止以偏概全，导致评价结果的系统性误差。

四、动态性原则

体育产业结构优化升级始终处于变动中，产业结构优化升级的系统评价要充分考虑到这种动态性特征，以求合理地衡量同一指标在不同时段的变动情况。[②]

五、客观性原则

评价指标应具有可量化、具体化的特点，为此要尽可能采用有客观数据支撑的指标，或通过相应的计算可以间接地得到指标数据，尽可能地舍弃不可量化的指标；同时，指标中的资料来源和评价标准也尽可能采用权威性的数据。[③]

---

① 参见李朝鲜：现代服务业评价指标体系与方法研究》，中国经济出版社 2007 年版，第 40～41 页。

② 参见白凤峥：《试论产业结构的评价原则及标准》，《山西财经大学学报》1988 年 3 期。

③ 参见顾基发：《物理—事理—人理系统方法论：理论与应用》，上海科技教育出版社 2006 年版。

六、导向性原则

评价指标体系，最终要反映体育产业结构的现状，其中任何一个指标的设置，在实施中都将起到引导和导向作用，对于关键指标要赋予较大的权数。

七、可操作性原则

任何科学、完善的指标体系都必须经过评估实践检验，要充分考虑指标的可操作性。

根据以上原则，用反映产业结构合目的性和内外部环境相适应性两类指标体系对体育产业结构进行分析评价。结合体育产业的实际，建立以下体育产业结构评价指标体系。因此，分析评价体育产业结构是否合理，就必须要考察它对实现经济目标的合目的性和内外部环境的适应性。[①] 这两方面是评价体育产业结构的主要依据，也应当成为评价体育产业结构是否合理的原则。

第四节　体育产业结构评价指标体系构建的要素

一、评价对象

被评价对象即评价的客体，本课题研究中的评价对象就是体育产业结构。

二、评价指标

指标体系的设计是为了正确地对评价对象进行综合评价，一个评价目标可以有多个不同的评价指标体系反映。

三、权重系数

权重系数反映了该指标在实现目标中的客观地位，表明了各指标同评价结果之间的确定关系，具有导向作用。权重是评价主体对评价指标价值认识程度的反映，即哪些指标重要，则权重大些，反之小些。这说明权重是主客观结合产生的结果。

---

① 参见齐建国：《评价产业结构的指标体系初探》，《数量经济技术经济研究》1987 年 11 期。

四、评价者

评价者即评价的主体，评价者可以是某个人或是某一组织，评价目的的给定，评价指标的建立、权重系数的确定都与评价者密切相关。

第五节 体育产业结构评价指标体系的构建

合理的正确的选择有代表性的、信息量大的指标，组成体育产业结构评价指标体系，是正确评价体育产业结构状况的关键。① 为此，指标的筛选必须根据指标体系构建的原则和评价层次的要求，分步骤地进行。

一、评价指标选择的方法

(一)初拟指标

选择合适的指标来描述评价对象，可以真实、准确地反映评价对象的不同侧面。为减少判断的主观随意性，提高结果的可信度，本文根据上述体育产业结构优化的内涵，参照已有文献中对于文化、农业、水利产业结构的评价指标和专家对其在体育产业结构评价中适应性的建议，汇总、去除相似及重复指标，作为第一轮评价指标。

(二)确定指标

通过特尔斐法对初选指标进行确定，本文利用第二届体育博士高层论坛会议及本人主持的国家体育总局课题中期研讨和鉴定报告期间，对有关专家学者发放问卷进行咨询，根据筛选结果，确定最终指标。

二、评价指标体系的建立

根据以上原则，本文结合文化、农业、水利产业结构现有评价指标及专家的建议，提出用反映体育产业结构合目的性 B1 和内外部环境相适应性 B2 两类指标，对体育产业结构进行分析评价。结合体育产业的实际，建立以下由目标层 A、准则层 B 和指标层 C 三层构成的递阶层次的体育产业结构评价指标体系(图 8-1)。通过特尔斐法对选定指标的适用性、客观性进行了论证。图 8-1 所示指标中各项指标是评价指标体系中的关键因素，是对体育产业结构合理与否的评价内容，各项指标的具体含义如下：

① 参见朱庆芳:《社会指标体系》，中国社会科学出版社 2001 年版，第 17 页。

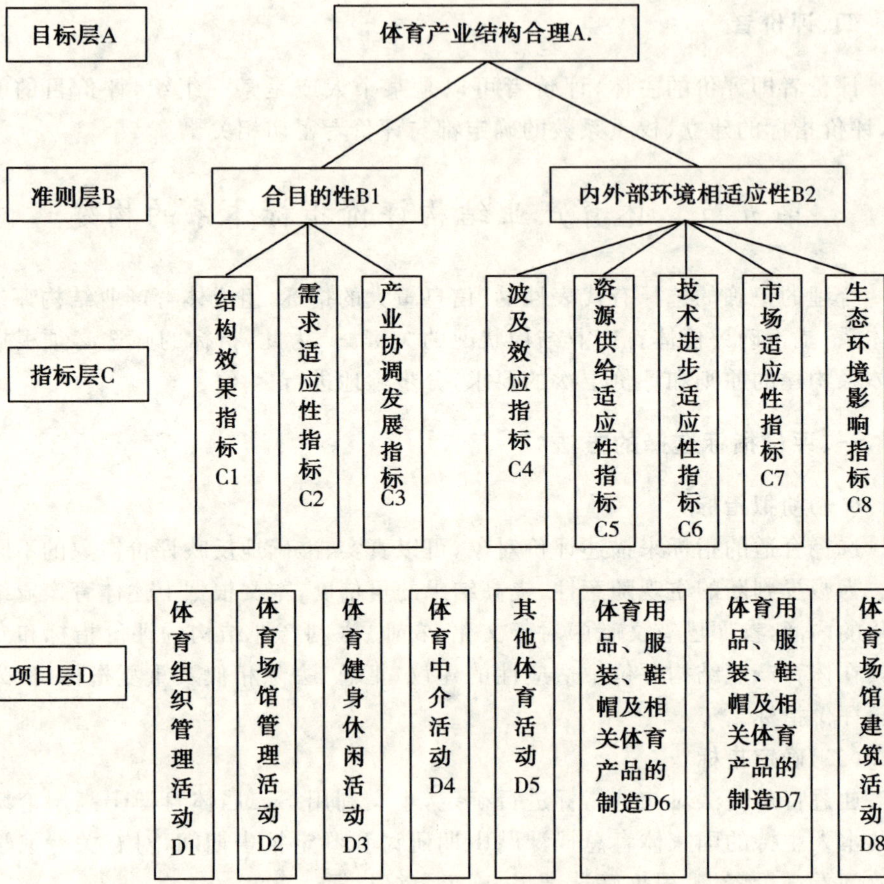

图 8-1　体育产业结构评价指标体系

(一)C1 结构效果指标

通过对不同产业结构经济效果的对比,对体育产业结构进行评价。产业结构理论研究,从最终目的上来说,就是要寻求产业结构效益的最大化。因此,对体育产业结构评价的标准之一,首先就是产业结构所体现的结构效益的高低,是对结构变化与效益变化因果关系的客观反映。由于体育产业结构的变化将不可避免地带来体育经济效益的变化,这种变化的大小就意味着体育产业结构合理化的程度①,包括产业结构变化使体育产业总产出获得的增长和产业结构变化带来的投入要素节约额。

① 参见胡昌铸:《产业结构分析评价指标体系的建立与应用》,《当代经济科学》1989 年 5 期。

(二)C2 需求适应性指标

C2 需求适应性指标反映体育产业结构与社会经济需求结构的适应程度,市场经济下的经济活动的目的就是为了满足市场的需求。体育产业结构作为一个资源的转换系统,其最基本的要求就是它的产出能够满足市场不同群体对体育产品多元化的需求。正因为此,对市场需求的适应程度,也就成为判断一个产业结构是否合理的标准之一。随着经济的发展和人民生活水平的提高,人们对体育产品的需求结构会不断提升和变化,为了满足不断变化的需求结构的要求,必须通过调整体育产品供给结构的办法来实现两者的均衡。两者适应程度越高,则体育产业结构越合理;否则,产业结构就不合理,包括需求收入弹性、生产收入弹性和需求—生产弹性差值。

(三)C3 产业协调发展指标

各内部构成间的协调发展,是由体育产业结构的整体性决定的。各产业之间具有协调关系,要求产业之间保持合理的投入与产出关系。各产业之间相互依赖和相互促进,有较强的灵活性和转换能力,在生产、分配、交换、消费各个环节之间能和谐的运动。相关产业间在价值创造能力、产业增长速度、技术进步速度和劳动生产率等方面不存在显著的不平衡。任何一个产业结构系统内部存在多种协调关系,如果缺乏产业间协调,就会削弱系统的生产能力和总的产出能力。当一个产业结构系统存在瓶颈产业时,整个系统的生产能力将受到限制。而各行业是否协调发展,主要标志是各行业的生产能力能否配套,体育产品的生产、分配、交换和消费是否顺畅进行。在各行业协调发展的状态下,体育资源才没有或很少有闲置和浪费现象,如果体育产业结构中,有的部门生产能力过大,而另一些生产能力过小,则必然是短缺与过剩同时存在的不合理结构。对于一个合理的产业结构来说,在处理产业间均衡的比例关系上,应该具备较强的自组织能力,在产业间的比例关系不均衡时,能够通过产业结构系统的自组织的机制,使得系统内部各产业之间的比例关系恢复到相对均衡的状态。

(四)C4 波及效应指标

C4 波及效应指标反映了体育产业结构中某行业在整个体育产业结构中所占比例及产生影响的潜力,包括产值比重系数、影响力系数和感应度系数。①

(五)C5 资源供给适应性指标

合理的产业结构必须与一定的供给结构相适应。供给结构是指社会向体育产业各行业提供的基本生产要素的结构,它在一定程度上影响着体育产业结构。市场的需求总是在不断变化的,在需求正常变动的情况下,产业结构的合理化要

---

① 参见赵敏:《水利产业结构评价指标体系及实证研究》,《中国软科学》2004 年 3 期。

求产业的供给具有较强的适应性和应变能力，即通过自身的结构调整适应新的需求变动。如果对于需求的正常变动，供给不能及时做出反应，导致长时间的供需不平衡，则说明产业间的结构是不合理的。体育产业结构作为一个资源转换器，其功能也就是对输入的各种生产要素，包括人力、资金、能源等进行资源的转换，从而输出合乎市场需求的各种产出。对资源的合理使用也是判断一个产业结构是否合理的标准之一。①

(六)C6 技术进步适应性指标

衡量体育产业结构对技术进步的适应性，与技术进步的目的是分不开的，合理的产业结构要有利于科学技术进步和向产业结构的高度化、优化推进，检验产业结构能否合乎技术进步的要求，关键要看它是否有利于技术进步目的的实现。反映体育产业结构对技术进步的适应，包括社会劳动生产率、固定资产投资效果系数和技术结构水平指标。如果先进的技术成果不能在体育产业的发展中得到充分利用，则说明产业结构是低级落后的，当然也是不合理的。

(七)C7 市场适应性指标

体育产业结构作为一个经济运行体，应当有能力适应外界较快或较慢的变化，并能为未来环境的变化做好准备。良好的适应性，就是指产业结构能够迅速、较平稳或较少波动的、成本较低的适应环境变化的能力，合理的体育产业结构表现为对外界刺激的反应既不过分敏感，也不过分迟钝。市场适应性指标反映体育产业结构的市场适应能力，包括市场占有率、销售利润。

(八)C8 生态环境影响指标

合理的产业结构必须充分考虑生态系统、社会系统和经济系统的内在联系和协调发展。在体育产业结构的变动过程中，各行业间的比例并不是始终保持不变的。在不同的产业发展阶段，必然是某些产业发展较快，而某些产业发展较慢，从而产业间的比例关系也就常常处于由均衡到不均衡再到均衡这样的运动过程中。如果体育产业结构的演变使环境污染程度加大，使资源特别是稀缺资源或非再生资源的消耗增加，则这种结构是不合理的。

三、评价方法

层次分析法(Analytic Hierarchy Process，简称 AHP)是萨迪提出的②，其基本原理是将一个复杂的无结构的问题分解为多个组成因素，并将这些因素按支

---

① 参见齐建国:《评价产业结构的指标体系初探》,《数量经济技术经济研究》1987 年 11 期。

② 参见[美]萨迪:《领导者:面临挑战与选择——层次分析法在决策中的应用》,中国经济出版社 1993 年版。

配关系进一步分解，按目标层、准则层、指标层排列起来，形成一个多目标、多层次的模型，形成有序的递阶层次结构，对同一层次各个元素相对于上一层指标，通过两两比较判断的方式确定其相对重要性。运用 AHP 法对体育产业结构的合理化进行评价，就是通过一定的统计方法，将不能进行直接计算或无可比性的体育产业结构指标描述值转化为可以直接计算，并具有可比性的评价值。再运用一定的方法对综合评价的各项指标赋予不同的权重系数，最终求得体育产业结构合理化的综合评价值，从而为体育产业结构合理调整提供决策依据。步骤如下：[①]

（一）建立递阶目标层

根据层次分析法（AHP）的原理，运用系统分析方法将评价指标按其属性进行分组，各组构成递阶结构，形成多层次评价指标，一般分为目标层、准则层、指标层和方案层。目标层是问题的预定目标或理想结果，这里是指体育产业结构合理化的表现。准则层是实行目标所需要考虑的准则，本文的准则是根据反映体育产业结构合目的性和内外部环境相适应性两个标准来确定的，具体由八个指标加以反映。方案层是为实现目标可供选择的各种方案，由体育产业的内部行业形成，建立体育产业结构合理化评价的层次结构模型图 8-2。

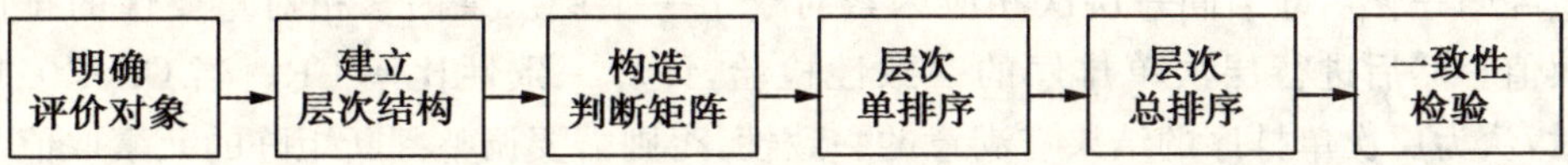

图 8-2　AHP 法的分析步骤

（二）构造判断矩阵

判断矩阵元素反映了人们对体育产业结构合理化评价的层次结构中的各因素重要性的认识，一般由专家采用一定的标度方法进行评判。为减少主观因素的影响，首先将隶属于同一指标的各指标之间的相对重要性进行比较，形成判断矩阵。一般地，隶属于指标 Ai 的指标 $Bj(j=1,2,\cdots,m)$，其判断矩阵为一 m 维方阵，如表 8-1 所示。其中 bij 表示在隶属于 Ai 的诸指标中，指标 i 与指标 j 相比对于 j 的相对重要性程度。一般采用 Staaty 给出的 1～9 标度法，使复杂的、无序的定性问题能够进行量化处理，其标度及含义见表 8-2。为了尽可能消除人为因素的影响，对于元素的两两比较，也可采用实值比较法，但该法仅限于能收集到的实际数据的情况，否则需采用传统的专家评判法。

① 参见王莲芬，许树柏：《层次分析法引论》，中国人民大学出版社 1990 年版。

表 8-1　　判断矩阵的一般形式

A	B1	B2	…	Bm
B1	B11	B12	…	B1m
B2	B21	B22	…	B2m
…	…	…	…	…
Bm	Bm1	Bm2	…	Bmm

表 8-2　　标度及含义

标度值(Kij)	1	3	5	7	9
因素 i 比 j	同样重要	略微重要	明显重要	非常重要	极端重要
备注:K=2,4,6,8,表示相对重要性处于上述各种情况之间时使用					

(三)层次单排序及一致性检验

判断矩阵是对各指标重要性的主观判断数学化,使得复杂的社会经济问题的定量分析成为可能。这种数学化的方法有助于决策者检查并保持判断思维的一致性。进行层次单排序,即计算判断矩阵的最大特征根所对应的特征向量,特征向量经归一化后即为同一层次相应因素对于上一个层次某因素相对重要性的排序权值。然后进行层次单排序的一致性检验,计算一致性比率 CR。当 CR≤0.10 时,认为层次单排序的结果有满意的一致性,否则需要调整判断矩阵的元素取值。

(四)层次总排序及其一致性检验

合成权重的计算要从上而下,即从最高层到最底层逐层计算同一层次所有因素对于最高层(体育产业结构合理化目标)相对重要性的排序权值,得出体育产业结构中各行业相对于体育产业结构合理化问题的相对权重值(优劣程度),同时对层次总排序进行一致性检验。

第六节　实证分析

——以南京市为例

运用上述所建评价模型以及评价方法,对南京市的体育产业结构进行实证分析。本文利用南京市体育局和统计局联合开展的体育产业状况统计调查的相关数据进行分析。共筛选 1934 家单位进行调查,其中,体育组织管理活动单位有 83 家,体育场馆管理活动单位有 18 家,体育健身休闲活动单位有 51 家,体育中介服务机构有 11 家,其他体育服务机构有 19 家,体育生产单位有 786 家,体育用品销售单位有 865 家,三星级以上宾馆饭店有 101 家,体育彩票销售网点有

793个。其中实际有体育产业经营活动的单位有1110家，专门从事体育管理、生产和经营的有289家，部分从事生产和经营的有821家。2006年，全市体育产业产品收入13.40亿元，体育产业产品销售收入42.15亿元，体育彩票销售4.29亿元。体育产业实现增加值11.25亿元，其中：体育行政管理环节实现增加值3.21亿元，占28.5%；体育服务经营环节实现增加值3.02亿元，占26.8%；体育产品生产环节实现增加值2.12亿元，占18.8%；体育产品销售环节实现增加值1.98亿元，占17.6%；其他环节实现增加值0.92亿元，占8.3%。体育产业增加值占全市地区生产总值(GDP)的比重为0.41%，体育产业增加值占全市第三产业增加值的比重为0.85%。2006年全市体育产业基本情况见表8-3。

表8-3　2006年全市体育产业基本情况

项　目	各项收入(亿元)	增加值(亿元)
体育服务业	5.5	2.38
体育用品制造	13.4	2.12
体育用品销售	42.15	1.98
体育彩票	4.27	0.94
宾馆饭店体育部分		0.63
体育行政事业单位		3.2
总　计		11.25

数据来源：南京市体育局：《南京体育产业调查报告》(2007年)。

一、评价标准

在对体育产业结构科学度量的基础上，根据上述体育产业结构合理化的内涵，由15名专家对南京市体育产业结构中各行业的发展进行了分类排序(表8-4)，作为参照依据，以便据以揭示体育产业结构及其变化中存在的问题和矛盾。

表8-4　专家对南京市体育产业结构中各行业部门发展的排序

项目	体育组织管理活动	体育场馆管理活动	体育健身休闲活动	体育中介活动	其他体育活动	体育用品、服装、鞋帽及相关体育产品的制造	体育用品、服装、鞋帽及相关体育产品的销售	体育场馆建筑活动
次序	4	5	1	3	2	7	6	8

(一)体育健身休闲活动

专家认为，体育健身休闲活动是体育产业中优先发展的产业，它是体育产业结构的核心，决定和影响着其他产业的发展速度和规模。与其他体育服务相比，它的市场需求比较稳定，有比较稳定的消费群体，行业集中度较低，竞争比较激烈，行业壁垒较低，企业比较容易进入和退出，与体育产业的其他组成部分关联度较大，具有极强的辐射能力，能够拉动其他体育产业的发展。

（二）其他体育活动

《体育及相关产业分类（试行）》中的第五类其他体育活动包括了体育培训服务；体育科研服务；体育设施租赁服务、体育彩票服务、体育传媒服务（包括体育专业图书出版、专业性体育报纸出版，专业性体育期刊出版，专业性体育广播节目的制作、编排、播音、播放，专业性体育电视节目的制作、编排、交换、播放）、体育展览、体育市场管理、体育场馆设计、体育场所保洁、体育文物及文化保护服务等内容，涉及面广，提供的产品多为无形的服务产品，对其他体育产业的发展也能起到一定的促进作用。

（三）体育中介活动

体育中介服务业是直接为体育本体产业提供专业技术支持的行业，这一行业的形成与发展对培育与规范体育市场、提高体育产业的运营水平起着重要作用。体育中介活动主要包括了体育商务、经济咨询、经纪服务等内容，传统划分方法中的核心内容包括运动员的个人经纪代理活动，体育赛事票务代理活动，运动会筹备、策划、组织活动，体育经济咨询活动，体育广告服务等，竞赛表演更是与体育经纪服务联系密切。

（四）体育组织管理活动

专门为社会公众提供比赛、训练、辅导和管理的组织活动，体育社会事务管理机构、体育组织、体育社会团体的活动，可以为居民的体育参与提供技术、场馆、咨询等支持，进而促进体育产业发展。

（五）体育场馆管理活动

体育场馆管理活动为社会公众提供观赏比赛和专业训练的各种健身休闲活动场所的管理活动，指可供观赏比赛的场馆和专供运动员训练用场地的管理活动。其管理与运营，不仅为居民参与和观赏体育的提供物质载体，更可以有效利用场馆设施资源、盘活资产，减轻财政负担。

（六）体育用品、服装、鞋帽及相关体育产品的销售

该销售包括体育用品销售，体育服装销售，体育鞋帽销售，体育类光盘、磁带等出版物的批发和进出口，室内游艺器材中的弹球桌、飞镖、台球桌等批发，综合经营文化、体育用品批发和进出口。体育用品及相关产品的销售，作为体育市场的供方（卖方），其产品是为了满足居民参与体育的需求。

（七）体育用品、服装、鞋帽及相关体育产品的制造

作为劳动密集型产业，对解决社会就业有着积极的作用，包括体育用品制造，体育服装及鞋帽制造，体育休闲器材及用品制造，体育场地塑胶跑道材料制造，划艇、单人艇、赛艇、帆船等运动船的建造和修理，体育用品专用机械设备制造。

(八)体育场馆建筑活动

体育场馆建筑活动包括观赏比赛和运动训练用体育场建筑，观赏比赛和运动员训练用体育场、馆的建筑安装业。专家依据南京市现有体育场馆的数量及使用情况，把体育场馆建筑活动放到了南京市体育产业优先发展的最后一位。

二、评价结果

运用本文所建评价模型以及相应的评价方法(计算过程借助于计算机软件yaahp完成，结果见表8-4)，对南京市的体育产业结构现状进行了评价分析后，得到评价结果(表8-5)，这一结果从一定程度上反映了南京市体育产业发展的实际情况，但与专家分析结果有一定差距。

表8-4　　南京市体育产业结构评价结果

项　目	体育组织管理活动	体育场馆管理活动	体育健身休闲活动	体育中介活动	其他体育活动	体育用品、服装、鞋帽及相关体育产品的制造	体育用品、服装、鞋帽及相关体育产品的销售	体育场馆建筑活动
权重值	0.0401	0.0530	0.2044	0.1127	0.2190	0.0959	0.2402	0.0347
次　序	7	6	3	4	2	5	1	8

表8-5

1.体育产业结构合理化判断矩阵一致性比例：0.0000；对总目标的权重：1.0000

体育产业结构合理化	环境适应性	合目的性	Wi
环境适应性	1.0000	0.5000	0.3333
合目的性	2.0000	1.0000	0.6667

2.环境适应性判断矩阵一致性比例：0.0227；对总目标的权重：0.3333

环境适应性	技术进步适应性	波及效应指标	市场适应性	生态环境影响	供给适应性	Wi
技术进步适应性	1.0000	2.0000	0.2500	0.3333	0.5000	0.0953
波及效应指标	0.5000	1.0000	0.1667	0.2500	0.3333	0.0580
市场适应性	4.0000	6.0000	1.0000	2.0000	3.0000	0.4232
生态环境影响	3.0000	4.0000	0.5000	1.0000	3.0000	0.2792
供给适应性	2.0000	3.0000	0.3333	0.3333	1.0000	0.1444

续表

3.合目的性判断矩阵一致性比例:0.0176;对总目标的权重:0.6667

合目的性	结构效果指标	协调发展	需求适应性	Wi
结构效果指标	1.0000	3.0000	0.5000	0.3196
协调发展	0.3333	1.0000	0.2500	0.1220
需求适应性	2.0000	4.0000	1.0000	0.5584

4.技术进步适应性判断矩阵一致性比例:0.0362;对总目标的权重:0.0318

技术进步适应性	D8	D2	D3	D1	D5	D6	D4	D7	Wi
体育场馆建筑活动 D8	1.0000	3.0000	6.0000	4.0000	2.0000	0.5000	5.0000	7.0000	0.2374
体育场馆管理活动 D2	0.3333	1.0000	4.0000	2.0000	0.5000	0.2500	3.0000	5.0000	0.1090
体育健身休闲活动 D3	0.1667	0.2500	1.0000	0.3333	0.2000	0.1429	0.5000	2.0000	0.0335
体育组织管理活动 D1	0.2500	0.5000	3.0000	1.0000	0.3333	0.2000	2.0000	4.0000	0.0729
其他体育活动 D5	0.5000	2.0000	5.0000	3.0000	1.0000	0.3333	4.0000	6.0000	0.1622
体育用品、服装、鞋帽及相关体育产品的制造 D6	2.0000	4.0000	7.0000	5.0000	3.0000	1.0000	3.0000	8.0000	0.3078
体育中介活动 D4	0.2000	0.3333	2.0000	0.5000	0.2500	0.3333	1.0000	3.0000	0.0535
体育用品、服装、鞋帽及相关体育产品的销售 D7	0.1429	0.2000	0.5000	0.2500	0.1667	0.1250	0.3333	1.0000	0.0237

续表

5.波及效应指标判断矩阵一致性比例:0.0295;对总目标的权重:0.0193

波及效应指标	D8	D2	D3	D1	D5	D6	D4	D7	Wi
体育场馆建筑活动 D8	1.0000	3.0000	0.1667	0.2500	0.3333	0.5000	0.2000	2.0000	0.0488
体育场馆管理活动 D2	0.3333	1.0000	0.1250	0.1667	0.2000	0.2500	0.1429	0.5000	0.0236
体育健身休闲活动 D3	6.0000	8.0000	1.0000	3.0000	4.0000	5.0000	2.0000	7.0000	0.3343
体育组织管理活动 D1	4.0000	6.0000	0.3333	1.0000	2.0000	3.0000	0.5000	4.0000	0.1571
其他体育活动 D5	3.0000	5.0000	0.2500	0.5000	1.0000	2.0000	0.3333	3.0000	0.1047
体育用品、服装、鞋帽及相关体育产品的制造 D6	2.0000	4.0000	0.2000	0.3333	0.5000	1.0000	0.5000	3.0000	0.0792
体育中介活动 D4	5.0000	7.0000	0.5000	2.0000	3.0000	2.0000	1.0000	6.0000	0.2167
体育用品、服装、鞋帽及相关体育产品的销售 D7	0.5000	2.0000	0.1429	0.2500	0.3333	0.3333	0.1667	1.0000	0.0356

6.市场适应性判断矩阵一致性比例:0.0308;对总目标的权重:0.1411

市场适应性	D8	D2	D3	D1	D5	D6	D4	D7	Wi
体育场馆建筑活动 D8	1.0000	0.5000	0.1667	0.2500	0.1429	0.2000	0.3333	0.1250	0.0231
体育场馆管理活动 D2	2.0000	1.0000	0.2000	0.3333	0.1667	0.2000	0.5000	0.1429	0.0318
体育健身休闲活动 D3	6.0000	5.0000	1.0000	3.0000	0.5000	2.0000	4.0000	0.3333	0.1582

续表

市场适应性	D8	D2	D3	D1	D5	D6	D4	D7	Wi
体育组织管理活动 D1	4.0000	3.0000	0.3333	1.0000	0.2500	0.5000	2.0000	0.2000	0.0711
其他体育活动 D5	7.0000	6.0000	2.0000	4.0000	1.0000	3.0000	5.0000	0.5000	0.2314
体育用品、服装、鞋帽及相关体育产品的制造 D6	5.0000	5.0000	0.5000	2.0000	0.3333	1.0000	3.0000	0.2500	0.1093
体育中介活动 D4	3.0000	2.0000	0.2500	0.5000	0.2000	0.3333	1.0000	0.1667	0.0478
体育用品 、服装、鞋帽及相关体育产品的销售 D7	8.0000	7.0000	3.0000	5.0000	2.0000	4.0000	6.0000	1.0000	0.3273

7.生态环境影响判断矩阵一致性比例:0.0291;对总目标的权重:0.0931

生态环境影响	D8	D2	D3	D1	D5	D6	D4	D7	Wi
体育场馆建筑活动 D8	1.0000	0.2500	0.1429	0.3333	0.1667	0.5000	0.1250	0.2000	0.0231
体育场馆管理活动 D2	4.0000	1.0000	0.2500	2.0000	0.3333	3.0000	0.2000	0.5000	0.0713
体育健身休闲活动 D3	7.0000	4.0000	1.0000	5.0000	2.0000	6.0000	0.5000	3.0000	0.2319
体育组织管理活动 D1	3.0000	0.5000	0.2000	1.0000	0.2500	2.0000	0.1667	0.3333	0.0479
其他体育活动 D5	6.0000	3.0000	0.5000	4.0000	1.0000	5.0000	0.3333	2.0000	0.1585
体育用品、服装、鞋帽及相关体育产品的制造 D6	2.0000	0.3333	0.1667	0.5000	0.2000	1.0000	0.1429	0.2500	0.0327
体育中介活动 D4	8.0000	5.0000	2.0000	6.0000	3.0000	7.0000	1.0000	4.0000	0.3280
体育用品、服装、鞋帽及相关体育产 品的销售 D7	5.0000	2.0000	0.3333	3.0000	0.5000	4.0000	0.2500	1.0000	0.1065

8.供给适应性判断矩阵一致性比例:0.0291;对总目标的权重:0.0481

供给适应性	D8	D2	D3	D1	D5	D6	D4	D7	Wi
体育场馆建筑活动 D8	1.0000	0.3333	0.2000	0.5000	0.1250	0.1667	0.2500	0.1429	0.0231
体育场馆管理活动 D2	3.0000	1.0000	0.3333	2.0000	0.1667	0.2500	0.5000	0.2000	0.0479
体育健身休闲活动 D3	5.0000	3.0000	1.0000	4.0000	0.2500	0.5000	2.0000	0.3333	0.1065
体育组织管理活动 D1	2.0000	0.5000	0.2500	1.0000	0.1429	0.2000	0.3333	0.1667	0.0327
其他体育活动 D5	8.0000	6.0000	4.0000	7.0000	1.0000	3.0000	5.0000	2.0000	0.3280
体育用品、服装、鞋帽及相关体育产品的制造 D6	6.0000	4.0000	2.0000	5.0000	0.3333	1.0000	3.0000	0.5000	0.1585
体育中介活动 D4	4.0000	2.0000	0.5000	3.0000	0.2000	0.3333	1.0000	0.2500	0.0713
体育用品、服装、鞋帽及相关体育产品的销售 D7	7.0000	5.0000	3.0000	6.0000	0.5000	2.0000	4.0000	1.0000	0.2319

9.结构效果指标判断矩阵一致性比例:0.0451;对总目标的权重:0.2131

结构效果指标	D8	D2	D3	D1	D5	D6	D4	D7	Wi
体育场馆建筑活动 D8	1.0000	0.3333	0.1429	0.3333	0.1667	0.5000	0.2000	0.2500	0.0262
体育场馆管理活动 D2	3.0000	1.0000	0.2000	4.0000	0.2500	2.0000	0.3333	0.5000	0.0713
体育健身休闲活动 D3	7.0000	5.0000	1.0000	8.0000	2.0000	6.0000	3.0000	4.0000	0.3282

续表

结构效果指标	D8	D2	D3	D1	D5	D6	D4	D7	Wi
体育组织管理活动 D1	3.0000	0.2500	0.1250	1.0000	0.1429	0.3333	0.1667	0.2000	0.0290
其他体育活动 D5	6.0000	4.0000	0.5000	7.0000	1.0000	5.0000	2.0000	3.0000	0.2321
体育用品、服装、鞋帽及相关体育产品的制造 D6	2.0000	0.5000	0.1667	3.0000	0.2000	1.0000	0.2500	0.3333	0.0479
体育中介活动 D4	5.0000	3.0000	0.3333	6.0000	0.5000	4.0000	1.0000	2.0000	0.1586
体育用品、服装、鞋帽及相关体育产品的销售 D7	4.0000	2.0000	0.2500	5.0000	0.3333	3.0000	0.5000	1.0000	0.1066

10.协调发展判断矩阵一致性比例:0.0291;对总目标的权重:0.0813

协调发展	D8	D2	D3	D1	D5	D6	D4	D7	Wi
体育场馆建筑活动 D8	1.0000	0.5000	0.1429	0.3333	0.1667	0.2000	0.2500	0.1250	0.0231
体育场馆管理活动 D2	2.0000	1.0000	0.1667	0.5000	0.2000	0.2500	0.3333	0.1429	0.0327
体育健身休闲活动 D3	7.0000	6.0000	1.0000	5.0000	2.0000	3.0000	4.0000	0.5000	0.2319
体育组织管理活动 D1	3.0000	2.0000	0.2000	1.0000	0.2500	0.3333	0.5000	0.1667	0.0479
其他体育活动 D5	6.0000	5.0000	0.5000	4.0000	1.0000	2.0000	3.0000	0.3333	0.1585
体育用品、服装、鞋帽及相关体育产品的制造 D6	5.0000	4.0000	0.3333	3.0000	0.5000	1.0000	2.0000	0.2500	0.1065
体育中介活动 D4	4.0000	3.0000	0.2500	2.0000	0.3333	0.5000	1.0000	0.2000	0.0713
体育用品、服装、鞋帽及相关体育产品的销售 D7	8.0000	7.0000	2.0000	6.0000	3.0000	4.0000	5.0000	1.0000	0.3280

续表

11.需求适应性判断矩阵一致性比例:0.0291;对总目标的权重:0.3723									
需求适应性	D8	D2	D3	D1	D5	D6	D4	D7	Wi
体育场馆建筑活动 D8	1.0000	0.5000	0.2000	2.0000	0.1667	0.2500	0.3333	0.1429	0.0327
体育场馆管理活动 D2	2.0000	1.0000	0.2500	3.0000	0.2000	0.3333	0.5000	0.1667	0.0479
体育健身休闲活动 D3	5.0000	4.0000	1.0000	6.0000	0.5000	2.0000	3.0000	0.3333	0.1585
体育组织管理活动 D1	0.5000	0.3333	0.1667	1.0000	0.1429	0.2000	0.2500	0.1250	0.0231
其他体育活动 D5	6.0000	5.0000	2.0000	7.0000	1.0000	3.0000	4.0000	0.5000	0.2319
体育用品、服装、鞋帽及相关体育产品的制造 D6	4.0000	3.0000	0.5000	5.0000	0.3333	1.0000	2.0000	0.2500	0.1065
体育中介活动 D4	3.0000	2.0000	0.3333	4.0000	0.2500	0.5000	1.0000	0.2000	0.0713
体育用品、服装、鞋帽及相关体育产品的销售 D7	7.0000	6.0000	3.0000	8.0000	2.0000	4.0000	5.0000	1.0000	0.3280

三、结果分析

经过分析,可以发现评价结果与参照依据相比较有以下关系:结果没有差别的是排在第二位的其他体育活动和排在第八位的体育场馆建筑活动;略有差别的是体育中介活动和体育场馆管理活动;差距较大的是体育健身休闲活动和体育用品、服装、鞋帽及相关体育产品的制造;明显差别表现在体育用品、服装、鞋帽及相关体育产品的销售和体育组织管理活动上。针对评价结果与参照依据存在的明显差距,具体分析如下:

1.在参照依据中排在第一位的是体育健身休闲活动,在评价结果中排在了第三位,有一定偏差;而评价结果排在第一位的则是体育用品、服装、鞋帽及相关体育产品的销售活动。这一结果,基本符合对于南京市体育产业的统计数据,体育用品生产、销售业和行政管理环节创造的增加值占65%以上，而体育服务环节创造的增加值比重仅占26.8%。

其原因有二：一是南京市居民的体育健身消费需求不足，大众体育消费意识不强，一些发达国家的居民用于体育健身支出在20世纪90年代已超过全部消费支出的1%，国内部分经济发达地区城镇居民家庭人均用于体育健身的支出目前也已接近1%。而根据南京市居民家庭抽样调查资料，2006年，城镇居民家庭人均用于体育健身的支出仅29.8元，占全部消费支出的比重0.24%，较南京人平均GDP达到5000美元应有的体育消费水平明显不符。二是南京市体育用品销售受南京新街口、湖南路商业圈密集的专营店、各大商场专柜的影响及南京高校云集广大高校学生消费群体的购买，发展最快。

2.在参照依据中排在第四位的是体育组织管理活动，而评价结果中体育组织管理活动却排在了第七位，比预期情况低了三位。这与一些体育组织名存实亡有一定关系，还有一些单项运动协会、群众性体育社团的作用被淡化，不能满足居民日益增长的需求。

3.体育场管理活动在参照依据和评价结果中的排名差了一个位次，这与南京市拥有的场馆数量和在经营管理上的创新有关。全市拥有各类体育场地5000多个，占地1000多万平方米，全国城市中有这样丰富体育设施资源的并不多。在体育场馆的管理体制和运营模式上，南京市也大胆探索，积极实践，日益多元化，如南京奥体中心是企业化运营，归口国资部门管理，2006年创收2000多万元；五台山体育中心年收入5561万元，实现利润852万元。龙江体育馆也尝试自收自支运营。然而除各级体育部门所属公共体育场馆、企业、部队、高校季节性开放的游泳场馆和社会资本投入体育专营场馆外，也有大量的设施（主要集中在学校）目前仍未能面向社会开放，综合利用率有待进一步提高。

四、南京市体育产业结构优化的对策建议

（一）进一步把体育竞赛表演业做大做强

南京历史悠久，具有较为丰富的体育设施资源，体育文化发达，为体育竞赛表演业的发展提供了保障。“十运会”的成功举办，已经证明南京市完全具备了承办大型赛事的能力。2014年8月，南京市又成功举办了2014年第二届青年奥林匹克运动会。应充分利用这一契机，积极引导和规范各类体育竞赛的市场化运作，推动各类体育竞赛活动的开展，激活体育竞赛表演市场，逐步提高体育竞赛表演的商业化程度。鼓励社会各界承办体育赛事或以冠名、特许、指定、专营等方式赞助体育赛事，为企业提供一条树立自身形象的更好更有效的宣传渠道。逐步建立竞赛合理机构和竞赛经纪人制度，带动相关的传媒、广告、赞助等

行业的发展。仍需积极引进国际知名的品牌赛事，积极探索体育赛事运作的新模式，推进体育赛事推广与开发的创新，大力培育具有中国特色的体育赛事品牌。增强体育赛事的观赏性和娱乐性，在满足观众观赏需求的同时，最大限度地满足赞助商的利益，不断提升体育赛事的价值。

（二）进一步推动体育健身娱乐业的发展

2014 年 10 月 20 日，国务院颁发《国务院关于加快发展体育产业促进体育消费的若干意见》，将全民健身提升为国家战略，必将掀起新一轮的健身高潮。应在这一契机下，进一步推动南京市体育健身娱乐业的发展。健身娱乐业是体育服务业的基础性行业，属于体育产业的核心产业，激发群众参与体育活动热情，推动形成投资健康的消费理念和充满活力的体育健身娱乐市场。拓展体育消费领域、提高消费水平、满足人民群众有效需求的重要行业，会促进体育相关产业的发展，提高体育产业结构的关联效应。引导和鼓励社会力量兴办体育经营活动，为群众参与健身、健美、球类、游泳等喜闻乐见的体育活动提供服务和创造条件，努力满足不同人群消费者的多元需求。合理布局建设高、中、低档并存的体育健身娱乐服务体系，以公共体育场馆和其他经营性体育健身场所为依托，辅之以中小学校的体育场所及社区的全民健身工程，形成布局合理，能满足人民群众多样化、多层次的体育消费服务体系，促进体育健身娱乐业的高速发展。

（三）进一步提高体育场馆的运营水平

全市拥有各类体育场地 5000 多个，占地 1000 多万平方米。应在确保场馆体育功能、有利于大众普遍参与的前提下，盘活现有不良资产，鼓励社会力量参与体育场馆经营管理活动。鼓励和支持各类体育场馆开展经营管理方式的创新，不断完善目标管理责任制，积极推进所有权和经营权分离，扶持体育场馆运营专业机构，继续探索场馆冠名等无形资产开发形式，拓展场馆收入补偿渠道，进一步提高各类体育场馆的运营水平。

（四）进一步加大发展体育中介业的力度

体育中介服务业是直接为体育本体产业提供专业技术支持的行业，这一行业的形成与发展，对培育与规范体育市场、提高体育产业的运营水平起着重要作用。体育中介业在整个体育产业链中起着十分重要的承上启下的作用，决定着体育市场最终资源的流向。① 要加快我国体育经纪人制度的建设，鼓励和引导社会资本投资成立专业化的体育经纪公司。

① 参见陈艳林：《后奥运时期我国体育产业结构优化的思考》，《武汉体育学院学报》2009 年 5 期。

（五）进一步加强法制建设

由于现代市场经济的复杂性及我国体育市场体系及市场功能尚未完全形成，体育市场主体的行为不可能完全靠市场机制本身来规范，政府应做体育市场秩序的维护者，营造开放透明、规范有序、公平竞争的体育市场环境，保护消费者和经营者的合法权益。政府应当加大力度，制定并监督执行体育经济法规和相关标准，要通过各项法规来规范市场主体行为和交易行为，依法行使管理体育市场的职能，保证市场规则的严格遵守和执行。[①] 只有这样，才能真正发挥市场机制在资源配置中的基础性作用，提高资源配置的效益，使各个市场主体把资本、技术等生产要素投向效益转好的产业，促进体育产业的发展，推动产业结构的优化升级。

本章小结

本章在首先分析了现有体育产业结构评价指标的局限性后，提出了构建体育产业结构评价指标体系的目的、原则、要素和方法。初步建立了由目标层 A、准则层 B 和指标层 C 三层构成的递阶层次的体育产业结构评价模型，并运用所建评价模型以及评价方法，对南京市的体育产业结构进行了实证分析，根据评价结果提出了优化南京市体育产业结构的对策建议。

---

① 参见汪元榜，鲍明晓：《政府与体育产业》，《天津体育学院学报》2003 年 3 期。

第九章　结论与讨论

一、主要结论

1.体育产业结构，是从产业结构延伸而来的一个概念。体育产业结构是指组成体育产业的各行业间的技术经济联系和数量比例关系，既反映了各行业之间在技术上相互依赖、相互制约的关系，也反映了各类体育资源在各行业的配置情况及区域分布情况。

2.影响体育产业结构演进的因素是：经济发展——体育产业结构演进的前提条件；社会需求——体育产业结构演进的基本导向；资源供给——体育产业结构演进的客观基础；科技创新——体育产业结构演进的决定力量；制度环境——体育产业结构演进的保证。体育产业结构具有整体性、转换性、自发性、层次性、相关性和相对性等特征。

3.体育产业结构的形成与演进，既是自组织机制作用的结果，也是他组织控制的结果，是自组织和他组织混合作用的过程，呈现出体育产业结构软化、合理化、高度化、高效化和区域结构协调化的趋势。

4.我国体育产业结构失衡的表现：核心产业滞后、区域结构趋同、关联效应不强、有效供需不足、产业附加值低、区域布局失衡、体育用品层次及标准化程度低。其成因是：管理体制和运行机制、缺乏政策引导和扶持、政府过度干预及恶意竞争、投融资机制不完善、商业化运作水平低、体育无形资产的流失。

5.体育产业结构优化的实质是推动体育产业结构合理化和高级化的过程，二者互相渗透、交互作用，共同构成了产业结构优化的动态过程。体育产业结构优化的最终目标是在保证各类体育资源配置最优化和宏观经济效益最大化的前提下，实现体育经济的健康、协调、持续发展。

6.国家对“政府失灵”这一事实的认识与肯定，触发了市场力量的崛起，政府与市场的博弈才真正展开。一个“强政府—强市场”的组合模式，是促进当前体育产业结构优化的最优模式。

7. 体育产业结构的优化应围绕体育健身娱乐业与体育竞赛表演业两条产业链展开，要从有一定的社会先行资本和投资率、要有相对充足的市场需求、要有相应的创新策略和要进行配套制度改革四个方面加强完善体育产业主导产业的运行基础。

8. 非均衡协调发展理论更适合作为我们制定区域体育经济发展政策的指导理论，应注意充分发挥"两只手"的作用，把市场调节机制和政府行为结合起来；建立和健全统一开放竞争有序的区域市场体系；充分利用不同区域各自的特点和优势，最大限度地发挥区域间互补的整体优势和综合比较优势。

9. 构建了体育产业结构评价模型，并运用所建评价模型以及评价方法，对南京市的体育产业结构进行了实证分析，验证了评价模型的可行性及适用性。

二、讨论

体育产业结构的优化问题，是一个宏观的战略问题。它涉及体育产业经济学、运筹学、区域经济学等等一系列学科，是一个多学科交叉的综合体系问题。受自身的知识结构、能力水平及时间限制，可能对一些观点分析、阐述得不够透彻。由于缺乏数据而难以精确地描述体育产业结构演进规律及趋势，只能通过半定量化的方法，对其进行分析和预测。提出的对策建议，尤其是区域产业结构的优化建议，仅从宏观的高度提出了战略性的指导意见，理论的适用性有待进一步完善和提高。初步建立的体育产业结构评价模型仍有待完善，对有些问题的讨论只是驻足在经验的表层，而没有上升到经验提升与理论概化的高度。

这些问题留待今后的学习和工作中来思考和探索。

附　录

A. 访谈提纲

1. 您认为新中国成立以来，我国体育产业的发展经历了哪几个阶段、划分依据是什么？

2. 您认为当前我国体育产业结构是否合理？存在的主要问题有哪些？导致失衡的原因有哪些？

3. 您认为体育产业结构优化的实质是什么？优化的目标包括哪些？

4. 您认为当前体育产业结构优化中政府行为和市场行为分别起到了哪些作用，存在哪些不足？

B. 体育产业结构评价指标专家咨询问卷

尊敬的专家：

您好！

为了能够客观评价体育产业结构的现状及其合理性，本研究特设计了此调查问卷，目的是探讨并初步制定一套评价指标体系。根据学术背景及研究专长，特请您作为本次调查的专家，请您对指标的选择及确定提供宝贵意见，您的意见将作为建立指标体系的重要依据。在此真诚地感谢您的大力支持和帮助。

祝您工作顺利、身体健康！

问卷填写说明：

本问卷分三级指标，一级指标是体育产业结构的合理化，二、三级指标需要您对它的合理性进行鉴定（请在您认为合适的地方打“√”），如果您觉得还需要补充指标，或对指标的名称进行修改，您可以在修改意见栏写明。

1. 二级指标

指标名称	指标合理程度					指标修改意见
	很合理	合理	一般	不合理	很不合理	
合目的性						
内外部环境相适应性						

2. 三级指标

指标名称		指标合理程度					指标修改意见
		很合理	合理	一般	不合理	很不合理	
合目的性	结构效果						
	需求适应性						
	协调发展						
内外部环境相适应性	波及效应						
	资源供给适应性						
	技术进步适应性						
	市场适应性						
	生态环境影响						

您对上述体育产业结构评价指标体系的意见：

感谢您的支持和帮助！

C. 关于南京市体育产业结构的评价

尊敬的专家：

您好！

为了能够客观评价南京市体育产业结构的现状及其合理性，本研究构建了一套评价指标体系(图 1)。请您通过层次分析法，应用下面评价指标体系对南京市体育场业结构的现状进行评价(赋权，在表内作出重要性的两两比较)。在此真诚地感谢您的大力支持和帮助。

祝您工作顺利、身体健康！

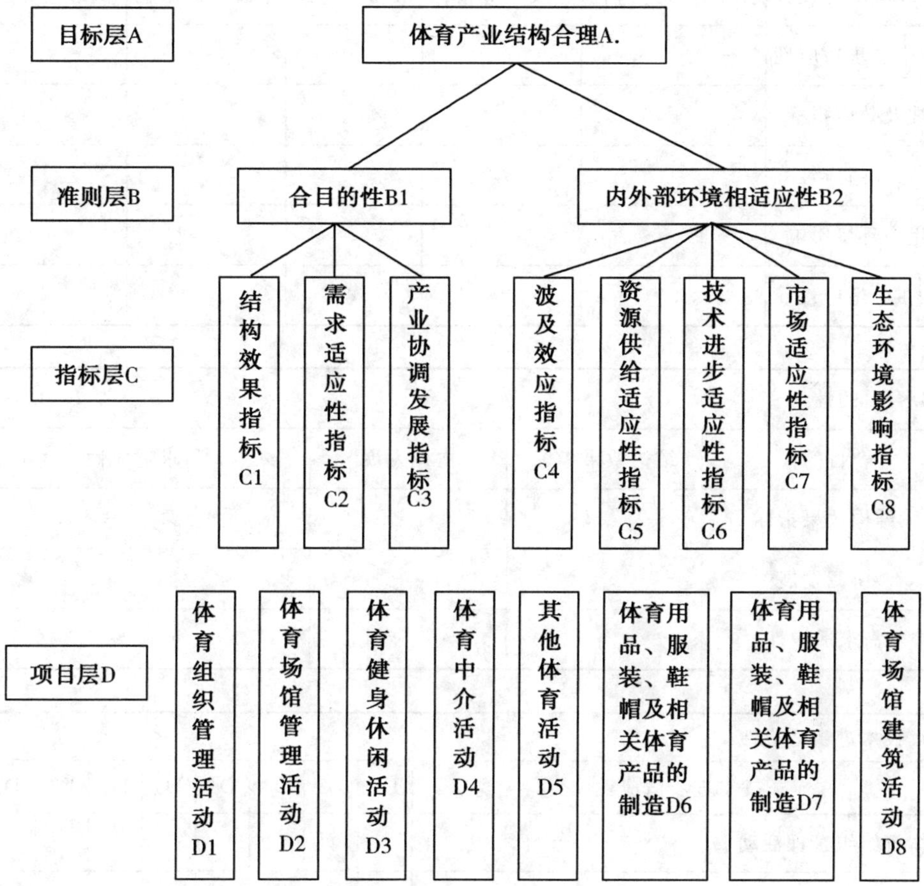

图 1 体育产业结构评价指标体系

1. 体育产业结构合理化

体育产业结构合理化	环境适应性	合目的性
环境适应性		
合目的性		

续表

2. 环境适应性

环境适应性	技术进步适应性	波及效应指标	市场适应性	生态环境影响	供给适应性
技术进步适应性					
波及效应指标					
市场适应性					
生态环境影响					
供给适应性					

3. 合目的性

合目的性	结构效果指标	协调发展	需求适应性
结构效果指标			
协调发展			
需求适应性			

4. 技术进步适应性

技术进步适应性	D1	D2	D3	D4	D5	D6	D7	D8
体育组织管理活动 D1								
体育场馆管理活动 D2								
体育健身休闲活动 D3								
体育中介活动 D4								
其他体育活动 D5								
体育用品、服装、鞋帽及相关体育产品的制造 D6								
体育用品、服装、鞋帽及相关体育产品的销售 D7								
体育场馆建筑活动 D8								

续表

5. 波及效应指标								
技术进步适应性	D1	D2	D3	D4	D5	D6	D7	D8
体育组织管理活动 D1								
体育场馆管理活动 D2								
体育健身休闲活动 D3								
体育中介活动 D4								
其他体育活动 D5								
体育用品、服装、鞋帽及相关体育产品的制造 D6								
体育用品、服装、鞋帽及相关体育产品的销售 D7								
体育场馆建筑活动 D8								

6. 市场适应性								
技术进步适应性	D1	D2	D3	D4	D5	D6	D7	D8
体育组织管理活动 D1								
体育场馆管理活动 D2								
体育健身休闲活动 D3								
体育中介活动 D4								
其他体育活动 D5								
体育用品、服装、鞋帽及相关体育产品的制造 D6								
体育用品、服装、鞋帽及相关体育产品的销售 D7								
体育场馆建筑活动 D8								

7. 生态环境影响								
技术进步适应性	D1	D2	D3	D4	D5	D6	D7	D8
体育组织管理活动 D1								
体育场馆管理活动 D2								
体育健身休闲活动 D3								
体育中介活动 D4								
其他体育活动 D5								
体育用品、服装、鞋帽及相关体育产品的制造 D6								
体育用品服装、鞋帽及相关体育产品的销售 D7								
体育场馆建筑活动 D8								

续表

8. 供给适应性

技术进步适应性	D1	D2	D3	D4	D5	D6	D7	D8
体育组织管理活动 D1								
体育场馆管理活动 D2								
体育健身休闲活动 D3								
体育中介活动 D4								
其他体育活动 D5								
体育用品、服装、鞋帽及相关体育产的制造 D6								
体育用品、服装、鞋帽及相关体育产品的销售 D7								
体育场馆建筑活动 D8								

9. 结构效果指标

技术进步适应性	D1	D2	D3	D4	D5	D6	D7	D8
体育组织管理活动 D1								
体育场馆管理活动 D2								
体育健身休闲活动 D3								
体育中介活动 D4								
其他体育活动 D5								
体育用品、服装、鞋帽及相关体育产的制造 D6								
体育用品、服装、鞋帽及相关体育产品的销售 D7								
体育场馆建筑活动 D8								

10. 协调发展

技术进步适应性	D1	D2	D3	D4	D5	D6	D7	D8
体育组织管理活动 D1								
体育场馆管理活动 D2								
体育健身休闲活动 D3								
体育中介活动 D4								
其他体育活动 D5								
体育用品、服装、鞋帽及相关体育产的制造 D6								
体育用品、服装、鞋帽及相关体育产品的销售 D7								
体育场馆建筑活动 D8								

续表

11. 需求适应性

技术进步适应性	D1	D2	D3	D4	D5	D6	D7	D8
体育组织管理活动 D1								
体育场馆管理活动 D2								
体育健身休闲活动 D3								
体育中介活动 D4								
其他体育活动 5								
体育用品、服装、鞋帽及相关体育产品的制造 D6								
体育用品、服装、鞋帽及相关体育产品的销售 D7								
体育场馆建筑活动 D8								

主要参考文献

中文著作

[1]刘国光:《马克思的社会再生产理论》,中国社会科学出版社 1981 年版。

[2]杨治:《产业经济学导论》,中国人民大学出版社 1985 年版。

[3]徐崇温:《结构主义与后结构主义》,辽宁人民出版社 1986 年版。

[4]王莲芬,许树柏:《层次分析法引论》,中国人民大学出版社 1990 年版。

[5]周振华:《产业结构优化论》,上海人民出版社 1992 年版。

[6]周振华:《现代经济增长中的结构效应》,上海人民出版社 1995 年版。

[7]龚仰军、应勤俭:《产业结构与产业政策》,立信会计出版社 1999 年版。

[8]杨治:《产业政策与结构优化》,新华出版社 1999 年版。

[9]鲍明晓:《体育产业—新的经济增长点》,人民体育出版社 2000 年版。

[10]苏东水:《产业经济学》高等教育出版社 2000 年版。

[11]许国志:《系统科学》,上海科技教育出版社 2000 年版。

[12]张敦富、覃成林:《中国区域经济差异与协调发展》,中国轻工业出版社 2001 年版。

[13]朱庆芳:《社会指标体系》,中国社会科学出版社 2001 年版。

[14]李悦、李平:《产业经济学》,东北财经大学出版社 2002 年版。

[15]李永禄、龙茂发:《中国产业经济研究》,西南财经大学出版社 2002 年版。

[16]卢现祥:《西方新制度经济学》,中国发展出版社 2003 年版。

[17]杨公朴、夏大慰:《产业经济学教程》,上海财经大学出版社 2003 年版。

[18]于刃刚:《主导产业论》,人民出版社 2003 年版。

[19]曹可强:《体育产业概论》复旦大学出版社 2004 年版。

[20]蒋昭侠:《产业结构问题研究》,中国经济出版社 2004 年版。

[21]施振荣:《再造宏基:开创、成长与挑战》,(台北)天下远见出版公司2004年版。

[22]吴超林、杨晓生:《体育产业经济学》高等教育出版社2004年版。

[23]杨建文、周冯琦、胡晓鹏:《产业经济学》,学林出版社2004年版。

[24]杨晓生:《体育赞助导论》,高等教育出版社2004年版。

[25]苑广睿:《促进产业结构调整的财政政策》,中国财政经济出版社2004年版。

[26]陈树裕:《新编政策学概论》,中央党校出版社2005年版。

[27]苗东升:《系统科学精要》中国人民大学出版社2005年版。

[28]吴敬琏:《中国模式抉择》,上海远东出版社2005年版。

[29]徐向艺:《政府干预与市场经济秩序》,山东人民出版社2005年版。

[30]鲍明晓:《中国体育产业发展报告》,人民体育出版社2006年版。

[31]顾基发:《物理—事理—人理系统方法论:理论与应用》,上海科技教育出版社2006年版。

[32]国家体育总局政策法规司:《中国体育:迈向"十一五"——体育产业"十一五"规划文件资料汇编》,人民体育出版社2007年版。

[33]李朝鲜:《现代服务业评价指标体系与方法研究》,中国经济出版社2007年版。

[34]林卫国:《中国足球产业结构与发展对策》,人民体育出版社2007年版。

[35]梅洪常、王田、胡宝娣:《消费增长与结构优化》,经济管理出版社2007年版。

[36]隋路:《中国体育经济政策研究》,人民出版社2007年版。

[37]栾开封:《关于成长中的中国体育产业的思考》,人民体育出版社2008年版。

[38]刘青:《体育行政管理新论》,人民体育出版社2006年版。

[39]刘伟:《宏观经济事态及宏观经济政策》,人民体育出版社2008年版。

[40]厉以宁:《关于体育产业的思考,体育产业战略研究》,人民体育出版社2008年版。

[41]乌杰:《系统哲学》,人民出版社2008年版。

[42]原毅军、董琨:《产业结构的变动与优化:理论解释和定量分析》,大连理工大学出版社2008年版。

[43]查大林:《我国西部地区区域体育产业发展重点的战略思考——以云南体育产业发展研究为例》,人民体育出版社2008年版。

[44]高春风:《自组织理论下的农村社区发展研究》,中国农业大学出版社

2009 年版。

[45]项俊波:《结构经济学—从结构视角看中国经济》,中国人民大学出版社 2009 年版。

[46]苏东水:《产业经济学》,高等教育出版社 2010 年版。

[47]陈庆云:《公共政策分析》,北京大学出版社 2011 年版。

[48]阮伟、钟秉枢:《中国体育产业发展报告》,社会科学文献出版社 2013 年版。

[49]周振华:《产业结构优化论》,上海人民出版社 2014 年版。

中文论文

[1]钱扬:《农村产业结构的评价指标体系》,《数量经济技术经济研究》1987 年 3 期。

[2]齐建国:《评价产业结构的指标体系初探》,《数量经济技术经济究》1987 年 11 期。

[3]白凤峥:《试论产业结构的评价原则及标准》,《山西财经大学学报》1988 年 3 期。

[4]胡昌铸:《产业结构分析评价指标体系的建立与应用》,《当代经济科学》1989 年 5 期。

[5]刘锋:《结构功能统一律初探》,《哲学动态》1989 年 12 期。

[6]张岩:《略论体育产业范畴》,《体育科学》1993 年 6 期。

[7]鲁迪:《产业结构及其转换的系统哲学思考》,《系统辩证学学报》1995 年 3 期。

[8]吴彤:《市场与计划:自组织与他组织》,《内蒙古大学学报》1995 年 3 期。

[9]张岩、梁晓龙:《体育经济问题若干理论观点的综述》,《成都体育学院学报》1996 年 2 期。

[10]张发强:《对我国体育产业化的战略思考》,《体育文史》1997 年 2 期。

[11]赵炳璞、蔡俊五、李力研等:《体育产业政策体系研究》,《体育科学》1997 年 4 期。

[12]王玉明:《公共政策执行失控:探因与防治》,《岭南学刊》1999 年 4 期。

[13]曹可强:《体育产业的关联分析》,《解放军体育学院学报》2001 年 1 期。

[14]李林杰:《关于建立农业产业结构评价体系的思考》,《农业技术经济》2001 年 4 期。

[15]韩小明:《产业政策的实施机制》,《教育与研究》2001 年 7 期。

[16]吴彤:《自组织方法论纲》,《系统辩证学报》2001 年 9 期。

[17]丛湖平:《体育产业若干界说的辨析及相关问题的讨论》,《中国体育科技》2001 年 12 期。

[18]丁煌:《政策制定的科学性与政策执行的有效性》,《南京社会科学》2002 年 1 期。

[19]王青:《产业结构在经济系统演进过程中所依赖的两条路径》,《社会科学辑刊》2002 年 3 期。

[20]汪元榜、鲍明晓:《政府与体育产业》,《天津体育学院学报》2003 年 3 期。

[21]丛湖平:《体育产业与其关联产业结构关联变动机制的研究》,《体育科学》2002 年 5 期。

[22]吴宗杰:《我国民营经济发展的制度环境研究》,《经济问题》2003 年 6 期。

[23]孔令丞:《论中国产业结构优化升级》,中国人民大学博士学位论文,2003 年。

[24]郭炳德、高玖灵:《体育产业概念理解及分类研究》,《山西师大体育学院学报》2004 年 2 期。

[25]刘远祥:《有效需求不足与我国体育产业发展的相关性分析》,《成都体育学院学报》2004 年 3 期。

[26]赵敏:《水利产业结构评价指标体系及实证研究》,《中国软科学》2004 年 3 期。

[27]彭连清、林玲:《体育产业结构发展演变规律》,《浙江体育科学》2004 年 5 期。

[28]赵清波:《发达国家体育产业发展的特点及模式带来的启示》,《北京体育大学学报》2004 年 10 期。

[29]蒋昭侠:《产业结构演进机理与实证分析》,《经济管理》2004 年 13 期。

[30]钟勇:《产业结构演进机理研究》,中国人民大学博士学位论文,2004 年。

[31]徐亚青:《我国体育产业结构现状与调整对策》,《山东师范大学学报》(自然科学版)2005 年 2 期。

[32]江小涓:《产业结构优化升级:新阶段和新任务》,《财贸经济》2005 年 4 期。

[33]徐亚清:《我国体育产业结构现状及调整对策》,《山东师范大学学报》(自然科学版)2005 年 6 期。

[34]刘祖云:《政府与市场的关系:双重博弈与伙伴相依》,《江海学刊》2006年2期。

[35]杜人淮:《论政府与市场关系及其作用的边界》,《现代经济探讨》2006年4期。

[36]刘湖、徐德云:《从结构范畴到产业结构的划分》,《西北大学学报》2006年5期。

[37]张贵峰:《什么妨碍了我们休闲质量的提高》,《中国青年报》2006年9月29日。

[38]陈林祥:《体育产业结构于体育产业组织政策》,上海体育学院博士学位论文,2006年。

[39]孙冰川:《优化我国体育产业结构的政府行为分析》,四川大学硕士学位论文,2006年。

[40]解学芳:《政府与市场博弈下的网络文化产业管理》,《中共天津市委党校学报》2007年2期。

[41]凌静:《新疆体育产业关联和产业波及效应分析》,《体育科学》2007年3期。

[42]李骁天、王莉:《对我国体育用品产业市场结构特征的研究》、《体育科学》2007年5期。

[43]何冰、周良君、陈小英等:《中国体育用品业国际竞争力的理论与实证研究》,《体育科学》2007年7期。

[44]杨吉华:《文化产业政策研究》,中共中央党校博士论文,2007年。

[45]皮建才:《政府与市场的权衡:一个比较分析》,《财经科学》2008年1期。

[46]董新光:《地方与国家体育产业"十一五"规划目标的一致性问题分析》,《体育文化导刊》2008年2期。

[47]刘远祥、孙冰川:《优化我国体育产业结构的政府行为分析》,《成都体育学院学报》2008年4期。

[48]茶洪旺:《区域经济发展的第三种理论:非均衡协调发展》,《学术月刊》2008年10期。

[49]韩长赋:《调整经济结构转变发展方式》,《求是》2008年12期。

[50]刘鹏:《国运盛体育兴》,《求是》2008年12期。

[51]魏国江:《价值链分工与我国产业结构优化研究》,福建师范大学博士学位论文,2008年。

[52]陈艳林:《后奥运时期我国体育产业结构优化的思考》,《武汉体育学院

学报》2009 年 5 期。

[53]周柏春:《影响公共政策失效的因素及其矫正》,《理论导刊》2009 年 12 期。

[54]段文博:《资源约下的日本产业结构演进研究》,吉林大学博士学位论文,2009 年。

[55]孙霞:《产业集群与区域经济非均衡协调发展》,华中科技大学博士学位论文,2009 年。

[56]李克强:《关于调整经济结构促进持续发展的几个问题》,《求是》2010 年第 11 期。

[57]张真理:《公共政策制定、执行、协调与信访》,《信访与社会矛盾问题研究》2014 年 3 期。

[58]黄海燕:《我国体育产业结构评价与优化对策》,《武汉体育学院学报》2014 年 4 期。

中文译著

[1]《马克思恩格斯全集》,人民出版社 1962 年版。

[2][德]马克思:《资本论》,人民出版社 1975 年版。

[3][英]威廉·配第著,陈东野译:《政治算术》,商务印书馆 1978 年版。

[4][法]佛朗斯瓦·魁奈著,吴斐丹、张草韧译:《魁奈经济著作选集》,商务印书馆 1979 年版。

[5][美]贝蒂·H·齐斯克著,沈明明译:《政治学研究方法举隅》,中国社会科学出版社 1985 年版。

[6][美]西蒙·库兹涅茨:《各国的经济增长》,商务印书馆 1985 年版。

[7][美]查尔斯·E·林布隆著,朱国斌译:《政策制定过程》,华夏出版社 1987 年版。

[8][德]H. 哈肯:《信息与自组织》,四川教育出版社 1988 年版。

[9][美]W. W. 罗斯托著,贺力平译:《从起飞进入持续增长的经济学》,四川人民出版社 1988 年版。

[10][美]沃西里·里昂惕夫《投入产出经济学》,中国统计出版社 1990 年版。

[11][美]托马斯·L·萨迪:《领导者:面临挑战与选择——层次分析法在决策中的应用》,中国经济出版社 1993 年版。

[12]道格拉斯·C·诺斯著,陈郁、罗华平等译:《经济史中的结构与变迁》,三联出版社 1994 年版。

[13][美]道格拉斯·C·诺斯、[美]罗伯斯·托玛斯:《西方世界的兴起》,学苑出版社 1998 年版。

[14][美]埃利诺·奥斯特罗姆著,余逊达、陈旭东译:《公共事务的治理之道》,三联书店 2000 年版。

[15][美]迈克尔·利兹著,杨玉明等译:《体育经济学》,清华大学出版社 2002 年版。

中文文件

[1]《关于进一步加强和改进新时期体育工作的意见》,http://www.sport.gov.cn/n16/n1092/n16849/127397.html。

[2]《90 年代国家产业政策纲要》,http://cpc.people.com.cn/GB/64184/64186/66685/4494201.html。

[3]《关于"十五"期间加快发展服务业若干政策措施意见》,http://www.gov.cn/gongbao/content/2002/content_61850.htm。

[4]《2001—2010 年体育改革与发展纲要》,http://www.sport.gov.cn/n16/n1092/n16864/1434629.html。

[5]《三次产业划分规定》,http://www.stats.gov.cn/tjsj/tjbz/201301/t20130114_8675.html。

[6]《2006—2008 年全国体育及相关产业统计公报》,http://www.sport.gov.cn/n16/n1077/n1467/n1513017/n1514290/1517921.html。

[7]《体育事业"十一五"规划》,http://www.sport.gov.cn/n16/n1092/n16864/1436212.html。